विज्ञान का व्याकरण

VIGYAN KA VYAKARAN

[रमाशंकर जमैयार, जयपुर, राजस्थान द्वारा रचित]

(अध्याय-१)

रमाशंकर जमैयार

notionpress.com

INDIA • SINGAPORE • MALAYSIA

Contents

भाषा का विज्ञान

उत्तेजना--वाह्य और आन्तरिक

भौतिक वस्तुओं के दो प्रकार हैं-सजीव और निर्जीव। 'प्राणी' सजीव है, क्योंकि इसमें जीवन है। इस जीवन का प्रमाण उसकी चेतनशीलता है। यह जो आस्तित्व है प्रभाव को चेतनशीलता कहते हैं, उसे **चेतना** कहते हैं। इसी 'चेतना' के कारण 'प्राणी' में 'भावना' उत्पन्न होती है और उसकी 'अभिव्यक्ति' की 'क्षमता' आती है। भावना के उत्पन्न होने के का 'ज्ञान' (अनुभूति) और उसकी अभिव्यक्ति का ज्ञान (अनुभूति) 'प्राणी' को **स्वतः** और **तत्काल** हो जाती है, यही 'चेतना' है।

इस हेतु शरीर में कुछ विशेष-अंग होते हैं जिन्हें 'इन्द्रियाँ' कहते हैं। इनसे प्राणी 'वाह्य-उत्तेजना' को ग्रहण करता है और उनके प्रति अपनी भावना को अभिव्यक्त

करता है। आँखों से 'दृश्य-उत्तेजना' को, कानों से 'श्रवण उत्तेजना' को और त्वक् से 'स्पर्श व ताप-घात' को ग्रहण करता है। इन सबकी 'चेतना' प्राणी को तत्काल प्राप्त होती है। इसी प्रकार, नासिका से 'गंध' और जिह्वा से 'स्वाद' को ग्रहण करता है। इन 'इन्द्रियों' को **ज्ञानेन्द्रियाँ** कहते हैं। इसी तरह, पाँच **कर्मेन्द्रियाँ** है जिनसे वह अपनी प्रतिक्रियाएँ व्यक्त करता है। ज्ञानेन्द्रियों के द्वारा वाह्य-उत्तेजनाओं को ग्रहण किया जाता है और कर्मेन्द्रियों से प्रतिक्रिया व्यक्त किया जाता है। इन सारी क्रियाओं-प्रतिक्रियाओं की चेतना प्राणी को को तत्काल होती रहती है, यही 'चेतना' है।

विदित हो कि प्राणी-शरीर पदार्थ से बना है, इसलिए 'भौतिक है। परन्तु, जो वाह्य-उत्तेजनाएँ हैं, वे 'ऊर्जा' हैं। प्रकाश, ताप, ध्वनि आदि ऊर्जा हैं। इन्हीं के कारण वाह्य-वस्तुओं को हम जान-सझ पाते हैं या उनकी 'चेतना' हमें हो पाती हैं। भौतिकता की वास्तविकता यह है कि उनकी अनुभूति 'ऊर्जा' के सम्भव ही नहीं है। यही कारण है कि 'वैदिक-दर्शन' में भौतिक-वस्तुओं अर्थात् पदार्थ को **भूत** और 'ऊर्जा' को **दिव्य** कहा जाता है। अस्तु, 'ऊर्जा' पदार्थ से 'परे' है—'भिन्न और श्रेयस्कर' है।

ऊर्जा के इन स्वरूपों को ग्रहण करने के लिए ही प्रकृति ने हमें **ज्ञानेन्द्रियाँ** प्रदान की हैं। यही कारण है कि वैदिक-दर्शन में **पदार्थ** को 'मर्त्य' (भूत) और **ऊर्जा** को 'अमर्त्य' (अमृत) कहा गया है। विदित हो भूत शब्द

से ही 'भौतिक' शब्द की उत्पत्ति हुई है। इन्हें 'भूत' या 'मर्त्य' कहने का अभिप्राय यह है कि ऊर्जा के बिना इसे कोई भी **प्राण** अपनी अनुभूति के अन्तर्गत नहीं ला सकता--'इदं ज्योतिरमृतं मर्त्येषु' (ऋग्वेद ६/९/४)।

ध्यातव्य है कि उपरोक्त 'पंच-ज्ञानेन्द्रियों' में से दो की स्थिति विशेष है-ये हैं 'जिह्व' और 'नासिका'। ये ज्ञानेन्द्रियाँ हैं फिर भी कर्मेन्द्रियों के कार्य भी करते हैं। इसी 'जिह्वा' का उपयोग अपने 'स्वर' (कंठ से निकले ध्वनि-प्रवाह) को स्पष्ट-ध्वनि में परिणत करने के लिए करते हैं। इसी तरह, नासिका का उपयोग कर्णेन्द्रिय के रूप में करते हुए इनसे 'श्वाँस' लेने और छोड़ने का काम लेते हैं।   तथापि, इन जोनों की इन क्रयाओं को 'अनैच्छिक-क्रयाएँ' क्योंकि आधुनिक-विज्ञान (साईंस) के अनुसार इनका नियन्त्रण मस्तिष्क नहीं करता, रीढ़ की हड्डी स्थित 'स्नायु-केन्द्र' ही कर लेता है।

ज्ञातव्य है कि विभिन्न स्वरूपों में होने के बावजूद 'ऊर्जा' एक ही 'सत्ता' जो अपने एक स्वरूप से दूसरे स्वरूप में परिणत होती रहती है, इसप्रकार वह मूलतः 'अविनाशी' (अमत) है। अस्तु, 'ऊर्जा' 'ज्योति-स्वरूप' (अविभाज्य-सत्ता) है अर्थात् **अपरमाण्विक** है।

'प्राणी' के सन्दर्भ में बात करें तो यह 'ऊर्जा' ही **उत्तेजना** है। इसके अधिकांश स्वरूप प्राणी के लिए 'वाह्य-उत्तेजना' है। परन्तु, इनमें से भी 'ध्वनि' की स्थिति विशिष्ट है। 'यह' प्राणी में **आन्तरिक-उत्तेजना** के रूप में भी स्थित है। इसे ही हम बोलकर प्रकट करते

हैं जिसे संस्कृत में 'वाच्य' कहा जाता है। स्मरणीय है कि निर्जीव 'भौतिक-सत्ताएँ' 'ध्वनि' को बालकर प्रकट नहीं कर सकतीं जबकि 'प्राणी' इसे बोलकर भी प्रकट कर सकता है। [सामान्यतः दो वस्तुओं के टकराने से जो प्रकम्पन उत्पन्न होता है, उसे कर्णतंतु ग्रहण करते हैं। इसकी ही अनुभूति 'ध्वनि' रूप में होती है।] प्राणी जिस 'ध्वनि' को बोलकर प्रकट करता है, उसकी विशेषता यह है कि उसमें 'भाव' अर्थात अर्थ (अभिप्राय) निहित होता है। इसलिए, 'वैदिक-दर्शन' में इसे '**वाणी**' की संज्ञा दी गई है। यह वाणी-स्वरूप 'ध्वनि' प्राणी की 'आन्तरिक-शक्ति' है, **आन्तरिक-उत्तेजना** है। इससे ही 'भाषा' आविर्भूत हुई है, क्योंकि इसमें भाव (अर्थ अर्थात अभिप्राय) अन्तर्निहित है।

इसी प्रकार, प्राणी में 'चेतना' नामसे भी एक 'आन्तरिक-शक्ति' है जो **प्राणी** के भौतिक-शरीर (भौतिक-वस्तु) को चैतन्य और जीवित बनाये रखती है। तात्पर्य है कि **शरीर 'मर्त्य'** (भूत) है जिसे **अमृत-शक्ति** रूप में **'चेतना'** स्थित है जिसने प्राणी को जीवित बनाकर रखा है--'इदं ज्योतिरमृतं मर्त्येषु' (ऋग्वेद)। वास्तविकता यह है कि शरीर ने 'चेतना' को अभिव्यास करके नहीं रखा है, बल्कि चेतना ने ही शरीर के अभिव्यास करके रखा है, इसलिए **वह** शरीर के सभी वाह्य औ आन्तरिक अंग-प्रत्यंगों की खबर रखती है।

भाव और भावाभिव्यक्ति

प्राणी वह है जिसमें 'प्राण' अर्थात् 'जीवन' है। प्राणी में 'जीवन' का प्रमाण है उसकी 'चैतन्य शीलता' अर्थात उसमें 'चेतना' का होना। यह जो **चेतना** है, वह भौतिक-तत्त्व न होकर एक प्रकार की 'शक्ति' या 'दिव्य-सत्ता' है। **साईंस** दो प्रकार की सत्ताओं को स्वीकार करता है-- 'ऊर्जा' और 'पदार्थ'। 'पदार्थ' शून्य में स्थान छेकता है और वह 'भार' निरूपित कर सकता है। परन्तु, 'ऊर्जा' शून्य में न तो स्थान छेकती है और न उसमें भार होती है। इसकारण 'ऊर्जा' को **दिव्य** (अपरमाण्विक-सत्ता) सत्ता कहा गया है। ऊर्जा के जिन स्वरूपों को 'साईंस' जानता है, उसकी पहचान उनमें निहित कम्पन-दर या आवृत्त-दर से सम्भव है। परन्तु, यह 'चेतना' पदार्थ और ऊर्जा से भी परे है। विदित हो कि 'ऊर्जा' की पहचान 'कम्पन-दर या आवृत्त-दर' से तथा उनकी शक्तियों से करते हैं। 'वह' माप के इन सभी गुणकों से परे है। अपनी पहचान वह (चेतना) स्वयं है। इसलिए, उसे 'चेतना' या 'जीवनी-शक्ति' के रूप में ही पहचाना जाता है। इस 'चेतना' प्राणी-शरीर में उपस्थित रहने वाली निष्क्रिय वस्तु नहीं है, बल्कि उसके कारण और उसकी अध्यक्षता में ही 'शरीर के समस्त' अवयव अपने-अपने कर्मों का सम्पादन करते हैं और उन कर्मों की अनुभूति प्राणी को भी होती रहती है। 'प्राणी' में भावनाएँ उत्पन्न होती हैं उसका कारण भी 'चेतना' है और उन 'भावना'

को अभिव्यक्त करने की 'प्रवृत्ति' होती है, उसका भी कारण 'चेतना' ही है।

प्राणी में भावना और भावाभिव्यक्ति की क्षमता या प्रवृत्ति ही बोली (वाच्य) का कार है। वह इस 'भावना' को 'शारीरिक-प्रतिक्रिया' के रूप में 'व्यक्त' करता है। इस प्रतिक्रिया में **मुख** से 'बोलना' भी व्यक्त करता है जो 'शारीरिक-प्रतिक्रिया' का ही एक स्वरूप है।

द्रष्टव्य है कि प्रत्येक 'भावना' में अभिप्राय निहित होता है, अतः बोलकर प्रकट की गई बोली (वाच्य) का कोई 'अर्थ' या 'अभिप्राय' अन्तर्निहित होता है। इसलिए, भावाभिव्यक्ति के रूप में 'मुख' से उच्चरित-ध्वनि (बोल) भी 'अर्थ' यानि 'अभिप्राय' से युक्त होते हैं। संस्कृत में इसे 'वाच्य' कहते हैं। यही कारण है कि 'व्याकरण' में स्वीकार किया गया है कि 'वाच्य' का अर्थ है। अस्तु, इस 'वाच्य' को 'शब्द' कहा जाता है। शब्दों के उस समूह को जिससे अभिप्राय पूर्ण होता है, वाक्य कहते हैं।

विदित हो कि प्राणी जो भी उच्चरित करता है, वह 'ध्वनि' संज्ञक ऊर्जा है। परन्तु, प्राणी द्वारा उच्चरित उस 'ध्वनि' को जिसमें अर्थ (अभिप्राय) अनिवार्य रूप से उपस्थित रहता है, 'वाणी' कहा गया है।

हम जान चुके हैं कि 'बोली' के माध्यम से भावाभिव्यक्ति भी प्राणी के 'चेतन शील' होने का ही एक प्रमाण है। परिवार में जब कोई नवजात शिशु का जन्म होता है, तो वह 'रुदन' करता है जो उसके जन्म लेने

का प्रमाण हो जाता है। यह 'रुदन' इस तथ्य का प्रमाण है कि जिसने जन्म लिया है वह चेतनायुक्त है-जीवित है, इसलिए रुदन करके भावाभिव्यक्ति कर रहा है।

वाक्-प्रणाली

आगे के अध्ययन से पूर्व 'कंठ स्थित स्वर-यंत्र' और मुख स्थित 'जिह्वा' की जानकारी आवश्यक है। कंठ में एक 'वर्तुलाकार-संरचना' होती है जिसे 'स्वर-यंत्र' कहते हैं। इस 'स्वर-यंत्र' की स्वरूप 'प्रधान वर्तुल-लहरी' की भाँति होता है। इसमें 'संक्षोभ' के आरूढ़ होते ही यह 'प्रधान वर्तुल-लहरी' के रूप में क्रियाशील होकर कंठ-स्थित वायु-सातत्य में वर्तुल-लहरियों का प्रेषण आरम्भ कर देती है। फलस्वरूप स्वर-यंत्र के गिर्द एक के गिर्द दूसरी के क्रम में 'ध्वनि-तरंगें' प्रवाहित होकर मुख में पहुँचती हैं। अतः, 'ध्वनि' का आरम्भिक स्वरूप 'कंठ' के 'स्वर-यंत्र' में ही उद्धूत (प्रकट) होता है। यह ध्वनि की अवस्था आरम्भिक-स्वरूप होता है जिसमें वर्णों का उच्चारण नहीं होता है। इसलिए उसे 'स्वर' कहते हैं। इसी कारण 'कंठ' स्थित उस 'संरचना' को 'स्वर-यंत्र' कहा गया है।

यह 'स्वर' जब 'मुख' में पहुँचता है तो वहाँ 'जिह्वा' और 'ओष्ठ' की प्रक्रिया आरम्भ होती है। अब, जिह्वा मुख के 'तालु' 'मूर्धनी', 'दाँत' और 'ओष्ठ' से टकराती है। परिणामस्वरूप 'स्वर' में सापेक्षता का सृजन होता है और 'स्वर' बोलने वाली ध्वनि में परिणत हो जाता है।

‘जिह्वा’ के ‘तालु’ ‘मूर्धनी’, ‘दाँत’ और ‘ओष्ठ’ आदि से टकराने की गति स्वराघात कहते हैं। इन प्रत्यंगों में से भिन्न-भिन्न प्रत्यंग ‘स्वर’ को अलग-अलग ‘स्वरूप’ देते हैं। जैसे ओष्ठ से टकराने पर ‘प’ की ध्वनि निकलता है और मूर्धनी से टकड़ाने पर ‘ट’ की ध्वनि निकलता है।

अस्तु, इन्हीं स्वराघातों से ‘मनोवांछित’ आवाज निकलती है। तात्पर्य यह है कि ‘शब्द’ बनते हैं अक्षरों से और हर अक्षर के लिए विशिष्ट स्वराघात होता है। उसके शब्द के अवयवी अक्षरों के उच्चारण के लिए ‘जिह्वा’ को मुख के किस प्रत्यंग (‘तालु’ ‘मूर्धनी’, ‘दाँत’ और ‘ओष्ठ’) पर आघात करना है, इसकी जानकारी और निर्णय अनिवार्य है। सहज समझा जा सकता है कि मुख के इन ‘प्रत्यंगों’ से कहाँ पर और कब आघात करना है, यह नितान्त ‘जटिल ज्ञान’ का विषय है।

ध्यातव्य है कि शरीर एवं उसके अंग-प्रत्यंग ‘भौतिक’ हैं उनमें गति की स्वकीय क्षमता नहीं होती। साईंस के अनुसार ‘न्यूटन की गति के सिद्धान्त’ के अनुसार उनमें गति का कारण **वाह्य-शक्ति** ही होती है। यह नियम ‘शरीर’ एवं उसके अवयवों पर भी लागू होता है। प्राणी में जो शक्ति है, उसे ‘अन्तः-शक्ति’ कहा जाना उचित है। प्राणी शरीर जो भी काम करता है, उसकी सूचना भी तत्काल मिल जाती है। यही तो ‘चेतना’ (चैतन्य-शक्ति) है।

ऐसी स्थिति में ऊपर प्रश्न किये गये हैं कि 'बोलने' की स्थिति में मन में जो भावना होती है उसे स्वय-यंत्र में ध्वनि रूप में परिणत कौन करता है? स्वर-यंत्र को संक्षोभित कौन करता है। उस 'स्वर' को सापेक्ष-ध्वनि में रूपान्तरित करने के लिए 'जिह्वा' को को कौन प्रेरित करता है? उस 'प्रेरक-सत्ता' को यह कैसे ज्ञान है कि किस स्थान ('तालु' 'मूर्धनी', 'दाँत' और 'ओष्ठ') पर जिह्वा के **आघात** करने से होने की ध्वनि निकलेगी? इस पर गम्भीरता से विचार करने पर यह पता चलता है कि अवश्य ही कोई **'आन्तरिक-शक्ति'** जो शरीरांगों को काम करने के लिए प्रेरित भी करती है और उसे यह भी यह भी निर्देशित करती है कि कौन सा काम किस प्रकार से किया जाना है। अस्तु, उस शक्ति में बलात्मक-शक्ति भी है और ज्ञानात्मक-शक्ति भी है; और अपने निर्देश को मना लेने को विवश करने की क्षमता भी है। ध्यातव्य है कि मस्तुष्क स्वयं भी भौतिक-सत्ता है, असलिये स्वकीय-शक्ति नहीं रखता। अस्तु, **'आन्तरिक-शक्ति'** के रूप में ज्ञानात्मक (intelligence), बलात्मक और क्रियात्मक शक्तियो के साथ 'वह' नियन्त्रणात्मक और चेतनात्मक-शक्ति से भी युक्त है।

इस शक्ति को ही वैदिक-विज्ञान में **'आत्मा'** के नाम से जाना गया है--**सोऽमात्मा मनोमयो प्राणमयो वाक्मयः'** (श्रुति)। 'आत्मा' के सम्बन्ध में जानने से पूर्व 'मानव' में 'स्वर-प्रमाली' की जानकारी सहित यह भी जानना आवश्यक है कि **जिह्वा** के किस प्रकार

के **स्वराघात** से कौन-सी 'ध्वनि' निकलती है। इसका विवरण संस्कृत/हिन्दी के व्याकरण से मिल जाता है।

जिह्वा का स्वराघात और ध्वनि

जिह्वा 'तालु' 'मूर्धनी', 'दाँत' और 'ओष्ठ' आदि पर स्वराघात करके 'कंठ से आते हुए स्वर' को वर्णाक्षरों के रूप में परिणत करती है। मुख के अन्दर जिह्वा से ऊपर के भाग को 'तालु और मुर्धनी' में विभाजित किया गया है। इससे पाँच प्रकार के वर्णों (क वर्ण, च वर्ण, ट वर्ण, त वर्ण और प वर्ण) के इकाई-अक्षर बनते हैं। इनमें से प्रत्येक वर्ण में पाँच-पाँच (कुल २५) अक्षर हैं। इनके अतिरिक्त 'य से लेकर ह' तक अन्य १० इकाई-अक्षर भी हैं। इस सभी सभी को वर्णाक्षर कहते हैं।

विदित हो कि 'जिह्व' के **कंठ के निकट** आघात से 'क- वर्ग' का, तालु पर आघात से 'च' वर्ण, **मूर्धनी** पर आघात से 'ट-वर्ग' का, **दन्त** पर आघात से 'त-वर्ग और बिना जिह्वा के **ओष्ट**-प्रहार से 'प' वर्ण का उच्चारण होता है।

इन वर्णाक्षरों की सत्ता में किसी प्रकार का परिवर्तन किये बिना उसके स्वरूप को बदलने का काम 'मात्राएँ' करती हैं।

'क' को 'के' बनाने के लिए 'ए' की मात्रा 'एकार' का उपयोग किया जाता है। विदित हो कि जितने 'स्वर' हैं, उतनी मात्राएँ भी हैं। ये मात्राएँ स्वयं अक्षर नहीं हैं, क्योंकि इनका स्वतंत्र उच्चरण संभव नहीं है। इनका

काम अक्षर की मौलिकता में परिवर्तन के बिना ही उसकी-ध्वनि का रूपान्तण करती हैं। अतः इन्हें **शक्ति-स्वरूपा** कहा जाता है। सच तो यह है कि 'मात्रा' का का काम 'वर्ण' पुरुष को पूर्ण करने का है। हेलन्त-युक्त वर्ण (क्) को 'अ-कार' से युक्त करके या अपने भिन्न-भिन्न स्वरूपों से पूर्ण करके पूर्णाक्षर स्वरूप देती है। अतः इन्हें **शक्ति-स्वरूपा** कहा जाता है—**सुधा त्वमक्षरे नित्या त्रिधा मात्रास्थिता** (तंत्रोक्त रात्रिसूक्त)।

विदित हो कि इस श्लोक में ब्रह्म की शक्ति अर्थात् पराशक्ति 'माया' कहा गया है। इसे ही पुराणादि-ग्रन्थों में 'भगवती काली' कहा गया। उसी शक्तिरूप भगवती का एक स्वरूप **'मात्रा'** भी है (मात्रास्थिता)।

कंठ स्थित स्वर-यंत्र और ध्वनि

ऊपर के विवरण में वाक्-संयत्र के उन भौतिक-स्वरूपों का विवरण दिया गया। 'मुख' स्थित इन लघु-प्रत्यंगों का निरीक्षण सम्भव है, इसलिए इनका अध्ययन भी सहज है। परन्तु, यहाँ 'ध्वनि' अपने ऊच्चरित-स्वरूप को प्रास करती है। ध्वनि का मौलिक-स्वरूप तो कंठ-स्थित स्वर-यंत्र पर प्रकट होता है, जिसे 'स्वर' कहा जाता है।

जब कोई शाँत जलतल में कंकड़ गिराता है तो जलतल (जल-सातत्य) में **वर्तुलाकार लहरी** है। इनमें से जो पहली वर्तुल-लहरी बनती है, उसे 'प्रधान वर्तुल लहरी' कहते हैं। स्थिति यह है कि उक्त कंकड़ जलतल के जिस विन्दु पर गिरती है (आपतन), उस 'विन्दु' को

केन्द्र बना कर **प्रधान वर्तुल लहरी** बनती है। ध्यतव्य है कि कंकड़ के गिरने से स्थिर जल-तल के उस विन्दु पर कंकड़ में निहित गतिज-ऊर्जा के कारण आपतन-विन्दु पर 'शक्ति' प्रकट हुई, जिसे 'प्रधान वर्तुल-लहरी' की **केन्द्रीय-शक्ति** कहते हैं। इसी 'शक्ति' के कारण एक के गर्द दूसरी वर्तुल-लहरियाँ बनती जाती हैं।

कंठ-स्थित **स्वर-यंत्र** की बनावट ऐसी ही **प्रधान वर्तुल-लहरी** की तरह होती है। हल्की होने के बावजूद वह स्वतः तरंगित नहीं हो पाती है। उसे तरंगित होने के लिए उसके 'केन्द्र' पर केन्द्रीय-शक्ति का प्रकट होना अनिवार्य है। प्रश्न है कि **स्वर-यंत्र** पर विद्युत-ऊर्जा की केन्द्रशक्ति को कौन प्रकट कहता है? इसका स्पष्ट उत्तर है कि यह वही 'आत्मा' है जो शरीर का नियन्ता है।

इस **केन्द्रशक्ति** को वैदिक-विज्ञान में '**वाक्**' कहते हैं। यही ध्वनि का आरम्भिक स्वरूप है। अस्तु, '**वाक्**' पर संक्षिप्त चर्चा कर लेते हैं—

वाक् और वाणी

शास्त्रों में बताया गया है कि 'आत्मा' की संरचना 'वाक्' से ही बनी है, इसलिए वह 'आत्मा' के अन्तर्गत सर्वत्र है (सोऽमात्मा....... वाङ्मयः)। विदित हो कि 'वाक्' विद्यु-ऊर्जा का ही निरपेक्ष-स्वरूप है, इसलिए 'वही' स्वर-यंत्र 'केन्द्रीयशक्ति' रूप से प्रकट होकर उसे क्रियाशील बना देती है। यहाँ ध्वनि के साथ 'भाव' का अर्थ (अभिप्राय) भी होता है, इसलिए वाक्-यंत्र से निकले ध्वनि-स्वरूप

को 'वाणी' कहते हैं। 'वाक' निरपेक्ष है, इसलिए अनुभूति से परे होती है। परन्तु, 'वाणी' सापेक्ष होती है, इसलिए अनुभूति के अन्तर्गत आ जाती है। तात्पर्य यह है कि 'वाक' के ही दो स्वरूप हैं—अक्षर (निकरेक्ष) और क्षर (सापेक्ष)। ध्यातव्य है कि वाक् के 'सातत्य' अर्थात् तल (लेयर) में ही 'वाक्' का रूपान्तरण 'वाणी' के रूप में होता है।

'वाणी' का अर्थ है बोल कर प्रकट की जाने वाली 'ध्वनि' अर्थात् **वाच्य**। वेदोक्त 'देव्यथर्वशीर्ष' इस 'वाणी' की स्तुति में कहा गया है—देवीं वाचमजनयन्त देवास्तां विश्वरूपाः पशवोनदन्ति (श्लोक १०)। अर्थात् प्राणरूप देवों ने जिस वैखरी वाणी को प्रकट किया उसे अनेकानेक प्रकार के प्राणी बोलते हैं। यहाँ **स्पन्दन** को ही प्राण-संज्ञक देवता कहा गया है। इस प्रकार, कंठ स्थित **स्वर-यंत्र** की केन्द्रशक्ति रूप से 'वाक्' प्रकट होती है और जो ध्वनि की वर्तुल-लहरियाँ बनती हैं, वही **'वाणी'** है।

अवाक्-अवस्था

विदित हो कि 'वाक्' केवल 'संस्कृति' का एक शब्द ही नहीं, यह मनुष्यादि प्राणियों की एक अवस्था भी है जिसे अपने जीवन में बारम्बार अनुभव भी किया जाता है। यह 'अवाक्' की अवस्था है। कभी-कभी ऐसी स्थिति उत्पन्ना आ जाती है कि हम कुल बोलना चाहते हैं परन्तु मुख से बोल नहीं निकल पाती। बोलने की प्रक्रिया में असमंजस की ऐसी अवस्था होती है जब

क्या बोला जाए, यह विटाक में आ ही नहीं पाता। बोली के भाव ही नहीं निकल पाते। मुख से या तो आवाज ही नहीं निकलती या अस्फुट-से स्वर निकलते हैं। इसे 'आवक-अवस्था' कहते हैं।

मौन और अवाक् में स्पष्ट अन्तर है। मौनावस्था में इच्छापूर्वक चुप रहा जाता है और बोलने की कोई चेष्टा नहीं की जाती जबकि अवाक-स्थिति में बोलने की चेष्टा और सक्रियाता होती है पर कोई भाव नहीं प्रकट होता।

व्याकरण में बताया गया है कि 'अवाक्' शब्द के 'अव' उसर्ग के 'अ' का लोप हो जाता है, इसलिए यह शब्द 'वाक्' बोला जाता है। इससे सिद्ध होता है कि 'अवाक्' स्थिति में जो 'ध्वनि' प्रकट होती है, वह 'संवेदना' और 'उच्चारण' आदि सापेक्षता से परे होती है; निरपेक्ष होती है। इसे ही 'ॐ' (ब्रह्म-तत्व) भी कहा जाता है। तात्पर्य यह है कि **ब्रह्म-तत्त्व** ही 'अवाक्' रूप से प्रकट हो जाता है।

अस्तु, बोलने की परिस्थिति में 'वाक्-प्रणाली' (स्वर-यंत्र, मुख स्थित जिह्न का स्वराघात और होंठों का हिलना) समरूप होता है। मनुष्य चाहे किसी भाषा में बात करे, उन्हीं अक्षर-ध्वनियों का प्रयोग करेगा जो संस्कृत/हिन्दी के वायकरण में उल्लिखित हैं। तात्पर्य यह है कि संस्कृत-व्याकरण विशुद्ध रूपसे प्राकृतिक/ वैज्ञानिक ज्ञान हो। कोई भी भाषा इससे परे नहीं है।

भाषा का स्वरूप और उत्पत्ति

पूर्व की विवरणों से स्पष्ट है कि प्राणी में 'भावना' और उसकी 'अभिव्यक्ति' की प्रवृत्ति होती है जिसका कारण स्वयं 'चेतन' है जो 'आत्मा' स्वाभाविक अभिव्यक्ति है। 'मनुष्य' भी प्राणी है अतः उसमें भी यह वृत्ति होती है। वह जब इस अभिव्यक्ति को बोल कर प्रकट करता है। इसलिए, इसे वाच्य (बोली) कहा जाता है। चूँकि यह बोली 'भावना' से सम्बन्धित होती है, इसलिए इसमें अभिप्राय अन्तर्निहित होती है। बोलकर प्रकट अभिप्राय को कथ्य कहा जाता है। इस कथ्य को 'शब्दों' में विभक्त किया जाता है। 'शब्द' भी वह है जिसका अर्थ हो। इस 'शब्द' को 'अक्षरों' में विभाजित किया जाता है अर्थात् अक्षरों से शब्द बनते हैं। इन अक्षरों के उच्चारण में 'कंठ और जिह्वा' की प्रक्रिया शामिल होती है।

विश्व इतिहास प्रमाणित करता है कि संस्कृत सबसे प्राचीन भाषा है। इस भाषा के व्याकरण से पता चलता है कि इसमें जो उच्चरित होता है, वही लिखा जाता है। इसलिए, अक्षरों के उच्चारण तथा उसकी लिपि यहाँ वैज्ञानिकता अन्तर्निहित है। उदाहरण के लिए उचरित करते हैं 'क', तो लिखते भी हैं 'क'। इसकी तुलना अंग्रेजी से करें तो 'क' के उच्चारण के लिए अक्षर (letter) K का प्रयोग करना होगा। सच्ची बात यह है कि इस लेटरपरन्तु इसे उच्चरित किया जाता है 'के'। द्रष्टव्य हो कि इस लेटर का उच्चारण 'के'। इस उच्चारण के वास्तविक उच्चारण के लिए, अर्थात् 'के'

(K) के उच्चारण के लिए अंग्रेजी में 'Ke' पड़ेगा। इस प्रकार लेटर K के मौलिक-उच्चारण के लिए दो लेटर्स का उपयोग करना पड़ रहा है--'Ke'। संस्कृत या हिन्दी में इस उच्चारण को 'के' लिखा जाता है। विदित हो कि इससे अक्षर 'क' का स्वरूप नहीं बदलता। क्योंकि 'ए-कार' मात्रा है। संस्कृत 'भाषा' के अक्षरों की ध्वनि और लिपि के मध्य 'वैज्ञानिक-सम्बन्ध' हैं। मुख से जो बोला जाता है, कागज पर वही लिखा जाता है। बोलते हैं 'क' तो लिखते भी हैं 'क'। अंग्रेजी से तुलना करें तो 'क' के लिए अक्षर है K, परन्तु इसे उच्चरित किया जाता है 'के'। द्रष्टव्य हो कि इस अक्षर (letter) का उपयोग 'के' के उच्चारण के लिए स्वर (vowel) 'इ' (E) जोड़ना होगा। 'Ke' लिखेंगे तब ही 'के' का उच्चारण जा सकेगा।

संस्कृत में 'के' के उच्चरित करने या लिखने के लिए 'क' के साथ स्वराक्षर 'ए' भी जोड़ने की आवश्यकता नहीं, इसमें 'एकार' की मात्रा लगानी होती है जिससे 'के' बन जाता है। क्योंकि 'स्वर' के 'अक्षर' भी हैं और प्रतीक भी जिसे 'मात्रा' कहते हैं। इन मात्राओं की विशेषता यह है कि ये हर व्यंजनाक्षर के साथ युक्त हो सकते हैं। इनका स्वरूप 'ऊर्जा'-जैसा है। ध्वनि (आवाज) हर आदमी के मुख से निकलती है और प्रतीत होता है कि वह आदमी ही बोल रहा है। यह स्थिति मात्रा के साथ है। वह जिस व्यंजन के साथ संयुक्त होती है, लगता है वह व्यंजन ही वह 'आकार' (आकृति) ले

रहा है। यहाँ पर यह 'विज्ञान' बहुचर्चित 'आध्यातम' में परिवर्तित हो जाता है। वैदिक-दर्शन में 'मात्रा' को 'शक्ति-स्वरूपा' बताया गया है। विदित हो कि शक्ति किसी 'संरचना' की सत्ता को बदले बिना उसके स्वरूप को बदलने अर्थात् उसकी आकृति में परिवर्तन की क्षमता रखती है। इसलिए, उसे 'माया' भी कहा गया है। यही क्षमता 'मात्रा' में भी है। वह 'क' संजक 'व्यंजन' की 'सत्ता' को बदले बिना उसके स्वरूप को 'का', 'के', 'की' आदि में बदल देता है। अस्तु, 'विज्ञान' इस स्वरूप में जिस उत्कर्ष पर पहुँचता है, उसे ही आध्यात्म कहा जाता है। यहाँ निरपेक्ष-सत्ता को (ब्रह्म) कहा जाता है। वह निरपेक्ष है, इसलिए उसे 'पर' (परम) कहा जाता है और शक्ति 'पराशक्ति' (ब्रह्म की घेराव-शक्ति) बताया जाता है। इसी 'पराशक्ति' (माया) को पुराणादि-ग्रन्थों में 'भगवती काली' के नाम से जाना गया है।

इसी पराशक्ति की स्तुति करते हुए उसे मात्रास्वरूपा भी कहा गया है—*सुधा त्वमक्षरे नित्या त्रिधा मात्रास्थिता* (तंत्रोक्त रात्रिसूक्त)। इस श्लोक में 'पराशक्ति स्वरूपा' भगवती काली का ही एक स्वरूप 'मात्रा' को भी बताया गया है (मात्रास्थिता)।

ऊपर के विवरण से यह वैज्ञानिक-ज्ञात मिलता है तो इसमें 'कंठ और जिह्वा' की प्रक्रिया होती है। कंठ से जो स्वर निकलता है उसे जिह्वा अपने प्रत्यंगों यथा 'तालु' 'मूर्धनी', 'दाँत' और 'ओष्ठ' के स्वर-प्रहार से 'ध्वनि' में रूपान्तरित करती है। ऐसे स्वर-प्रहारों के

जितनी इकाई-ध्वनियाँ बनती है, उन्हें ही 'अक्षर' कहा जाता है। जिह्न के उपयोग तथा स्वर-प्रहार के बिना केवल ओष्ठों से भिन्न आकृति बना कर जो इकाई-ध्वनियाँ बनती हैं, उन्हें 'स्वर' (स्वराअक्षर) कहते हैं। इनमें अ, आ आदि स्वर हैं।

इस अध्ययन से यह स्पष्ट होता है कि 'प्राणी' की भावाभिव्यकति में चाहे मुख से वाणी के द्वारा हो या भंगिमाओं (अंग-प्रचालन) द्वारा, उसमें 'अर्थ' या अभिप्राय निहित होता है। यह बुद्धि या ज्ञान (intelligence) के बिना सम्भव नहीं है। इस 'बुद्धि' की दो दषा होती है— शुद्ध (सात्विक) और अशुद्ध। शुद्ध-दशा में बुद्धि स्वयं को पहचानती है और उसकी चेतना प्राणी को देती है और अशुद्ध अवस्था में उसका ध्यान बाहर की वस्तुओं को देख-जान कर उसका अनुसरण या उपयोग में केन्द्रित होता है। बुद्धि की पहली अवस्था 'आध्यात्मिक-चेतना' कह सकते हैं और दूसरी अवस्था को 'भौतिक-चेतना' कह सकते हैं। इस सम्बन्ध में अधिकांश विचारक स्वीकार करते हैं कि ज्ञान (intelligence) शारीरिक-आवश्यकताओं से सम्बन्धित होकर भी उससे 'परे' (उच्च) है।

फिर भी, वास्तविकता यह भी है कि भौगोलिक-परिस्थितियाँ इस 'बुद्धि' को प्रभावित करती हैं। जब भावनाएँ बहुमुखी हो जाती हैं तो अभिव्यक्ति के भी कई प्रकार होने लगते हैं। अस्तु, 'आध्यात्मिक-चेतना' के कारण भारतवर्ष की भौगोलिक परिस्थियों के

कारण 'सात्विक-बुद्धि' की प्रधानता रही और विचार प्राकृतिक और ब्रह्मांडीय अर्थात विज्ञानोन्मुख रहा। इस कारण, 'संस्कृत भाष' उत्पत्ति हुई। अन्यान्य क्षेत्रों में भौगोलिक-परिस्थितियो की भिन्नता के कारण शारीरिक-आवश्यकताओं के अनुसार 'भावनाएँ और विचार' बहुमुखी होते गये। अस्तु, भाषा के भी कई प्रकार होते चले गये।

भाषा और मनुष्य

स्थिति यह है कि भाषा है, आध्यात्म और विज्ञान ज्ञान भी है; तो 'मनुष्य' की आबादी अवश्य होनी। 'मनुष्य' की बात करते हैं वैज्ञानिक जानकारी प्राप्त होती है 'मनुष्य' एक '**प्राणी**' है, इसलिए उसमें स्वेच्छा से गति करने तथा बुद्धि (intelligence) पूर्ण गति की क्षमता है; यही 'सजीव' और 'निर्जीव' वस्तु (पदार्थ) में भेद है।

पुनः स्मारित करते हैं कि **निर्जीव** में स्थान-परिवर्तन करने या स्थिति में परिवर्तन करने (गति) की स्वकीय-क्षमता नहीं होती। ऐसा जो कुछ होता है उसका कारण वाह्य-उत्तेजना स्वरूप 'ऊर्जा' है। वैज्ञानक आधार पर जितनी जानकारियाँ प्राप्त हैं तथा वैदिक-दर्शन से भी जितनी जानकारियाँ उपलब्ध हैं, उसके अनुसार विदित हो कि **ऊर्जा** में भी स्वकीय **बुद्धि** (intelligence) नहीं है। वह भी प्रकृति के नियमों का पालन करती है।

अस्तु, यह निश्चित हो जाता है कि ऊर्जा का ही एक स्वरूप ऐसा है जो सर्वशक्तिमान (अर्थात् बल और ज्ञान) से सम्पन्न है। आज को वैज्ञानिक-युग में उसे ही

'ब्रह्मांडीय-शक्ति' कहते हैं। वैदिक-दर्शन में बताया गया है कि यही 'ब्रह्मांडीय-शक्ति' प्राणियों में आत्म के नाम से प्रकट है। परन्तु, इससे उसका ब्रह्मांडिय-परिमाण में कोई कमी नहीं होती, क्योंकि वह **निरपेक्ष** है। इस गुण को भगवद्गीता में **अव्यय** कहा जाता है--**सर्वभूतेषु येनैकं भावमव्ययमीक्षते।** यही 'सर्वशक्तिमान' (बल और ज्ञान) **दिव्य-सत्ता** प्राणियों में 'आत्मा' स्वरूप में प्रकट है। वास्तविकता यह है कि यह **आत्मा** प्राणी शरीर में प्रविष्ट नहीं है, बल्कि वह 'प्राणी-शरीर' को अपनी अभिव्यासि के अन्तर्गत रखता है। इसे ऐसे समझना चाहिए कि वह 'प्राणी-शरीर' को घेरकर अपनी केन्द्र-स्थानीय सत्ता के रूप में स्थिति प्रदान करता है और उसके चतुर्विध भी स्थित है—

मैं तो रहौं शहर के बाहर

मेरी पुरी मवास में।

मों को कहाँ ढूँढो बंदे

मैं तो तेरे पास में।

आत्मा और चेतना

'आत्मा' की प्रकृति या कार्यों की विवेचना 'श्वेताश्वतर उपनिषद' में बताया गया है—

एको देवः सर्वभूतेषु गूढः सर्वव्यापी सर्वभूतान्तरात्मा।

कर्माध्यक्षः सर्वभूतान्तरात्मा साक्षी चेताः
केवलो निर्गुणश्च।।(श्वेताश्वतर उपनिषद)।।

'श्वेताश्वतर उपनिषद' के इस श्लोक की प्रथम-पद में ही संकेत दिया गया है कि 'समस्त प्राणियों' में जो 'आत्मा' है, उसमें परस्पर भिन्नता नहीं है, क्योंकि वही 'एक' से 'अनेक' दिख रहा है (सर्वभूतान्तरात्मा)। वह मूलतः 'ब्रह्म' है (एको देवः)। जैसे मनुष्य अनेक हैं लेकिन उस 'योनि' का **तत्त्व** 'मनु' (स्वायंभुव-मनु) है, उसी प्रकार देवताओं का **तत्त्व** 'ब्रह्म' है, इसकारण 'ब्रह्म' को ही 'एको देवः' कहा गया है।

श्लोक के प्रथम पद में ही बताया गया है कि यह 'ब्रह्म' सभी सजीव-निर्जीव 'भूत' (पदार्थ) में (सर्वभूतेषु) गूढ रूप से अर्थात् 'केन्द्र-शक्ति' रूप के (गूढः) प्रकट रहता है, साथ ही सबकुछ की सृष्टि उसके सातत्य के अन्तर्गत ही होती है, इसलिए 'वह' सर्वव्यापी है (सर्वव्यापी)। इसके अतिरिक्त प्रत्येक 'जीव' (प्राणी) में जीवात्मा रूप से भी प्रकट है (सर्वभूतान्तरात्मा)।

श्लोक के द्वितीय-पद में 'आत्मा' की व्याख्या करते हुए कहा गया है कि 'जीव' की जो 'अन्तरात्मा' है वह जीव के कर्मों का 'अध्यक्ष' (कर्माध्यक्षः) है [उसकी अनुमति एवं जानकारी के बिना कोई भी अंग-प्रत्यंग काम नहीं कर पाता], वही सारे कर्मों का साक्षी है (साक्षी) और जीव को इन हो रहे 'कर्मों' की जानकारी भी देता है और गलत-सही की चेतावनी भी देता है (चेताः) [यही चेतना का स्वरूप है]। ऐसा करने की एक

मात्र क्षमता केवल 'आत्मा' में है, क्योंकि 'वह' सर्वज्ञ (समस्त ज्ञान-विज्ञान से सम्पन्न और नियन्ता है। परन्तु, 'वह' जीव के द्वारा किये गये कार्यों से उत्पन्न सुख-दुख के भाव के प्रति **अनासक्त** रहता है (केवलो) क्योंकि वह 'निर्गुण' (अव्यय) अर्थात् निरपेक्ष है।

अस्तु, वह **आत्मा** ही है जो 'प्राणि-शरीर' के सभी अंगों-प्रत्यंगों पर 'बुद्धि और ज्ञान' युक्त तरीके से गति (बल) निरूपित करता, वही कर्माध्यक्ष और प्राणि के सभी कर्मों से उसे संचूति भी करता है, उसकी यही प्रक्रिया को **चेतना** कहते हैं 'चेताः'। वह इन सबका स्वयं साक्षी है (साक्षी)। तात्पर्य यह है कि प्राणी जो करता है, उसकी जानकारी 'ब्रह्मांडीय-शक्ति' को भी है। वह स्वयं ब्रह्मांडीय-शक्ति है, इसलिए प्राणी का 'द्रष्टा' मात्र है, उससे स्वयं प्रभावित नहीं होता--केवलो निर्गुणश्च।

वेद से संस्कृत की उत्पत्ति

प्राणियों की वाक्-प्रणाली का गहन अध्ययन बताता है कि इसमें 'आत्मा' रूप से उपस्थित **ब्रह्मांडीय-शक्ति** की प्रक्रया भी शामिल होती है। इसलिए, प्राणी द्वारा बोली गई **ध्वनि** (वाणी) और **ब्रह्मांडीय-शक्ति** का परस्पर निकटतम सम्बन्ध भी है। विदित हो कि प्रत्येक ध्वनि की निश्चित कम्पन-दर होती है। अर्थात किसी 'कम्पन-दर' को **प्रतिसेकेन्ड आवृत्तियों की संख्या** के रूप में याद करने से बेहतर वैज्ञानिक-उपाय है कि उस **कम्पन-दर** से जो 'ध्वनि' बनती है, उस **ध्वनि** के रूप में संकलित कर

लिया जाए। वैदिक-ऋषियों ने इसी प्रक्रया को अपनाया जिससे 'वेद' प्रकट हुए।

ऋषियों ने **ब्रह्मांडीय-सत्ता** में निहित आवृत्ति-दरों के ध्वन्यात्मक-स्वरूप की जानकारियाँ प्राप्त कीं। उदाहरण के लिए उन्होंने यह ज्ञात किया कि 'धरती' किस 'ऊर्जा-तत्व' से बनी है और स्वर्ग किस उर्जा-तत्त्व से बना है—में कहा गया है—

यथाग्निगर्भा पृथिवी यथा द्यौरिन्द्रेण गर्भभिणी (शतपथ के १४वें काण्ड) ।

अर्थात् जिस प्रकार पृथिवी का उत्पत्ति 'अग्नि' के गर्भ से हुई है (**यथाग्निगर्भा पृथिवी**) से हुआ है वैसे ही 'स्वर्ग' (द्युलोक) की उत्पत्ति इन्द्र (विद्युत-शक्ति) अर्थात् 'सोम' हुई है (**द्यौरिन्द्रेण गर्भभिणी**)। वैदिक-विज्ञान बताता है कि 'पिण्ड' की उत्पत्ति किसी सातत्य के अन्तर्गत होती है। सातत्य का 'तत्त्व' उस पिण्ड के केन्द्र से चतुर्विध वाह्य-परिच्छेद तक व्यास रहता है। **'पृथिवी'** भी अग्नि-सातत्य में उत्पन्न है, अस्तु उसके केन्द्र से चतुर्विध वाह्य-परिच्छेद तक 'अग्नि-तत्त्व' व्यास है। इसी तरह **'स्वर्ग-लोक'** के केन्द्र से चतुर्विध वाह्य-परिच्छेद तक 'सोम-सातत्य' (विद्युत-ऊर्जा का सातत्य) व्यास है।

इस विवरण से ही आभासित हो जाता है कि 'ब्रह्मांडीय-शक्तियों' के सन्दर्भ में नाभकीय पिण्डों की व्याख्या की गई है। यही स्थिति प्राणियों के सम्बन्ध में भी है। प्राणी के जीवन्त होने का कारण 'आत्म' है जो

स्वयं ही 'ब्रह्मांडीय-शक्तियों' है। 'वेद' इन्हीं 'ब्रह्मांडीय-शक्तियों' की व्याख्या करत है।

'निरुक्त' में 'यास्कायार्य' बताते हैं-

साक्षात्कृतधर्माण ऋषयो वभुवुः। ते अवरेभ्योऽसाक्षात्कृत धर्मेभ्य उपदेशेन मन्त्रान् सम्प्रादुः। उपदेशाय ग्लायन्तोऽवरे विल्मग्रहणाय इमं ग्रन्थं समाम्नासिषुवेदं च वेदात्ङ्गानि च।

इसकी व्याख्या के पूर्व हमें यह जानना चाहिए कि प्रत्येक 'ध्वनि' की अपनी-अपनी स्वतंत्र 'कम्पन-दर' होती है। इसलिए, कम्प-दर को 'प्रति सेकेन्ड कम्पनावत्ति की संख्या' के स्थान पर 'ध्वनि' के रूप में भी अंकित किया जा सकता है। ध्यातव्य है कि 'मन' स्वयं आत्मा की ही अंगीभूत संरचना है, इसलिए मनुष्य का **'मन'** हर ब्रह्मांडीय-ऊर्जा की कम्पन/समंचन की आवृत्ति-दर को ग्रहण करके उसे भावना/ध्वनि के रूप में परिणत करने की क्षमता रखता है। इस क्षमता को प्राप्त करने की तकनिक को ही भारतीय-दर्शन में 'योग' कहा गया है—'योगश्चित्तवृत्ति निरोधः।(पातंजलि-योगदर्शन)।' विदित हो कि ये ऋषि योगसाधक थे। (इस सम्बन्ध में पृष्ठ १२ पर 'मन की शक्ति' का भी अवलोकन किया जा सकता है।)

निरुक्त के प्रासंगित श्लोक की 'पहले वाक्य' में कहा गया है-- साक्षात्कृतधर्माण ऋषयो वभुवुः।

इसमें कहा गया है कि ऋषियों ने (ऋषयो) हर प्रकार के धर्मों का (धर्माण .... वभुवुः) का साक्षात्कार किया (साक्षात्कृत)। यहाँ 'धर्म' का अर्थ है आचरण। इस श्लोक में ब्रह्मांडीय-ऊर्जा के कम्पन/समंचन की आवृत्ति-दरों को ही 'उनके धर्म' की संज्ञा दी गई है। साथ ही, यह जानना भी अनिवार्य है कि ऊर्जा का धर्म है कम्पन/समंचन-प्रसारण। इसलिए, उन ऋषियों ने कम्पन/समंचन की आवृत्ति-दरों को ग्रहण करके उसे भावना/ध्वनि के रूप में परिणत किया।

इस प्रक्रिया के फलस्वरूप एक लाख मंत्रों वाला 'वेद' का प्रकाट्य हुआ—आद्यो वेदश्चतुष्पादः शतसाहस्रसम्मितः (विष्णुपुराण, ३/४/१)।

अस्तु, निरुक्त के प्रासंगित श्लोक की दूसरी पंक्ति में कहा गया है--ते अवरेभ्योऽसाक्षात्कृत धर्मेभ्य उपदेशेन मन्त्रान् सम्प्रादुः।

कालान्तर में (ते अवरेभ्यो) शिष्यों को मन्त्रों के रूप में (मन्त्रान् सम्प्रादुः) बोलकर (उपदेशेन) साक्षात्कार से प्राप्त 'वेद' को (साक्षात्कृत धर्मेभ्य) का प्रशिक्षण देते था। यह प्रशिक्षण यह नहीं था कि वैदिक-श्लोकों को बलने और समझने का तरीका समझाया जाए। यह विधि थी वेद-ध्वनि में निहित कम्पन/समंचन के माध्यम से पुनः उन ब्रह्मांडीय-ऊर्जा तक पहुँचने की।

अब, तीसरे वाक्य में कहा गया है-- उपदेशाय ग्लायन्तोऽवरे विल्मग्रहणाय इमं ग्रन्थं समाम्नासिषुवेदं

च वेदात्ङ्गानि च। अर्थात् जब वेद-ध्वनि में निहित कम्पन/समंचन के माध्यम से पुनः उन ब्रह्मांडीय-ऊर्जा तक पहुँचने की क्षमता का भी ह्रास हुआ (उपदेशाय ग्लायन्तोऽव) तो ब्रह्मांडीय-ऊर्जा की कम्पन/समंचन की आवृत्ति-दर ('वैदिक-ध्वनि') में वाच्य-स्वरूप देकर 'उसे' ग्रन्थ का स्वरूप दिया गया (विल्मग्रहणाय इमं ग्रन्थं)। परिणामस्वरूप, और भी ग्लानि (ह्रास) होने पर 'मंत्रों' के अर्थ और भाव निकाले गये जिससे वेदांगों की रचना हुई (समाम्नासिषुवेदं च वेदात्ङ्गानि च)। विदित हो कि 'निरुक्त', व्याकरण, अंकगणित (अंकों का व्याकरण) आदि सभी इन्हीं वेदांगों के ही अंग-प्रत्यंग हैं। अस्तु, वेद-वाक्यों के विभक्तिकरण के फलस्वरूप 'शब्दों' एवं उसके 'अर्थ' का ज्ञान हुआ। इन सबकी जानकारी के फलस्वरूप 'व्याकरण' की रचना भी वेदों से ही हुई। फलतः संस्कृत भाषा की उत्पत्ति हुई। 'वेद' के समाम्नासि (विश्लेषणात्मक परीक्षण) का परिणाम है। संस्कृत के शब्दों और उनके भावार्थों की रचना भी इसी (वेद) से हुई। इसलिये यह कहना उचित ही है कि 'वेद' संस्कृत का प्राचीनतम ग्रन्थ है।

निरुक्त के स्पष्ट है कि 'वेदों' का सम्बन्ध ब्रह्मांडीय-ऊर्जा के अध्ययन से है, इसलिए संस्कृत भाषा और उसके 'व्याकरण' का सीधा सम्बन्ध 'विज्ञान' और 'आध्यात्म' से है। अस्तु, यह स्वयं 'संस्कार' जनित संस्कृति का कारक सिद्ध हुआ है।

व्याकरण है ध्वनि-विज्ञान

संस्कृत/हिन्दी व्याकरण

भाषा को सीखने और समझने के लिए भाषा के व्याकरण और शब्द-भंडार के जानना अनिवार्य हो जाता है। संस्कृत भाषा का व्याकरण स्वयं में 'ध्वनि' और मानवी वाक्-प्रणाली का **विज्ञान** है।

ऊपर हमने उल्लेख किया कि स्वर-वर्ण को छोड़कर शेष सभी व्यंजन-वर्ण बिना मात्रा के उच्चरित नहीं हो सकते। जैसे, 'क' अक्षर कहते हैं उसमें 'अ' की मात्रा लगी हुई है, अन्यथा वह 'क्' (हेलन्त-युक्त) है—यही व्यंजन का स्वरूप है। इस 'क्' में अ की 'मात्रा' को लगाये बिना इस वर्ण का उच्चरित नहीं हो सकता। या कहें स्वररूप शक्ति के बिना ये 'शव' के समान है। कहा

जाता है भगवान शिव 'ईश्वर' हैं, लेकिन 'शक्ति' के बिना 'शिव' भी 'शव' के समान हैं।

अब, 'व्यंजन-वर्ण' पर विचार करें साथ ही यादगारी में यह रखना आवश्यक है, 'व्यंजन' पुरुष-बोधक है जिसे मात्रा-रूप 'शक्ति' पूर्ण कर देती हैं। यहाँ वैज्ञानिक ज्ञान की बात यह है कि अक्षर ध्वनि-ऊर्जा की उस 'इकाई' का सूचक है जिसे उच्चरित कर पाते हैं। यह उसका 'पूर्ण-रूप' है। इसी इकाई-स्वरूप 'ध्वनि' को अक्षर कहते हैं। इसी 'अक्षर' के खंड-खंड का अध्ययन व्याकरण में किया गया है। अस्तु, अक्षर के दो प्रकार हैं—व्यंजन-वर्ण और स्वर-वर्ण। व्यंजन-वर्ण के दो अंश (हिस्से) हैं –व्यंजन और मात्रा। अर्थात् व्यंजन और मात्रा अलग-अलग इकाई-ध्वनियाँ नहीं हैं बल्कि ये दोनों एक ही इकाई-ध्वनि के दो अवयव हैं। या कहें कि पुरुष-ध्वनि और शक्ति-ध्वनि के रूप में पृथक-पृथक ध्वनि-ऊर्जा या ध्वनि-विकुंचन की स्थिति नहीं है। 'एक ही ध्वनि-विकुंचन में 'पुरुष+शक्ति' समाहित रहते हैं'---वैदिक-दर्शन का सिद्धान्त है।

हम पुनः स्मरण करा दें कि कंठ में जो ध्वनि उत्पन्न होती है वह अपने मौलिक-स्वरूप में अर्थात् वाक् अर्थात् 'निरपेक्ष ध्वनि-विकुंचन' होती है। यही 'वाक्' स्वराघात (वायु और मुख के हिस्से के आघात से) सापेक्षता धारण कर 'कंठ' से वायु-सातत्य में बाहर निकलती है। इसी आधार पर क-वर्ग, च-वर्ग, ट-वर्ग आदि बनते हैं।

अब, क-वर्ग में पाँच, च-वर्ग में पाँच, ट-वर्ग में पाँच, त-वर्ग में पाँच और प-वर्ग में पाँच अक्षर होते हैं। ये मिलाकर २५ (पच्चीस) हुए। इनके अतिरिक्त य, र, ल, व, श, ष, स और ह—ये ८ (आठ) अक्षर हैं। इन्हें जोड़ने पर कुल संख्या हुई २५+८=३३ (तैंतीस) होती है। इन अक्षरों को व्यंजन-वर्ण के अन्तर्गत रखा जाता है। यहाँ वस्मयकारी रूप से जानकारी मिलती है कि वैदिक-दर्शन में देवताओं की संख्या ३५ बतलाई गई है और व्यंजन-वर्ण की संख्या ३३ आ रही है। दो देवताओं की संख्या छूट रही है, वे हैं—वषटकार (अनुस्वार की ध्वनि) और प्रजापति (ब्रह्म) (ॐकार की ध्वनि)। इस प्रकार ये ३५ ध्वनियाँ होती है जो 'देवता' के 'बीज' के सूचक हैं।

अक्षर देवता के बीज-मंत्र

श्रुतियों में बताया गया है कि १२ 'आदित्य', ९ 'रुद्र', और ८ 'वसु', १ 'वषटकार' (अनुस्वार की ध्वनि) और १ स्वयं प्रजापति (ॐकार), ये कुल ३५ कोटि (प्रकार) के देवता हैं। विदित हो कि ब्रह्मा-विष्णु-शिव ये 'त्रिदेव' हैं जो 'ॐकार (ब्रह्म)' की 'विभक्तियों' हैं। अब, 'विष्णु' की विभक्तियों को 'आदित्य' कहा गया है जिनकी संख्या बारह है, 'शिव' की विभक्तियों को 'रुद्र' कहा गया है जिनकी संख्या नौ है तथा ब्रह्मा की विभूतियाँ 'वसु' हैं जिनकी संख्या आठ है। इन सबों को 'मूर्त' कहा जा सकता है। ध्यातव्य है 'वषटकार' (अनुस्वार) व्यंजन-वर्ण के साथ उपस्थित होकर उसे

विशेष-स्वरूप (आवाज) देते हैं और 'प्रजापति' (ॐकार) तो सबके आ-अन्त हैं।

इस प्रकार, अक्षरों की इन ३३ इकाई-स्वरूपों (व्यंजनाक्षरों) का देवत्व से सम्बन्ध जुड़ता है। इसी प्रकार स्वर-स्वरूप अक्षरों का सम्बन्ध 'शक्ति' से जुड़ता है। इन सबका केन्द्र तथा आदिम-स्वरूप स्वयं ईश्वर (स्वयंभू) है।

इन्हीं अक्षरों से शब्द और वाक्य बनते हैं, इसलिए इन अक्षरों को बीज-स्वरूप माना गया है। विदित हो कि वेदादि के श्लोकों को मंत्र या ऋचा कहते हैं। इन सब में बीज-मंत्रों का विशेष महत्त्व है। 'सिद्धकुंजीकास्तोत्रम्' का एक श्लोक उदाहरणार्थ प्रस्तुत है—

अं कं चं टं तं पं यं शं वीं दुं एं वीं हं क्षं

धिजाग्रं धिजाग्रं त्रोटय त्रोटय दीसं कुरु करु स्वाहा।।

इन सबसे यह प्रमाणित होता है कि 'देवनागरी' के अक्षरों का देवताओं से अन्योन्याश्रय सम्बन्ध है। ये 'देवतागण' दिव्य-आस्तित्व (अभौतिक) हैं। इनका स्वरूप जिस ऊर्जा से बना है, उसका नाम **ध्वनि-ऊर्जा** है। अक्षरों और देवतों में जो सम्बन्ध है, उसी के कारण इस लिपि को **'देवनागरी'** कहा गया है।

स्वर और मात्रा

पूर्व के विवरणों में बताया जा चुका है कि 'व्यंजन' पुरुष-बोधक हैं और 'स्वर तथा उसी मात्राएँ' 'स्त्री'

अर्थात् शक्ति-बोधक हैं। हम यह भी जान चुके हैं कि व्यंजन और मात्राएँ 'अक्षर' के प्रकार नहीं, आन्तरिक-विभक्तियाँ हैं। जैसे, 'क' एक पूर्ण अक्षर हैं और विभक्ति की दृष्टि से यह 'क्' व्यंजन (हेलन्त-युक्त) और अ की 'मात्रा' से मिलकर पूर्ण हुआ है।

यह भी कहा जा सकता है कि 'व्यंजन' देव-तत्त्व का बोध कराते हैं और मात्राएँ शक्ति-तत्त्व का बोध कराती हैं। अस्तु, शक्ति से संयुक्त होकर ही कोई 'देवता' पूर्णता प्राप्त करता है। श्रुतियों में भी कहा गया है कि 'शिव' का शिवत्व शक्तियुक्त होने में ही निहित है।

स्वरों की प्रकृति में 'हस्व' और 'दीर्घ' उच्चारणों का भेद है। जैसे, 'अ' हस्व को बोधक है 'आ' दीर्घ का, इस कारण अ+अ=आ। इसी तरह, 'इ-कार', 'उ-कार', 'ए-कार' और 'ओ-कार' में भी हस्व और दीर्घ का अन्तर है। एक महत्त्वपूर्ण स्वर-वर्ण है 'ऋ'। इनके अतिरिक्त दो अन्य हैं— 'अनुस्वार' (अं) और विसर्ग (अः)।

अर्ध-मात्रा

भारतीय अध्यात्म में 'र' का महत्त्व है। यह अग्नि-तत्त्व का बोधक है। वैसे तो यह इसकी गणना व्यंजन-वर्ण में की जाती है, परन्तु अग्नि-तत्त्व होने के कारण इसकी भी दो मात्राएँ होती—(१) 'हेलन्त र' जो वर्ण के ठीक नीचे आकर वर्ण के उच्चारण के साथ संयुक्त होकर स्वयं अ की मात्रा को धारण कर लेता है [क्र] और

दूसरा 'रेफ' जिसमें र स्वयं आधा होकर बाद वाले वर्ण के साथ संयुक्त हो जाता है [कर्म]।

इसी प्रकार आध्यात्म महत्ता 'न' और 'म' को भी प्राप्त है। इन दोनों का ही 'अर्ध-स्वरूप' स्वयं 'अनुस्वार' है और उसका भी 'अर्ध' है—चंद्रविनदु। अनुस्वार की 'ध्वनि' को ही 'वषटकार' कहा जाता है। विदित हो कि 'नासिका बन्द कर' बोलने से जो ध्वनि निकलती है, वह अनुस्वार होती है। यही 'वषटकार' का मौलिक-स्वरूप है। इस 'वषटकार' ध्वनि को भी शक्ति-स्वरूप बताया गया है-- *त्वं स्वाहा त्वं स्वधा त्वं हि वषट्कारः स्वरात्मिता (तन्त्रोक्त रात्रिसूक्त)*। यहाँ शक्तिरूप भगवती स्वध, स्वाहा ओर वषटकार को अपनी ही विभूतिया या विभक्तियाँ बता रही हैं।

संस्कृत और हिन्दी के इस व्याकरण को सामान्य व्याकरण के स्थान पर 'ध्वनि-ऊर्जा' के 'विज्ञान' के रूप में समझना सर्वथा उपयुक्त होगा। इसमें भी 'स्वरों और मात्रा' का विषय विशेष है। इससे ईश्धर (ब्रह्म) की 'शक्ति' की जाकारी मिलती है। 'ब्रह्म' के इस शक्ति-स्वरूप को श्रुतियों में 'पराशक्ति', 'माया' 'त्रिया' (तीन गुणों वाली) अर्थात् 'स्त्री' कहा गया है। व्याकरण में इसे ही स्वर और मात्र कहते हैं। 'माया' शब्द से सभी भारतीय परिचित हैं। इस माया की अनुभूति इस प्रकार कर सकते हैं कि कोई 'व्यंजन' है 'क्'। वह तभी उच्चरित हो पाता है जिबतक मात्रा रूप 'शक्ति' इससे संयुक्त नहीं होती। इस शक्ति के बिना वह 'हेलन्त-युक्त' (अपूर्ण) बना रहता है।

'क्' में अ की मात्रा लगते ही वह पूर्ण वर्ण 'क' बन जाता है। ध्वनि वही है, लेकिन 'आकार की मात्र' लगने से आवाज में भिन्ना हो जाती है—'का'। हस्व ई की मात्रा लगने से फिर स्वर में परिवर्तन होता है जबकि व्यंजनरूप नहीं बदलता—'कि'। इसी प्रकार की स्थिति आगे भी दीकती है। तात्पर्य यह है कि मौलिक-सत्ता में परिवर्तन किये बिना स्वर-परिवर्तन से रूप बदल जाता है। इसे ही 'माया' कहते हैं।

आधुनिक पाश्चात्यवादी सन्दर्भ में स्त्री का अर्थ है 'मादा' (बच्चा पैदा करने वाली)। परन्तु, वैदिक-दर्शन में इसका तात्पर्य भिन्न है। इसमें ब्रह्म (निरपेक्ष-सत्ता) की शक्ति को ही परा-शक्ति कहते हैं—'परास्य शक्तिर्विविधेव श्रूयते। स्वभावकी ज्ञानबलक्रया च' (श्रुति)। अर्थात्, पर (निरपेक्ष-सत्ता अर्थात् ब्रह्म) की शक्ति (माया) के बारे में बहुत प्रकार से कहा सुना जाता है (विविधेव श्रूयते), लेकिन मूल तथ्य यह है कि (स्वभावकी) वह तीन प्रकार के बलों (ज्ञानात्मक, बलात्मक और क्रयात्मक) को प्रकट करती है। यहाँ पर निम्नांकित तथ्य-विनदु हैं—

१. 'ब्रह्म' को प्रजापति कहा जाता है, क्योंकि वह प्रजा (सृष्ट रचना) को चारों ओर से घेर कर उसके चतुर्विध स्थित रहता है। वह केवल घेर कर स्थित ही नहीं होता, बल्कि उसपर चतुर्विध दबावात्मक-बल भी निरूपित करता है। इसी दबावत्मक-बल को 'पराशक्ति' कहते हैं।

२. इसी 'पराशक्ति' को 'माया' भी कहा जाता है। व्याकरण के अनुसार 'मा' धातु का अर्थ है 'घेराव' (चारों ओर से स्थापित घेराव-शक्ति)। जो शक्ति चारों ओर से घेर ले, वही 'माया' है। वह घिरी हुई 'सत्ता' (यहाँ ब्रह्म-सातत्य के ही एक भाग है) के आस्तित्व में कोई परिवर्तन नहीं करती, बल्कि स्वरूप में परिवर्तन करती है, इसलिए माया है।

३. इसी आलोक में व्याकरण 'पुरुष' शब्द की प्रतीकात्मक व्याख्या करते हैं। किसी पुर (किले से घिरे हुए स्थान में उसका अधिपति (राजा) निश्चिन्त होकर शयन करता है। पुरुष का अर्थ है जो पुर में शयन करे—घेरे के भीतर स्वयं को सुरक्षित महसूस करे। ऊपर, प्रजापति ने अपने ही सातत्य के एक भाग को घेर रखा है, इसलिए वह घिरा हुआ भाग 'पुर' हुआ। उस 'पुर' में जो घिरा हुआ है, वह भी स्वयं 'ब्रह्म' है (क्योंकि जो पूर्ण का अवशिष्ट भाग भी पूर्ण ही होता है)। यहाँ पर ब्रह्म ही दो रूपों में दिखाई दे रहा है। पहला तो स्वयं 'प्रजापति' है जिसने अपनी ही मात्राओं को चारों ओर से घेर रखा है। दूसरा है उसी का घिरा हुआ अंश जिसकी पूर्णता कभी नष्ट नहीं होती। यह घिरा हुआ 'ब्रह्म' ही पुरुष (ईश्वर) कहा जाता है। यहाँ ब्रह्म वह है जो घेरे (माया) से बाहर है और ईश्वर

वह है जो घेरे के अन्दर है। यहाँ जो 'माया' है वह उसी ईश्वर की शक्ति के रूप में प्रकृति के अन्य कार्य करती है।

४. ब्रह्म की पराशक्ति तीन गुणों को उत्पन्न करती है। पहला है ज्ञानान्तमक-बल। घिरी हुई सत्ता को यह ज्ञान रहता है कि वह चारों ओर से ब्रह्म से ही घिरा हुआ है तो इसे 'ज्ञान' कहते हैं। इस ज्ञानात्मक-बल को सत्व-गुण कहते हैं। ब्रह्म से घिरा हुआ ब्रह्म का वह स्वरूप जिसमें यह ज्ञान है कि वह अपनी ही शक्ति से घिरा हुआ है—परमात्मा (ईश्वर) कहा जाता है। लेकिन, घिरी हुई सत्ता को यह ज्ञान नहीं होता कि वह चारों ओर से 'ब्रह्म' से ही घिरा हुआ है, 'जीवात्मा' कहते हैं। असतु, घरे होने का 'ज्ञान' भी एक प्रकार का बल है।

५. 'ज्ञान' के बाद क्रम आता है 'बल' का। यहाँ 'दबाव-बल' को ही बल कहा गया है। किसी पोखड़े के जलतल में कोई कंकड़ किरता है तो एक वर्तुल-लहरी प्रकट होती है। ऐसा स्पष्ट दीखता है कि एक वर्तुल-घेरा बन गया है। यह वर्तुल-घेरा इसी पराशक्ति का प्रतीकात्मक रूप है। यह घेरा अन्दर-स्थित जल पर चारों ओर से दबावात्मक-बल निरूपित करता है—यह बलात्मक-शक्ति का स्वरूप हुआ।

६. उक्त दबावात्मक बल के कारण 'जल-कणों' का केन्द्र की और 'आगमन' की प्रक्रिया आरम्भ होती है तथा इसकी ठीक विपरीत केन्द्र से परिधि की भी कणों के गमन का स्वरूप बनती है। इस क्रियात्मक-प्रतिक्रियात्मक बल को ही 'क्रिया' की संज्ञा दी जाती है। ऐसी स्थिति घिरे हुए 'ब्रह्म-सातत्य' के अन्तर्गत भी प्रकट होती है।

७. जो उदाहरण जल-तल का मिलता है, वैसी स्थिति ब्रह्म-सातत्य के अन्तर्गत भी होती है। 'ब्रह्म की जो मात्राएँ' केन्द्र से घेरे (पराशक्ति के घेरे) की और गमन करती हैं, उन्हें 'ऋक्' कहा जाता है। परिधि-नुमा घेरे से 'ब्रह्म की जो मात्राएँ' केन्द्र की ओर आगमन करती हैं, उन्हें 'साम' कहते हैं---ऋकसामे वहतः (शतपथ ब्राह्मण)। इस धेरे पर जो वर्तुलाकार आकृति-सा दीकता है, उसे यजुः कहा जाता है। ध्यातव्य है कि ये ही तीनों वेद हैं। यही पूरा विवरण शतपथ-ब्राह्मण में दिया गया है।

ऊपर के विवरण से स्पष्ट होता है कि 'ब्रह्म की पराशक्ति' ('माया') किसी सत्ता पर चारों ओर से दबावात्मक-बल निरूपित करता है। यही प्रवृत्ति मात्राओं से भी व्यक्त होती है। हस्व और दीर्घ 'उ' की मात्राएँ नीचे से घेरता हैं, हस्व और दीर्घ 'इ' बगलो से घेरती हैं। ये सब घेरने की प्रवृत्ति का घोतक है।

स्पष्ट है कि व्याकरण में 'पराशक्ति' (माया) को मात्राओं के रूप में वर्णित किया गया है। ये भी घेराव-शक्ति निरूपित करती हैं, लेकिन पृथक्-पृथक् मात्राएँ अलग-अलग प्रकार से घेरती हैं। कोई 'वर्ण' को कभी वाम-भाग से तो कभी दक्षिण-भाग से। कभी ऊपर से तो कभी नीचे से।

स्वर-साधना भी इसी प्रक्रिया का स्वरूप है। किसी ध्वनि (आवाज) को अधिक से अधिक समय तक सुव्यवस्थित रूप से आनन्दित-स्वरूप में अधिक काल तक उच्चरित करने को 'सुर' और 'तान' कहा जाता है। इस विद्या को 'गीत-संगीत' के अन्तर्गत रखा जाता है। इस 'तान और सुर' में स्वर-मात्राओं का योगदान अधिक रहता है, अतः इसे सुर-साधना भी कही जाता है। इन सबके मूल में ईश्वर की पराशक्ति ही लक्षित होती है।

देवनागरी लिपि का विज्ञान

पूर्व के अध्ययन से यह समझा जा चुका है कि व्याकरण का एक अवयव है 'शून्य' और 'अंकों' का व्याकरण जिसे 'अंकगणित' के नाम से प्रसिद्धि मिली है और इससे महत्त्वपूर्ण अवयव है 'अक्षर-ब्रह्म' (शून्य की ही अन्य परन्तु प्रमुख संज्ञा)। पुराणों में कहा गया है—'अक्षरं तत्परं ब्रह्म'। इसका एक अर्थ यह भी है कि जो परम (निरपेक्ष) रूप में अविनाशी (अक्षर) है, वही 'ब्रह्म' है। तात्पर्य यह हुआ कि 'ब्रह्म' समय और स्थान, दोनों ही गुणकों से परे है। इसी 'ब्रह्म' (निरपेक्ष-सत्ता)

को गणित के व्याकरण 'अंकगणित' में **शून्य** और भाषा के व्याकरण में 'अक्षर-ब्रह्म' अर्थात् 'ॐकार-वाच्य' कहा गया है। इसका स्पष्ट अर्थ है—'ॐ' का ध्वनि। इससे साफ-साफ जानकारी मिलती है कि वैदिक-विज्ञान 'ब्रह्म' को 'ध्वनि-ऊर्जा' का परम (अतुलनीय) स्वरूप बताया गया है। 'ध्वनि' के ही परम-स्वरूप को श्रुतियों में 'वाक्' कहा गया है। व्याकरण के अनुसार मूल शब्द है 'अवाक्' जिसके 'अव' उपसर्ग के 'अ-कार' का लोप हो जाता है अतएव इसे (अवाक् को) ही 'वाक्' कहा जाता है।

ब्रह्म अर्थात् वाक् ध्वनि-ऊर्जा (परम-स्वरूप) है, अतएव स्वयं एक 'विकुंचन' है, इसकारण उसे 'ॐ' कहा जाता है। यहाँ पर 'ॐ' ध्वनि भी है आकृति (लिपि-स्वरूप) भी है। इससे विकुंचन-ध्वनि-आकृति के 'त्रिक' की जानकारी मिलती है। विदित हो कि ध्वनि स्वयं ऊर्जा है, इसलिए यह त्रिक ऊर्जा के सभी रूपों पर एक साथ लागू होता है। अर्थात्, हर ऊर्जा विकुंचन-स्वरूप है, उसके समंचन-प्रसारण की आवृत्ति-दर से 'ध्वनि' प्रकट होती है और इसकी एक 'आकृति' भी होती है। बाद में इसी आकृति को 'योनि' भी कहा जाता है। ध्वनि-विकुंचन की आकृति को देवओं की 'योनि' कहा जाता है।

जिस प्रकार अंकगणित में 'अंक' संख्या की इकाईयाँ हैं, उसी प्रकार आवाज (उच्चरित-ध्वनि) की इकाई को 'व्याकरण' में 'अक्षर' कहा जाता है। ध्यातव्य

है कि ध्वनि की संवेदना तभी होती है जब यह भौतिक-सातत्य में प्रकट होती है, परन्तु इसकी उत्पत्ति और स्थिति 'कारण-तल' [तीन तल है-स्थूल (भौतिक), सूक्ष्म (सोम) और कारण (ब्रह्म)] (ब्रह्म-सातत्य) में होती है। इस कारण वैदिक-दर्शन में इनकी इकाईयों को 'अक्षर' (अविनाशी) कहते हैं। अर्थात्, 'अक्षर' इकाई ध्वनि-विकुंचन हैं। ऊपर बताया गया है कि विकुंचनरूप ऊर्जा का त्रिक होता है-- विकुंचन-ध्वनि-आकृति, अतः अक्षर-विकुंचनों का भी होता है। अर्थात्, ये विकुंचन-रूप हैं ही, इनकी ध्वनि (उच्चरित-स्वरूप) भी होती है और आकृति भी। ये दोनों (ध्वनि और आकृति) वैज्ञानिक वास्तविकता हैं, प्राकृतिक हैं। इन्हीं 'आकृतियों' को व्याकरण में 'लिपि' कहा गया है। ये आकृतियाँ प्राकृतिक हैं तथा इनकी स्थिति 'कारण-तल' के अन्तर्गत होती है, इसकारण इन्हें देव-योनि का माना गया है। यही कारण है कि इस लिप को देवनागरी-लिपि कहा गया है।

'देवनागरी' में लिपि और उच्चारण का वैज्ञानिक और व्यावहारिक सम्बन्ध है। इसमें जो बोला जाता है ('उच्चरित' होता है), वही लिखा जाता है क्योंकि इसका वैज्ञानिक आधार आधार विकुंचन-ध्वनि-आकृति का त्रिक है। जैसे. 'अ' उच्चारण के लिए 'अ' की आकृति लिखी जाती हैं। अर्थात्, प्रत्येक ध्वनि का निधारित एवं पृथक (हर दूसरे से भिन्न) 'कम्पन-दर' होता है और प्रत्येक ध्वनि की निधारित एवं पृथक (हर दूसरे से भिन्न) 'आकृति' भी होती है। इसी वैज्ञानिक-ज्ञान के

आधार पर 'देवनागरी-लिपि' की उत्पत्ति हुई। अर्थात्, प्रत्येक कम्पन की एक निश्चित ध्वनि तो होती ही है, एक निश्चित 'आकृति' भी होती है। इस प्रकार, ध्वनि-कम्पन-आकृति का एक 'त्रिक' है।

अक्षराकृति का वैज्ञानिक-प्रमाण

इस सम्बन्ध में वैज्ञानिक-प्रयोग भी हुए हैं। किसी वैज्ञानिक ने एक चौकोर यंत्र बनाया था जिसके उपरी भाग में शीशा लगा हुआ था ताकि अन्दर की प्रक्रिया को देखा जा सके। शेष भाग धातु से बन्द (ढँका) था। सामने के बंद भाग में कैमरे की भाँति छिद्र में नलिका की व्यवस्था जिसके सम्मुख बोलने से आवाज (ध्वनि) अन्दर प्रविष्ट हो सके। उस 'यंत्र' के भीतरी अधोतल पर अत्यन्त हल्के रंगीन कणों की तह बिछाई गई थी। उस यंत्र में जो छिद्र था उसके सम्मुख बोलने से बोली हुई 'ध्वनि' का प्रकम्पन उन हल्के कणों की सज्जा (सजावट) पर प्रभाव डालता था। होता यह था कि हर 'कण' प्रकम्पित हो उठता था और अपने **कम्पन-विस्तार** के अनुरूप पार्श्ववर्त्ती कणों को खिसका देता था। इससे कणों की पूर्व-सज्जा में परिवर्तन आ जाता था जो शीशे से देखा जा सकता था। एक बार कोई विद्यार्थी आया जो संस्कृत का जानकार था। उसने इस यंत्र के सम्मुख आदिशंकरचार्य विरचित 'कालभैरव-स्तोत्र' का सस्वर पाठ किया। इससे **यंत्र** के भीतर कणों की सज्जा

में जो परिवर्तन हुआ, उससे 'कुत्ते पर स्वर देव' जैसी-आकृति बन गई।

इस यंत्र से यह **प्रमाणित** हुआ कि देवनागरी लिपि के प्रत्येक अक्षर की अपनी-अपनी निर्धारित 'ध्वनि' और निर्धारित 'आकृति' होती है। यही वैज्ञानिकता अक्षर-लिपि का आधार है। अस्तु, ध्वनि-कम्पन-आकृति भी वास्तविक है। विदित हो कि यहाँ **आकृति** ही लिपि का 'अक्षर' है, **ध्वनि** उसका उच्चारण है और **कम्पन** (विकुंचन) 'ऊर्जा' है।

गणना का विज्ञान-अंकगणित

इन विवरणों से यह स्पष्ट आभासित होता है वैदिक-दर्शन न केवल निरपेक्ष-सत्ता की जानकारी देता है, बल्कि आपेक्ष-सत्ता की भी जानकारी देता है। फिर भी, निरपेक्ष-सत्ता और सापेक्ष-सत्ता का आस्तित्व अलग-आलग तथा एक दूसरे जुदा नहीं है। निरपेक्ष-सत्ता के सातत्य में उसके ही तत्त्व (मूल तत्त्व) से सबकुछ की रचना हुई है और वह 'ब्रह्म' अपनी प्रकृति (घेराव-शक्ति) के कारण बृंहण करता है (नान रूपों का स्थिति देता है) और सबका नियंत्रण करता है। इसलिए, उसे सन्दर्भ में रखकर ही सापेक्षता की जानकारी प्राप्त की जा सकती है।

विदित हो कि सापेक्षता का कारण समय और स्थान है। अस्तु, वैज्ञानिक-जानकारी के लिए माप एक प्रमुख विषय है। न्यूनतम से लेकर अधिकतम की 'माप' का विषय प्रमुख है। वैदिक-दर्शन की भाषा संस्कृत है,

इसलिए यदि यहाँ विज्ञान है तो माप की व्यवस्था का अध्ययन भी अनिवार्य है।

संस्कृत एक 'वैज्ञानिक भाषा' है (जैसा कि 'भाषा की उत्पत्ति के क्रम में' वर्णित है)। यहाँ संस्कृत की भाषा तथा उसकी 'लिपि' देवनागरी का विस्तारपूर्वक अध्ययन करेंगे , क्योंकि इसके 'अक्षर-ज्ञान' और 'लिपि' में आध्यात्मिक और वैज्ञानिक ज्ञान अन्तर्निहित है। इस जानकारी की पुष्टि के लिए 'रोमन-अक्षर' का भी विश्लेषणात्मक अध्ययन करेंगे

वैदिक-ऋषियों ने गणना के व्याकरण की रचना भी 'वेद' से ही की थी। 'वेद' का मूल विषय है 'ब्रह्म'। वह 'निरपेक्ष-सत्ता' अर्थात् तुलनात्मकता से परे (अतुलनीय) है—'एकोऽहं द्वितीयो नास्ति'। इसलिए वैदिक-दर्शन (ज्ञान-विज्ञान) में उसे परम (निरपेक्ष) कहा गया है। वह सम्पूर्ण रूपसे 'पूर्ण है क्योंकि वह 'अविभक्त' और 'अनश्वर' है। तात्पर्य यह है कि हर अवस्था में वह पूर्ण रहता है -- पूर्णमदः पूर्णमिदं पूर्णात् पूर्णमुदच्यते। पूर्णस्य पूर्णमादाय पूर्णमेवाऽवशिष्यते।। (श्रुति)।। अर्थात् जो पूर्ण है, उससे जो निकाला जाएगा, वह भी पूर्ण होगा। इस तरह निकाले जाने से जो अवशिष्ट बचेगा वह भी पूर्ण ही होगा। तात्पर्य यह है कि निरपेक्ष-सत्ता न केवल 'अद्वितीय' है, बल्कि 'परम' और 'पूर्ण' भी है। इसी सत्ता को वेदों में ब्रह्म (ईश्वर) कहा गया है और अंकगणित में इसे ही 'शून्य' कहा गया है।

इस अंकगणित में 'शून्य' निरपेक्ष-सत्ता (ब्रह्म) को व्यक्त करता है जबकि 'एक' से लेकर 'नौ' तक के 'अंक' सापेक्ष-सत्ता को व्यक्त करते हैं। विदित हो की संस्कृत भाषा की 'लिपि' को देवनागरी कहते हैं। इसमें 'अक्षर-लिपि' से भिन्न 'अंकों' के लिए अलग 'लिपि' है। 'देवनागरी' की विशेषता यह भी है जो उच्चरित होता है, वही लिखा भी जाता है। ध्यातव्य है कि उच्चारण का अर्थ है ध्वनि (ऊर्जा) और लिपि का सम्बन्ध प्राकृतिक आकृति से है। वैदिक-विज्ञान के अनुसार ध्वनि-ऊर्जा का एक त्रिक है—विकुंचन-ध्वनि-आकृति का। प्रत्येक विकुंचन समंचन-प्रसारण की 'आवृत्ति-दर' होती है, इस आवृत्ति-दर से भौतिक-सातत्य में 'ध्वनि' प्रकट होती है और ब्रह्म-सातत्य में 'आकृति' प्रकट होती है जिसे देवता कहते हैं। इसी कारण, इस लिपि को देवनागरी-लिपि कहते हैं। यह स्थिति जिस प्रकार अधरों के साथ है, उसी प्रकार 'अंकों' के साथ भी है।

ये 'अंक' संख्या में 'नौ' हैं, परन्तु शून्य में 'इकाई-स्थान' छेकते हैं, इसलिए इन्हें इकाई-अंक कहा जाता है। हैं। स्थान की दृष्टि से समान होते हुए भी, मान की दृष्टि से परस्पर भिन्न होते हैं। यहाँ संख्या के 'मान' के अनुरूप इनमें क्रमिक आरोह (बढ़ते क्रम में) है—१ (एक), २ (दो), ३ (तीन), ४ (चार), ५ (पाँच), ६ (छह), ७ (सात), ८ (आठ) और ९ (नौ)। अर्थात्, इन अंकों से एक से लेकर नौ तक की संख्याएँ 'आरोह-क्रम' में हैं। इनके अतिरिक्त एक आकृति और भी है ० (शून्य)। फिर

भी, 'शून्य' अंक अर्थात सापेक्ष-सत्ता नहीं है। वह परम और पूर्ण सत्ता है, इसलिए इस पर गणित की प्रक्रियाओं का प्रभाव नहीं पड़ता—

अंकगणित की चार प्रक्रियाएँ हैं-- जोड़, घटाव, गुणा और भाग। यदि शून्य में शून्य जोड़ते हैं, घटाते हैं, गुणा करते या भाग करते हैं, तो उसके मान में कोई अन्तर नहीं पड़ता। जैसा कि ऊपर विवरण दिया जा चुका है कि शून्य (०) परम और पूर्ण है, इसलिए वह 'मान' (सापेक्षता) से परे है। अस्तु, अंकगणित का नियम है--0+0=0, 0-0=0, 0×0=0 और 0÷0=0 । इसके विपरीत अंक सापेक्ष हैं, इसलिए इन चारों प्रक्रिया में उसके 'मान' परिवर्तित होते जाते हैं—३+३=६, ३-३=०, ३×३=९, ३÷३=१ ।

इस शून्य और इन नौ अंको के माध्यम से १ से लेकर उन सभी संख्याओं को लिखा जा सकता है। जैसे, १२३४५६७८९० का अर्थ है एक 'अरब', तेईस 'करोड़', पैंतालीस 'लाख', सड़सठ 'हजार' आठ 'सौ' नब्बे।

इन मानों (values) की बात करें तो इनका न्यूनतम-स्वरूप स्वयं 'ब्रह्म' जिसे शून्य कहते है और अधिकतम स्वरूप भी 'ब्रह्म' है जिसे अनन्त कहते हैं। अंकगणित स्वयं प्रमाणित करते हैं कि ये दोनों मूलतः एक ही सत्ता हैं। इसके लिए किसी संख्या (मान लें 'एक') को अनन्त से भाग देते हैं—१/∞=शून्य। कथितार्थ यह है कि किसी संख्या को अनन्त भागों में विभाजित करें तो भागफल होगा—शून्य। इसी शून्य को

अनन्त बार शून्य से जोड़ें तो भी योगफल होगा 'शून्य'। इसका अर्थ है कि सबकुछ की उत्पत्ति 'शून्य' से हुई है और सबका 'लय' शून्य में ही हो जाती है। इसलिए, शून्य (ब्रह्म) को सबका मूल-तत्त्व कहते हैं।

अंकगणित बताता है कि 'शून्य' न केवल मूल-तत्त्व जिससे सबका निर्माण हुआ है, बल्कि वह इस रचना को स्थिति तथा स्थान भी प्रदान करता है—

भारतीय अंकगणित शून्य-स्थान-अंक के 'त्रिक' पर आधारित है। इसका अर्थ है कि जहाँ 'शून्य' है, वहीं स्थान का बोध होता है और जहाँ स्थान है, वहीं अंक स्थित हो सकता है। इसकी व्याख्या अंकगणित के समीकरण ५-५=० से होती है। इस समीकरण का अर्थ है कि कोई 'अंक' (जैसे '५') जिस स्थान पर स्थित है, वहाँ से उसे हटा दिया जाए तो भी वह स्थान 'रिक्त' नहीं हो पाता, क्योंकि 'शून्य' उसके कारण रूपसे स्थित रहता है। अर्थात् 'शून्य' निरपेक्ष है, इसलिए अनुभूति से परे है। उसकी ही सापेक्ष-अनुभूति हमें स्थान और समय के रूप में होती है। ध्यातव्य है कि स्थान और समय का कोई आस्तित्व नहीं है, क्योंकि वे महज अनुभूतियाँ हैं। ऐसी स्थिति में प्रश्न यह है कि वह कौन-सा आस्तित्व है जिसकी सापेक्ष-अनुभूतियाँ समय और स्थान के रूप में होती है, तो इसका उत्तर है कि वह आस्तित्व स्वयं शून्य (ब्रह्म) है। अस्तु, हाँ स्थान है, वह कारण रूपसे शून्य उपस्थित है। इस तरह 'शून्य' 'अंकों' (सापेक्ष-सत्ता) को

स्थिति-प्रदान करता है। अंक को हटने से 'शून्य' की उपस्थिति समास नहीं होती।

अब, संख्या की स्थिति में 'शून्य' के प्रभाव पर विचार करते हैं। 'अंक' की रचना और स्थिति दोनों का कारण स्वयं 'शून्य' है, इसलिए वह उनका पति (स्वामी) है। इस कारण वह जिसके भी दाहिने विराजता है (स्थित होता है), उसके मान का दस गुणा बढ़ा देता है। इसी नियम पर अंकगणित में संख्या का विस्तार होता है। इकाई-अंकों में सर्वाधिक मान वाला अंक 'नौ' है, अस्तु अगली संख्या कौन-सी होगी?

अगला क्रम फिर 'एक' से आरम्भ होगा। '१' इकाई-अंक है, इसलिए यहाँ दूसरा कोई स्थान नहीं है। दूसरे 'अंक' को स्थान देने के लिए उस अंक १ के दाहिने शून्य (०) आता है। इससे दहाई का स्थान प्रकट हो जाता है। अब अंक १ के दाहिने शून्य (०) है, इसलिए अंक १ का मान दसगुनित हो गया—१०=१×दस। ध्यातव्य है कि यहाँ पर शून्य (०) मान से परे है, इसलिए उसका मान नहीं जुटता। वह दाहिने स्थित है, यही भाव अंक १ के मान को दसगुनित कर देता है। दहाई का स्थान प्रकट होने पर अब क्रम से अन्यान्य 'अंक' आते जायेंगे और संख्या दस के साथ उनका मान जुटता जाएगा। अस्तु, ११=१×१०+१ ।

यह समझना मुश्किल नहीं कि यहाँ जो अध्यात्म है, वह वास्तव में वैज्ञानिक-ज्ञान है। इस तरह यह अंकगणित न केवल गणित का विज्ञान और गणित का

व्याकरण भी है जिसके नियमों और सिद्धान्तों को बदला नहीं जा सकता। साथ ही, मौलिक बात यह भी है यह अंकगणित अंकों की भाषा में लिखा गया 'वेद' भी है जो निरपेक्ष और सापेक्ष-सत्ताओं की व्याख्या करता है।

रोमन-अंकगणित

भारतीय अंकगणित की पूर्णता की जानकारी तभी मिलती है जो आज के पाश्चात्य-संस्कृति की भाषा और अंकगणित का अध्ययन करते हैं। ध्यातव्य है कि 'देवनागरी' में अक्षरों की लिपि अलग है और अंकों की लिपि अलग है। यह विस्तार पाश्चात्य-संस्कृति के अन्तर्गत नहीं है।

पाश्चात्य-संस्कृति में 'रोमन-लिपि' का प्रयोग करती है और इसी लिपि को भिन्न-भिन्न रूप से प्रयोग करके भिन्न-भिन्न भाषाएँ बनी हैं। इसलिए, मूल प्रवृत्ति रोमन-लिपि से ही अनुग्रहित है। इसमें अंकों की कोई स्वतंत्र लिपि नहीं है।

रोमन-अक्षरों (letter) के I से 'एक', V से 'पाँच' और X से 'दस' की संख्या का बोध होता था। अस्तु, उनमें भारतीय अंकगणित की तरह 'इकाई-अंक' की कोई अवधारणा नहीं थी। अस्तु स्पष्ट अनुमान लगाया जा सकता है कि उस संस्कृति में 'विज्ञान' चिन्तन का कोई 'विषय' ही नहीं था। परिणाम यह हुआ कि जब १५वीं सदी में 'अरबों-तुर्कों' के माध्यम से भारतीय अंकगणित का प्रवेश हुआ, तभी उनमें वैज्ञानिक-चिन्तन

का समावेश हुआ और विज्ञान के स्वरूप में 'साईंस' का उद्भव हुआ। परन्तु, उनका चिन्तन आज की तिथि तक 'भौतिकवाद' से ऊपर नहीं उठ सका।

यह अंकगणित 'अंकों' ऊँगलियों के माध्यम से गणना पर आधारित है। जब एक ऊँगली उठाई जाती है तो व्यावहारिक रूप से 'एक' की संख्या का बोध होता है। लिपि की आकृति की दृष्टि से एकल 'अंगुली' की आकृति रोमन-लिपि के ।('आई')_'लेटर' से मिलती है। अतः ।('आई') को 'एक' का 'अंक' मान लिया गया। एक 'हथेली' में पाँच ऊँगलियाँ होती हैं। हथेली की आकृति रोमन-लिपि के V (वी) लेटर से मिलती है, इसलिए V (वी) 'लेटर' को 'पाँच' का अंक मान लिया गया। दोनों ऊँगलियों को क्रौस करने से 'दसों ऊँगलियाँ' दीखती हैं। इस 'क्रौस' की आकृति रोमन-लिपि के 'X' (एक्स) लेटर से मिलती है, इसलिए X (एक्स) को 'दस' का अंक मान लिया गया। इस प्रकार, आरम्भिक अवस्था में तीन अंक बने । (one), V (five) और X (ten) । उस समय एक्स अर्थात् दस अंतिम 'इकाई-अंक' था जिसके बाद पुनः फिर एक (one) से आरम्भ करना पड़ता है।

अवशिष्ट राशि के लिए 'जोड़ और घटाव' के गणित का प्रयोग करना पड़ता है। किसी अंक के वाम-भाग में दूसरे अंक को रखने से 'घटाव' और दक्षिण भाग में रखने से 'योग' का हिसाब तय हुआ। जैसे 'चार' (IV), पाँच से एक कम है, और अगली राशि 'छह' (VI), पाँच से एक अधिक है। इसप्रकार, ५-१=४ तथा ५+१=६

हुआ। कहा जाता है कि उन्हें 'दस' के आगे के अंक की संभावना नहीं थी, क्योंकि भारत में तो केवल '९' तक के ही अंक थे। यही कारण है कि वर्ष के मास की संख्या 'दस' के बाद दो मासों को 'गौण-मास' रखा गया था।

यही कारण है कि उनमें दस से संख्या का ज्ञान दस तक ही सीमित था, क्योंकि उनकी गणना में 'गुणन और विभाजन' की धारणा नहीं थी। 'गुणन और विभाजन' की धारणा उन्हें अरबों द्वारा हस्तान्तरित भारतीय अंकगणित सी मिली।

दोनों के तुलनात्मक अध्ययन से यह स्पष्ट है कि रोमन-लिपि का आधार अंगुलियों से की जाने वाले भौतिक गणना को लिपिबद्ध करने का बुद्धि-जनित खोज है। तथापि, इस गणना पद्धति से गुणा और विभाजन नहीं किया जा सकता। इसलिए, रोमन अंकगणित का कोई वैज्ञानिक उपयोग नहीं है।

शून्य आधारित अंकगणित की उत्पत्ति भी 'वेद' से हुई है। ध्यातव्य है कि 'वेद' जिस व्याकरण की उत्पत्ति हुई उसी व्याकरण का ही एक अवयव है 'अंकगणित'। भाषा में अक्षरों के माध्यम से 'निरपेक्ष-सापेक्ष' (शून्य) के सन्दर्भ में सापेक्ष-सत्ता (अंकों) की स्थिति, प्रवृत्ति तथा फलाफल का ज्ञान देना था। या कहें कि यह 'अंकों' की लिपि में 'वेद' की जानकारी की विद्या है। परिणाम है कि इस अंक-गणित से सूक्ष्म से सूक्ष्म तथा दीर्घ से दीर्घ संख्या को व्यक्त किया जा सकता है।

ज्ञान-विज्ञान का साहित्य

संस्कृत की वैज्ञानिक-विद्याएँ

प्रश्न है कि संस्कृत के साहित्य में ज्ञान-विज्ञान, भूगोल एवं इतिहास एवं युद्ध-विद्याओं की विद्या की स्थिति क्या है? संस्कृत में रचित पुराणों में १८ विद्याएँ के नाम गिनाये गये हैं—'छह वेदांग, चार वेद, मीमांसा, न्याय, पुराण, और धर्मशास्त्र' (विष्णुपुराण, ३/९/२७) ये चौदह विद्याएँ हैं। इसके आगे चार और विद्याएँ हैं—'आयुर्वेद, धनुर्वेद, गान्धर्व तथा अर्थशास्त्र' (विष्णुपुराण, ३/९/२९)। इस प्रकार कुल अट्ठारह विद्याएँ हैं— विद्या ह्याष्टादशैव ताः। इनमें से पुराणों की ही बात करें तो ये अट्ठारह हैं और इनके अतिरिक्त कई उप-पुराण हैं ((विष्णुपुराण, ३/९/२३-२४)। यह संस्कृत-भाषा की व्यपकता और सर्वव्यापकता तथा संस्कृत साहित्य के विरोट-स्वरूप

को घोषित करता है। इस विपुलता में विज्ञान तथा आध्यात्म का समाविष्ट रहना वैभव तथा सम्भव का विषय था। इसका प्रभाव केवल भारतीय-उपमहाद्वी एवं निकटतर क्षेत्रों पर ही नहीं, सम्पूर्ण विश्व में पड़ा।

ध्यातव्य है कि संस्कृत जनित संस्कृति के अन्तर्गत केवल लिखित ग्रन्थों का महत्व ही नहीं था, बल्कि उनके शिक्षण-प्रसारण की भी परम्पराएँ थीं। इनमें 'ज्ञान' के विस्तार और प्रसार के लिये ज्ञानात्मक-क्षेत्र के श्रेष्ठ-जन निरपेक्ष-भाव और स्वेच्छा से गुरुकुलों की स्थापना की जाती थी थे। गुरु-शिष्य की परम्परा इसलिए आवश्क थी कि 'ध्वनि' की अनुपम और अतुलनीय शक्त से परिचित थे। इसलिए, आज की भाँति 'ज्ञान' के लिखित-स्वरूप को 'पढ़कर' समझने और मनन करने के विपरीत 'गुरु' की आवाज को सुनकर (श्रवण) करके उस सुर-युक्त ध्वनि को 'सुर-सहित' याद करके (स्मृति) पुनः दुहराने की परिपाटी का आविष्कार किया गया था। [इस आधार पर वैदिक-ग्रन्थों के दो भेद हैं—श्रुति और स्मृति।] परिणामस्वरूप, शिक्षा में 'गुरु' की अमूल्य भूमिक थी। आगे की प्रक्रिया में 'याद' करके सुर-सहित सस्वर-दुहराने की क्षमता हो जाने के पश्चात उसके 'अर्थ और धारणा' की भी शिक्षा दी जाती थी। यहाँ 'वेदों' का उदाहरण द्रष्टव्य है। इसके श्लोकों को मंत्र या 'ऋचा' कहते हैं। इसे सुर-विशेष में उच्चरित करना एक प्रकार की 'विद्या' है जिसे वेद-विद्या कहा गया है।

इसी ऋचा के 'अर्थ और धारणा' को 'जानना-समझना' दूसरी 'विद्या' है जिसे 'वेदांग' कहा जाता है।

उपरोक्त प्रकार की पद्धति की शिक्षण-व्यवस्था को ही गुरुकुल-व्यवस्ता कहा जाता है। विदित हो कि भारतवर्ष में 'गुरुकुल-व्यवस्था' तो थी ही, इसके अतिरिक्त विभिन्न 'विश्वविद्यालय' भी थे जहाँ 'ग्रन्थागार' भी हुआ करते थे। इसमें देश-विदेश के विद्वान आकर शिक्षा-ग्रहण करते थे। इन विश्वविद्यालयों में विभिन्न विद्याओं का विशिष्ट शिक्षण-प्रशिक्षण दिया जाता था।

ज्ञान + विज्ञान= दर्शन

वेद-वेदांगों तथा अन्यान्य दार्शनिक ग्रन्थों में बारम्बार बताया गया है 'निरपेक्ष-सत्ता' की धारणा कोई कल्पना या परिकल्पना नहीं है, बल्कि 'वह' एक 'वास्तविक-सत्ता' है जिसका 'प्रयोगात्मक परीक्षण और प्रमाण' सम्भव है, जिसकी 'वैज्ञानिक-विधि' को 'ज्ञान' का नाम दिया गया। इसे 'विज्ञान' (साईंस) का नाम देना सम्भव नहीं था, क्योंकि 'विज्ञान' की सीमा 'माप के अन्तर्गत' सीमित रखी गई है। अस्तु, 'प्रपञ्च' अर्थात् 'सापेक्षता' की जानकारी को 'विज्ञान' का विषय रखा गया (जो आज भी यथावत् जारी है) और जो 'प्रपञ्च' की रचना जिसने अपनी अनुभूतियों के रूप में की है, उस निरपेक्ष-सत्ता के 'प्रयोगात्मक परीक्षण और प्रमाणिक जानकारी की 'प्राविधि और सिद्धान्त' को 'ज्ञान' की संज्ञा (नाम) दी गई है। अस्तु, सम्पूर्ण वैज्ञानिक 'प्राविधि और सिद्धान्त'

के दो भाग हैं—ज्ञान और विज्ञान। इन दोनों में से किसी को भी वैज्ञानिकता से परे या परिकल्पना समझ लेना 'अज्ञान' होगा।

[विदित हो कि 'पाश्चात्य-मनोवृत्ति' इसी 'अज्ञान' का शिकार है तथा अपने अज्ञान को ही विज्ञान बताने के लिए नाना प्रकार के मिथकों की संरचना करते हैं।]

वैदिक ऋषि-महर्षि यह नहीं बताते कि 'निरपेक्ष-सत्ता' से सम्बन्धित जानकारी है एक मात्र 'वैज्ञानिकाता' बल्कि यह बताते हैं कि जानकारी की पूर्णता के लिए 'ज्ञान' और 'विज्ञान' को एक दूसरे के सन्दर्भ में समझना 'अनिवार्य' है। इसकी व्याख्या करते हुए भगवद्गीता में श्रीकृष्ण भी कहते हैं—

ज्ञानं तेऽहं सविज्ञानमिदं वक्ष्याम्यशेषतः।

यज्ज्ञात्वा नेह भूयोऽन्यज्ज्ञातव्यमवशिष्यते।।
(अध्याय ७/२)।।

अर्थात, मैं तुम्हें 'ज्ञान' (निरपेक्ष-सत्ता की वैज्ञानिक जानकारी) को विज्ञान-सहित (ज्ञानं तेऽहं सविज्ञानमिदं) बता रहा हूँ (यज्ज्ञात्वा नेह भूयोऽन्यज्ज्ञातव्यमवशिष्यते)।

इसके पीछे निहित कारण है। विदित हो कि विज्ञान का सम्बन्ध 'माप' या सापेक्षता से है। माप के गुणक हैं समय और स्थान। ये ही सापेक्षता के कारक हैं, इसलिए सापेक्षता को प्रपञ्च की संज्ञा दी गई है। इस सम्बन्ध में वैदिक जानकारी स्पष्ट है कि 'प्रपञ्च' (समय और स्थान) उसी निरपेक्ष-सत्ता की

'कृति' (बनाया हुआ है)। 'निरपेक्ष-सत्ता' वास्तविक आस्तित्व है और प्रपञ्च उसकी ही सापेक्ष-अनुभूति। इसलिए, 'अनुभूतियों' को समझने के निरपेक्ष-सत्ता को जानना जरूरी है और निरपेक्ष-सत्ता को जानने के लिए उसकी 'अनुभूतों' को समझना आवश्यक है। [उदाहरण के लिए राम के पिता अयोध्या के राजा हैं। यह तो महज एक पद है, इसलिए यह जाना आवश्यक है कि उस राजा का नाम क्या है। उस राजा का नाम दशरथ है, इसलिए राम के पिता 'दशरथ' हैं। वे राम के पिता भी हैं और अयोध्या के राजा भी।] इसलिए, यह जानना आवश्यक है कि समय और स्थान की कोई सत्ता नहीं, बल्कि वे निरपेक्ष-सत्ता की सापेक्ष-अनुभूतियाँ मात्र हैं। यह जानकारी काल्पनिकता के आधार पर सम्भव नहीं, इसके लिये वैज्ञानिक जानकारी आवश्यक है।

अस्तु, दोनों प्रकार (ज्ञान और विज्ञान) की समन्वित जानकारी को एक तीसरी संज्ञा (नाम) दी गई, वह है—'दर्शन'। विदित हो कि व्याकरण के अनुसार 'दर्शन' का अर्थ है प्रत्यक्ष-जानकारी अर्थात प्रमाणित जानकारी है। यहाँ सापेक्ष-सत्ताओं की 'प्रमाणिक' जानकारी को 'विज्ञान' की संज्ञा दे दी गई और निरपेक्ष-सत्ता की 'प्रमाणिक' जानकारी को 'ज्ञान' की संज्ञा प्राप्त हुई तो ज्ञान + विज्ञान के लिए 'दर्शन' की संज्ञा यथोचित और व्याकरण-सम्मत था, क्योंकि 'दर्शन' का अर्थ ही प्रत्यक्ष यानि प्रमाणित जानकारी है। आप संस्कृत और हिन्दी के व्याकरण और शब्दकोश में ढूंढ लें, कहीं भी

दर्शन का अर्थ कल्पना, परिकल्पना या गल्प नहीं है। आज जो विद्वान 'दर्शन' को अंग्रेजी-शब्द फिलोसॉफी का हिन्दी पर्यायवाची शब्द मानते-बताते हैं, उन्हें फिलोसॉफी शब्द का अंग्रेजी भाषा के व्याकरण और शब्दकोश का अध्ययन करना चाहिए जिसमें इसे (फिलोसॉफी को) के प्रत्यक्ष-ज्ञान अर्थात् प्रमाणित ज्ञान बताया गया हो। 'यह' शब्द 'कल्पित मान्यता' को प्रदर्शित करता है। इसलिए 'दर्शन' शब्द का अंग्रेजी पर्यायवाची शब्द फिलोसॉफी है ही नहीं। यह सम्भावित सत्य का रूपक अवश्य हो सकता है, प्रमाणित-सत्य का रूपक नहीं है। 'दर्शन' शब्द का सम्बन्ध प्रमाणित-सत्य से ही है। वेदिक-ग्रन्थों में इसका प्रयोग 'ज्ञान और विज्ञान' के समन्वित स्वरूप में किया गया है। अस्तु, 'दर्शन' शब्द का प्रयोग प्रमाणित-ज्ञान के लिए ही किया जाना चाहिए। भारत-सरकार को अपने शब्द-कोष में इस प्रकार की शुद्धि कर लेनी चाहिए और लार्ड मैकाले रचित प्रपञ्च से मुक्ति होना चाहिए।

संस्कृति की प्राचीनता

चतुर्युग की धारणा

संस्कृत की प्राचीनता का मूल्यांकन करना अत्यन्त कठिन है, विशेषकर उस परिस्थीति में जब पाश्चात्यवादी विचारक वैज्ञानिक-ज्ञान से अधिक महता **मैकाले-डॉक्ट्राईन** को देते हैं और संस्कृत-ग्रन्थों को मिथक बताने की चेष्टा में लगे रहते हैं। तथापि, प्रकृति बारम्बार प्रत्यक्ष अनुभन करती है कि वैदिक-दर्शन में ही प्राकृतिक वास्तविकता का वैज्ञानिक-उल्लेख है। हम इन प्राकृति प्रमाणों का उल्लेख और वैज्ञानिक व्याख्या अवश्य कर सकते हैं जिस पर भारतीय वैज्ञानिकों को गहन अध्ययन करना चाहिए।

ऊपर के विवरणों में 'निरुक्त' की व्याख्या के माध्यम से बता चुके हैं कि **'वैदिक-मन्त्र'** ब्रह्मांडीय-सत्ताओं

की कम्पन और आवृत्ति-दरों का ध्वनि-स्वरूप में प्रकटी करण मात्र हैं। इन्हीं वैदिक-मन्त्रों के विश्लेषणात्मक अध्ययन से 'व्याकरण' की रचना हुई है। यही कारण है कि वेदों से संस्कृत भाषा की उत्पत्ति हुई है और 'वेद' संस्कृत-भाषा का प्रथम ग्रन्थ है। आरम्भ में एक ही 'वेद' के चार अंग (अध्याय) थे। इन अंगों को ही अलग-अलग 'वेदों' का स्वरूप दिया गया। फलतः वेदों की संख्या चार हो गई। समाम्नासि की प्रक्रिया के कारण वेदांगों की रचना हुई। इन वेदांगों के रूप में व्याकरण की रचना हुई। अस्तु, 'वेद-वाक्यों' के विभक्तिकरण के फलस्वरूप 'शब्दों' एवं उसके 'अर्थ' का ज्ञान हुआ। इन सबकी जानकारी के फलस्वरूप 'व्याकरण' की रचना भी वेदों से ही हुई। इस प्रकार, संस्कृत भाषा और इसके व्याकरण की उत्पत्ति हुई।

इस भाषा की प्राचीनता को 'वेदव्यास' के इतिहास से जोड़ा जाता है। पुराणों में बताया गया है कि युग चार हैं--सत्ययुग, त्रेता, द्वापर और कलि। इनके मिलकर जो कालावधि बनी उसे चतुर्युग कहते हैं। हरेक चतुर्युग में एक-एक 'ऋषि' को 'वेदव्यास' का पद दिया जाता है। ऐसे ७१ चतुर्युगों का एक मनवन्तर होता है (विष्णुपुराण, १/३/१८)। एक मनवन्तर आठ लाख बावन हजार दिव्य-वर्षों का होता है (विष्णुपुराण, १/३/१८९)। वर्तमान मनवन्तर को वैवस्वत मनवन्तर कहते हैं। इसका २८ वां चतुर्युग चल रहा है। इससे स्पष्ट है कि अभी तक हर चतुर्युग में एक वेदव्यास के हिसाब से अट्ठाईस

वेदव्यास हो चुके हैं। इस चतुर्युग के वेदव्यास का नाम कृष्णद्वैपायन है। इनके ही चतुर्युग के द्वापर में भगवान श्रीकृष्ण आये थे।

इन्हीं के पिता पराशर-ऋषि सत्ताईसवें चतुर्युग के 'वेदव्यास' थे। छब्बीसवें चतुर्युग के वेदव्यास पराशरजी के पिता शक्ति मुनि थे। उनके पूर्व भृगुवंशी ऋक्ष वेदव्यास बने जिन्हें वाल्मीकि के नाम से भी जाना जाता है। इनके काल में ही त्रेता-युग में भगवान श्रीराम हुए थे (विष्णुपुराण, ३/३/१७-१८)।

यहाँ संकेत भर की आवश्यकता थी। लेकिन इस विवरण से यह ज्ञात होता है कि यह बताना कि एक ही चतुर्युग के त्रेता में भगवान श्रीराम और उसी चतुर्युग में भगवान श्रीकृष्ण का जन्म माना जाना गलत है।

इन सभी विवरणों से यह ज्ञात होता है कि भारतवर्ष का आध्यात्मिक-संस्कृति तथा संस्कृत का इतिहास अत्यन्त प्राचीन है। भारतीय-संस्कृति का आधार वैदिक-विज्ञान तथा आध्यात्मिक-संस्कारों से पल्लवित और पुष्पित रहा है।

मानव-बीज हैं मनु

आधुनिक-विज्ञान का एक नया विषय है--डी०एन०ए०। वैदिक-विज्ञान में इसे 'योनि' के रूप में समझा गया था। 'योनि' के माध्यम से समझने के लिए आपको प्रयोगशालाओं में जाने की आवश्यक नहीं है। उदाहरण

के लिए मनुष्य-योनि की बात करेंगे। इन 'योनियों' की **बीज-शक्तियों** का भी उल्लेख श्रुतियों (वैदिक-ग्रन्थों) एवं दार्शनिक-ग्रन्थों में मिलता है। परन्तु, हम उन्हें 'विज्ञान' के रूप में नहीं, जाति-सम्प्रदाय के इतिहास के रूप में समझते हैं।

'योनि' के रूप में हम जिस 'मनुष्य' की बात करते हैं, वह मनु-बीज से उत्पन्न है, इसलिए उसे 'मनुष्य' कहते हैं। ग्रन्थों १४ मनुओं की चर्चा की गई है। इसका अर्थ यह नहीं कि मनुष्य कि चौदह प्रजातियाँ और प्रत्येक मनु ने अलग-अलग मानव-योनियों की रचना की। इसका अर्थ है कि प्राकृतिक विनाश काल में इन्होंने मानव-बीज का संरक्षण किया और विनाश-काल के बाद उसे फिर आगे बढ़ाया।

इस प्रकार, आज का 'मनुष्य' जिस बीज को धारण कर रहा है, उसकी 'बीज-शक्ति' स्वायंभुव-मनु ही हैं जिनहें **आदि-मनु** कहा जाता है। इनके दो पुत्र थे—**प्रियव्रत** और **उत्तानपाद**। वर्तमान 'धरती' की जब रचना हुई तो उन्हों इस 'धरती' पर अपने पुत्र **आग्नीध** किया।

विदित हो कि 'पृथ्वी' **यथाग्निगर्भा पृथिवी** थी। [इसी ग्रन्थ में आगे हम जानेंगे, 'अग्नि' की संज्ञा 'विद्युत-विकुंचन' को दी गई है और उसके ही सौम्य-स्वरूप को **सोम** कहा गया है।] इसलिए, इसे आग के रूप में समझ कर मतिभ्रम होने की आवश्यकता नहीं है] उस समय पृथ्वी प्राणियों के जीवन के अनुकूल

नहीं थी। ग्रन्थों में इस वैज्ञानिक-ज्ञान को समझाने का प्रयत्न किया गया है कि आरम्भिक मनुष्य ब्रह्मांडीय-शक्तियों से युक्त थे और उन्होंने ही धरती को इस लायक बनाया उसमें अन्यान्य जीवों की स्थिति लायक भौतिक-परिस्थितियाँ निर्मित की जा सकें। इस कारण वे शारीरिक और आध्यात्मिक दोनों ही शक्तियों से सम्पन्न थे और दीर्घ-जीवी थे। इसलिए आरम्भिक मनुष्यों को महामानव (महात्मा) कहा गया है।

प्रियव्रत पुत्र **आग्नीध** (स्वयंभु-मनु के प्रपौत्र) से लेकर नाभि-पुत्र **भरत** (आग्नीध के प्रपौत्र) तक को विशेष रूप से महामानव की श्रेणी में रखा गया है, क्योंकि इनकी शक्ति और सामर्थ्य अतुल्य थी जिसकी तुलना किसी भी प्राणी से नहीं की जा सकती है।

बल और क्षमता के आधार पर इन्हें 'पृथ्वी को क्रमिकरूप से **जीवानुकूल** स्थिति में लाने का दायित्व दिया गया था। उस समय की पृथ्वी कालक्रम में नौ विभागों में विभक्त करने लायक हुई तो अपने नौ पुत्रों में से हरेक को एक-एक विभाग का अधिपति बनाया। इनका भी कार्य अपने-अपने क्षेत्र को प्राणियों के अनुकूल बनाने के कार्य किए।

भारतवर्ष का भाग 'आग्नीध' के पुत्र थे '**नाभि**' को मिला। जैसा कि बताया गया है कि ये सभी महामानव कहे जाते हैं, अतः पुराणों में इन्हें 'महात्मा' कहा गया है—**नाभेरासीन्महात्मनः** (वि.पु.२/१/७))। इस समय तक पृथ्वी पर 'शीतयुग' चल रहा था। इस कारण उस

समय भारतवर्ष को **हिमवर्ष** कहा जाता था—**हिमाह्वयं तु वै वर्ष नाभेरासीन्महात्मनः** (वि.पु.२/१/७))।

साईंस के दार्शनिकों का मत है कि इसका केन्द्र उत्तरी-ध्रुव था, लेकिन वैदिक-विज्ञान यह केन्द्र **मेरू-पर्वत** को बताता है जो आज का **कैलाश** है। पुराणों में 'मेरूपर्व' को धरती का 'केन्द्र' बताया गया है और उसे स्वर्णिम-आभा वाला बताया गया। ध्यातव्य है कि सुबह और शाम में कैलाश-पर्वत की ऐसी ही छटा दिखाई पड़ती है। यह एका आधार है कैलाश को मेरू-पर्वत मानने का--**तस्यापि मेरूर्मैत्रेय मध्ये कनकपर्वतः** (विष्णुपुराण २/२/७)। साथ ही, इसी पंक्ति में कहा गया है—**'तस्यापि मेरूर्मैत्रेय मध्ये'**। अर्थात् हे मैत्रेय (सूत जी), यह धरती के ठीक मध्य (बींचो-बीच) शीर्ष की भाँति स्थित है। **सूर्य-स्तोत्र** में बताया गया है कि **धरती** की 'प्रधान-देशान्तर रेखा' **कनकपर्वत** से निकल कर भारत की **उज्जयिनी** से होते हुए **लंका** का स्पर्श करने वाली है।

विदित हो कि आज के विद्वान 'कैलाश' को 'हिमालय-पर्वश्रेणी' का अंग मानते हैं जबकि यह सही तथ्य नहीं है। कैलाश अर्थात् मेरुपर्वत पृथ्वी की उत्पत्ति से स्थित है और 'हिमालय' का निर्माण बाद में हुआ है। भारतवर्ष की स्थिति **मेरूपर्वत** के दक्षिण में है।

अस्तु, 'आग्नीध-पुत्र' **नाभि** के समय भारतवर्ष का नाम हिमवर्ष था, क्योंकि यह धारती 'हिम-युग' की चपेट में थी (**हिमाह्वयं तु वै वर्ष नाभेरासीन्महात्मनः**)।

इनके ज्येष्ठ पुत्र 'नाभि' जिन्हें अपना अधिकार सौंप कर वे (नाभि) सन्यास के लिए कैलाश (मेरू) चले गये। नाभि-पुत्र 'भरतजी' के ही नाम पर **हिमवर्ष** को **भारतवर्ष** कहा गया—

ततश्च भारतं वर्षमेतल्लोकेषु गीयते।

भरताय यतः पित्रा दत्तं प्रातिष्ठता वनम्।।(विष्णुपुराण २/२/७)।।

यह किसी राजवंश की स्थापना नहीं होकर मनुष्य-वंश की स्थापना थी। यह काल आज से करोड़ों वर्ष पूर्व का था, क्योंकि इसका सम्बन्ध 'धरती' के 'हिमयुग' से है और साईंस भी स्वीकार करता है कि धरती पर 'हिमयुग' एक वास्तविकता है। संस्कृत-भाषा में रचित वैज्ञानिक-इतिहास के अनुसार यह **'प्रथम मन्वन्तर'** (स्वायंभुन-मन्वन्तर) का काल था।

ध्यातव्य है कि उस समय हिमालय-पर्वतश्रेणी की रचना भी नहीं हुई थी। इसलिए भारतवर्ष की पौराणिक-व्याखा में हिमालय-शब्द का उल्लेख ही नहीं है। मेरू-पर्वत (कैलाश) का क्षेत्र हिमाच्छादित इसलिये इस क्षेत्र को 'हिमाद्रि' हिमयुग से प्रभावित होने के कारण 'हिमाद्रि' कहा गया—

उत्तरं यत्समुद्रश्चैव हिमाद्रेश्चैव दक्षिणम्।

वर्षं तद्भारतं नाम भारती यत्र सन्तितः।।(विष्णुपुराण २/२/७)।।

इसका सीधा अर्थ है कि भारतवर्ष समुद्र के उत्तर और हिमयुग से घिरे (हिमाद्रि) क्षेत्र के दक्षिण में स्थित है और भारतवर्ष में नाभि-पुत्र भरत की सन्तान निवास (भारतीय) निवास करती हैं। यह करोड़ो वर्ष पूर्व मानव-परम्परा का विवरण है। भारतीय गणना के अनुसार धरती की उत्पत्ति लगभग ४ से ६ अरब वर्ष पहले हुई है। चन्द्रमा की उत्पत्ति लगभग ४ करोड़ वर्ष पूर्व की है। पुराणों के विवरण के अनुसार चन्द्रमा की उत्पत्ति देवताओं और दैत्यों द्वारा किये गये समुद्र-मन्थन के कारण हुई थी। इससे प्रतीत होता है कि यह घटना भी चार करोड़ वर्ष पूर्व की है। देवासुर संग्राम में कुछ ऐतिहासिक पुरुषों के नाम पुराणों में मिलते हैं जिससे मानव-इतिहास की प्राचीनता का आभास मिलता है। इससे 'वेद' और **संस्कृत** की प्राचीनता की कल्पना की जा सकती है।

प्रसंगवश यह उल्लेख करना अनिवार्य है कि आज का इतिहासकार अंग्रेजी-सत्ता के सम्पोषित इतिहासकारों की कृति है जिसे **'मैकाले-डाक्ट्रान'** की सीमारेखा के अन्तर्गत है। अस्तु, आज के लोग जिस आधार पर इतिहास लिखते हैं, वह आधार ही त्रुटिपूर्ण है। ध्यातव्य है कि 'धरती' की **घूर्ण** प्रक्रिया का आधार भी त्रुटियों पर आधारित है।

धरती का 'शीर्ष' और 'धूरी'

साईंस के विचारक **'उत्तरी-ध्रुव'** को धरती का शीर्ष बताते हैं जो 'धरती' के घूर्णन के कारण थोड़ा१८० पिचक

गया है और धरती नारंगी के आकार की हो गई है। परन्तु, यह भौतिक-सोच की परिकलना है। कोई घूर्णन करने वस्तु जब पिचकती है तो उसका प्रभाव निचले हिस्से पर अधिक पड़ता है।

ध्यातव्य है कि घूर्णन करने 'वस्तु' का **शीर्ष** उसके **अक्ष** के ठीक ९० डिग्री ऊपर होगा। धरती गोलाकार है, इसलिए परिधि की दृष्टि से यह **'शीर्ष'** अक्ष से १८० अंश पर होगा। यह गणित का सीधा जवाब है। विदित हो कि दक्षिणी-गोलार्ध पर 'धरती' का अक्ष नहीं है, अस्तु दलील दी जाती है कि पृथ्वी झुकी हुई है। धरती के **अक्ष** से १८० अंश पर **मेरूपर्वच** अर्थात् **'कैलाश'** स्थित है, इस कारण विष्णुपुराण में कहा गया है---**'तस्यापि मेरूर्मैत्रेय मधये'**।

विदित हो कि 'अक्ष' और 'शीर्ष' दोनों पर कोई प्राणी जाए तो उसे प्रतीत होगा कि वह तेजी से घूम रहा है। मनुष्य के लिए धरती विकराल है, इसलिए वहाँ स्थित 'प्राणी' को दिशाभ्रम की अनुभूति होगी। **कैलाश** पर भी यही स्थिति है। वहाँ घूर्णन का प्रभाव सर्वाधिक है जिसकी अनुभूति दिशाभ्रम के रूप में होती है। इतना ही नहीं, प्राणी जीवन धरती की गति पर आधारित होता है। इस कारण, 'कैलाश' पर चढ़ने वाले लोगों की आयु शीघ्रता से बढ़ने लगती है। घटने लगती है। ध्यातव्य है 'कैलाश' का आकार **त्रिभुजाकार** अर्थात् पिरामुडाकार है।

यही स्थिति **बरामुडा-ट्रंगल** की है। वहाँ भी दिशाभ्रम हो जाता है और बड़े क्षेत्र पर भँवर का प्रकोप की स्थिति प्रकट होती है। यह भी कैलाश की भाँति त्रिकोणात्मक स्थल है। वैज्ञानिकों को पता लगाना चाहिए कि कहीं यह त्रिकोणात्मक-जलतल धरती के **अक्ष** के ठीक ऊपर तो नहीं है।

विदित हो कि विज्ञान में, विशेषकर वैदिक-विज्ञान में प्रत्येक नाम का अर्थ या अभिप्राय होता है। प्राणियों की संरचना में 'रीढ़ की हड्डी' होती है। इसे मेरु-दंड कहा जाता है। अस्तु, उसके उपरी भाग पर 'शीर्ष' की स्थिति होती है। मनुष्य में मेरु-दंड के उपरी भाग (लघु-मस्तिष्क) पर **सहस्रार-चक्र** की स्थिति होती है। योग-शास्त्र के अनुसार यहाँ **'सदाशिव'** की स्थिति होती है। यही स्थिति धरती के **मेरु** की है। वहाँ भी भागवान शिव की स्थिति होती है, इसलिए 'मेरु' को **कैलाश** भी कहा जाता है। यह धरती की समान्य संरचना के अन्तर्गत आने वाले सभी पर्वतों से भिन्न है, यह **ट्रैंगल** स्वरूप का अर्थात् **पिरामिड** की तरह है।

इसकी आभा भी विशेष है जिसकारण इसे कार का है। इस कारण इसे कनकपर्वत ही कहते हैं। अर्थात् यह कमक-पर्वत धरती का 'शीर्ष' भी है, इसलिए **मेरु** कहा गया है--'**तस्यापि मेरुर्मैत्रेय मध्ये कनकपर्वतः (विष्णुपुराण २/२/७)।**

प्राणियों, विशेषकर मनुष्य में **मेरू-दंड** की तुलना धरती के सन्दर्भ में करें तो यह पायेंगे कि **मेरू-दंड** के अग्र भाग उसका **शीर्ष** (सिर) है जहाँ लघु-मस्तिष्क स्थित सहस्रार-चक्र पर **'सदाशिव'** विराजित हैं और निम्न-भाग (पुच्छ-स्थल) पर **'कुण्डलिनी-शक्ति'** विराजित है (**श्वेताश्वतरोपनिषद**) है। यही स्थिति धारती की है। इसके भी 'मेरू-दंड' (जो मनुष्य के मेरूदंडड की हूबलु-नकल नहीं है) का शीर्ष भाग **'मेरू'** है जहाँ 'शिव' विराजमान हैं, इसलिए उसे **कैलाश** कहते हैं। इसी प्रकार, धरती के मेरूदंड के 'निम्नतल' पर कैलाश-जैसी ही कोई संरचना है, वही 'घूर्णन' कर रही है जिसे धरती के **अक्ष** के रूप में जानते हैं। यह समुद्र के जल में स्थित है। विष्णुपुराण में इस संरचना को भी 'कैलाश' के नाम से जाना गया है (**विष्णुपुराण २/२/४२**)।

प्रधान देशान्तर रेखा और भारतवर्ष

विदित हो कि धरती का शीर्ष 'मेरू' स्थल-भाग में स्थित है जबकि उसका **'अक्ष'** समुद्र में स्थित है। **सूर्य-सिद्धान्त** के **भूगोलाध्याय** के अनुसार इन दोनों को मिलाने वाली **प्रधान देशान्तर रेखा** भारतवर्ष की उज्जयिनी नगरी से गुजरती है। विदित हो कि इस रेखा पर भारत के बाद समुद्र में एक मात्र 'लंका' ही स्थलीय-प्रदेश पड़ता था और लंका और अक्ष के मध्य सागर का ही विस्तार था। इसलिए यह काहा गया है कि प्रधान देशान्तर रेखा 'मेरू' से निकलरप भारतवर्ष के मध्य (उज्जयिनी) नगरी को तथा उसके आगे लंका का स्पर्श करती हुई आगे बढ़ती है—

भद्राश्ववर्षे नगरी स्वर्णप्राकारतोरण।

यम्यायां भारते वर्षे लङ्का द्वन्महापूरी।

अस्तु, आधुनिक-विज्ञान का द्वारा उत्तरी-ध्रुव को को धरती का शीर्ण मानना तथा ग्रीनविच को धरती का केन्द्र मान लेना और **धरती** को अपने **अक्ष** पर झुका मान लेना वैज्ञानिक-अपराध है।

कथ्य यह है कि यह धारती जो अपने 'अक्ष' पर चक्रवत नाचती है तो यहाँ धरती के आकार और उसके भार की कल्पना कर सकते हैं कि इसमें उसे कितना भीषण बल लगाना होता होगा। इसलिए कोई ब्रह्मांडीय-शक्ति अवश्य है जो इस 'भौतिक विकराल पिण्ड' को इस प्रकार निश्चित-नियम के अनुसार गति दे रही है तथा

नियंत्रत और नियमित कर रही है। साईंस के 'गति-सिद्धान्त' के अनुसार भौतिक-सत्ता किसी वाह्य शक्ति के प्रभाव में ही ऐसा कर सकती है। इस ब्रह्मांडीय-शक्ति को ही दार्शनिक-ग्रन्थों में **शिव** और **शक्ति** के नाम से जाना जाता है। **'शिव'** की स्थिति धरती के शीर्ष 'मेरू' पर है, इसलिए 'मेरू' के **कैलाश** कहते हैं। 'कैलाश' कोई खम्भा नहीं है, इसके 'आधार' और **आधार-क्षेत्र** के दक्षिण भारतवर्ष की स्थिति है जहाँ प्रथम मानव के रूप में 'नाभि' का विवरण मिलता है। उस नाभि के पुत्र ऋषभ थे। उनके समय में भारतवर्ष को 'हिमवर्ष' कहा जाता था, क्योंकि धरती पर हिमयुग चल रहा था जिसका केन्द्र उत्तरी-ध्रुव नहीं, कैलाश-पर्वत (मेरू) था। इस महामानव (नाभि) के पौत्र थे 'भरत' जिसके नाम पर **हिमवर्ष** को भारत-वर्ष कहा गया है।

पाश्चात्यवादी इतिहासकार और साईंस-विज्ञ उस समय जीव-संरचना की भौतिक-स्थिति ही उत्पन्न नहीं हुई थी। लेकिन, जमीन के वैज्ञनिक-पद्धति से उत्खनन से डायनासोर (दानवासुर) का जीवश्म मिला है। उनका काल साढे छो करोड़ वर्ष पूर्व का प्रमाणित हुआ। इन डायनासोरों के सामुहिक-संहार का प्रमाण तो मिलता है, लेकिन उनकी उत्पत्ति और वंश-परम्परा का कोई प्रमाण इनके पास नहीं है। विदित हो कि संस्कृत के दार्शनिक-ग्रन्थों में इन दानवासुरों के धारती पर आगमन और उनके सामुहिक संहार का विवरण पुराणों (ब्रह्म-पुराण और मार्कण्डेय-पुराण) में मिलता है। पाशाचात्त्ववीद

विद्वान लिखित को प्रमाण में नहीं गिनना चाहते, वे अपनी मनोकल्पना को ही प्रमाण-मानते हैं। यही उनकी **मिथकीय-विचारधारणा** है।

डायनासोरों का सामुहिक संहार

डायनासोर एक प्रमाणित प्राणी--

ध्यातव्य है कि वैज्ञानिकों को **पुरातात्विक-उत्खनन** से साढ़ो हजार वर्ष पुराने विशालकाय 'जीवों' का **जीवाश्म** मिले हैं। इन्हें **डानासोर** कहा जाता है। ऐसे एक नहीं, भिन्न-भिन्न स्थलों पर इनके जीवाश्म मिले हैं। वैज्ञानिक परीक्षणों से ज्ञात होता है कि ये अत्यधिक विशालकाय और शक्तिशाली थे। ये अंडज प्राणी थे, इसलिए मादाएँ एक साथ ढेर शिशुओं के जन्म दे पाती थीं। ये दानव शिशु अत्यल्प काल में ही शिशु से युवा जाने की क्षमता रखते थे। इनकी काया की विकराहलता से यह अनुमान लगाया गया कि इन्हें अप्रत्याशित रूपसे बहुत ही अधिक भोजन की जरूरत पड़ती रही होगी। अस्तु, प्रारम्भिक वैज्ञानिकों ने इन्हें **एलियन्स** बताया। विदित हो कि वैज्ञानिकों ने 'उस' प्राणी को 'एलियन्स' कहा था और उन्हें 'दानवासुर' की संज्ञा दी है। उनकी **जिह्वावृत्ति** के अनुरूप इसे **'डायनासोर'** कहा जाता है।

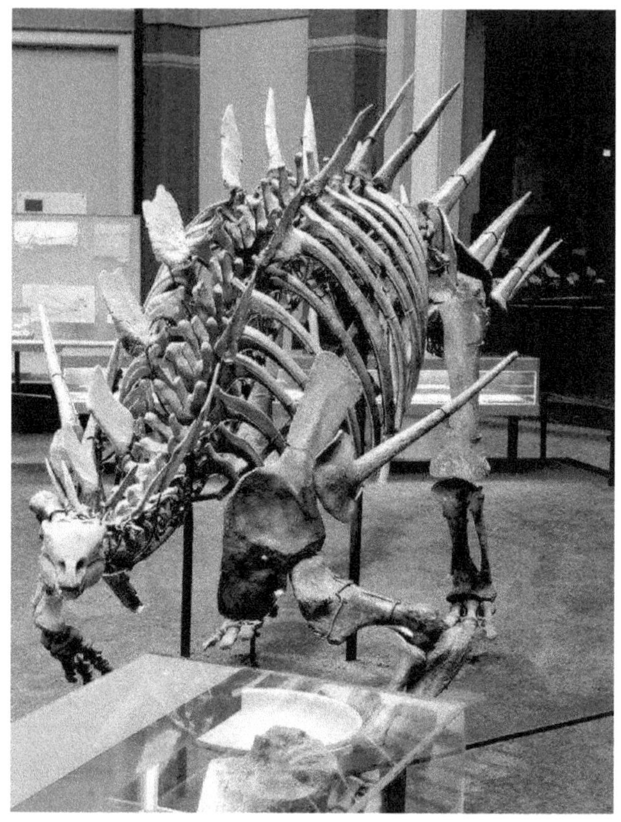

वैदिक-दर्शन के अनुसार **ब्रह्मांड** का 'शीर्ष' एक प्रकार का **तारामंडल** है जिसे **शिशुमार-चक्र** कहते हैं। इसी तारामंडल का पुच्छस्थानीय 'तारा' है **'ध्रुव'**। 'ब्रह्मांड' का यह शीर्ष उत्तर-दिशा का नियामक है। सूर्य से उत्तर 'ध्रुव' की ओर बताया गया है। सम्भव है कि **ध्रुव** की परिक्रमा करने वाले **सप्तर्षि-तारामंडल** को ही स्वर्ग कहा जाता हो, क्योंकि **स्वर्ग** की संख्या सात बताई गई है; 'स्वर्ग' भी सात बताये गये हैं।

अस्थु, **ब्रह्मांड** का 'दक्षिणी-सिरा' भी है जहाँ स्वर्ग (**सप्तर्षि-तारामंडल**) की तरह सात तारों का एक 'तारामंडल' है जिसे **पाताल** कहते हैं। असुर इसी पाताल-लोक के निवासी है। असुरों के मुख्य प्रकार हैं—**दैत्य** और **दानव**। [ध्यातव्य है कुछ लोग भ्रमवश धरती के निचले को भ्रमवश **पाताल** बताते हैं, परन्तु अज्ञान है।]

धरती पर आए दानवों का संहार

संस्कृत के पौराणिक-ग्रन्थों (पुराणों) में स्पष्ट अंकित है कि ये 'दानव' एलियन्स (परलोकवासी) थे जिनका संहार करने वाली भगवती उनसे पाताल-लोक वापिस जाने को कहती हैं--'यूयं प्रयात पाताल   यदि जीवितुमिच्छथ' (दुर्गासप्तशती, ८/२६)।

धरती पर 'दानवों' के आक्रमण का संक्षिप्त एवं कारणभूत विवरण मार्कण्डेय पुराण से लेते हैं। जिन 'डायनासोर' का जीवाश्म मिला है, उनसे युद्ध का विवरण मार्कण्डेय-पुराण में दिया गया है। विदित हो कि पुराणों में बताया गया है कि भगवान विष्णु की पराशक्ति (महाकाली) को 'विष्णुमाया' कहते हैं। ये 'दानव' असुर थे, अतः 'देवता' विरोधी थे। दानवों से त्रस्त विश्व की रक्षा हेतु देवताओं ने हिमालय पर आकर भगवती विष्णुमाया की स्तुति की-- इति कृत्वा मतिं देवा हिमवन्तं नगेश्वन्तं। जग्मुस्तत्र ततो देवीं विष्णुमायां प्रतुष्टुवुः।।(दुर्गासप्तशती, ५/७)।।

विदित हो कि आज के हिमालय से सटे ठीक उत्तर कैलाश-पर्वत है जो धरातल का केन्द्र-विन्दु है, इसे मेरू-पर्वत भी कहा जाता है। यह भगवान शिव का निवास-स्थल भी है। हिमालय-सुता भगवती पार्वती उस समय 'मानसरोवर' में स्नान कर रही थीं। 'विष्णुमाया' की स्तुति करता सुन पार्वतीजी देवताओं के पास पहुँची (क्योंकि वह स्वयं शक्ति स्वरूप थी) और स्तुति का कारण पूछने लगीं। देवताओं ने दानवों के अत्याचार की बातें सुनाईं। अत्याचार की कहानी सुनकर 'पार्वतीजी' स्वयं दो स्वरूपों में विभक्त हो गईं। इनमें से एक भगवती विष्णुमाया का था और दूसरा रौद्ररूप वाली भगवती कालिका था। इन्होंने देवताओं से दानवों के अत्याचार से मुक्ति का आश्वासन दिया। इन्हीं 'विष्णुमाया' को यहाँ 'कौशिकी' नाम से भी जाना जाता है।

इन्होंने अपनी अपने नारी-शक्ति रूपा 'दूत' को भगवान शिव के पास भेजा कि शिवजी दानवों के अधिपति को संदेश दें कि वे जीवित रहना चाहते हों तो 'पाताल-लोक' वापस लौट जाएँ या युद्ध करें—'यूयं प्रयात पाताल यदि जीवितुमिच्छथ' (दुर्गासप्तशती, ८/२६)। इससे प्रमाणित होता है कि ये (१) 'दानव' धरती के निवासी नहीं, एलियन्स (परलोकवासी) थे और (२) भगवती कौशिकी (भगवती दुर्गा) और मातृ-शक्ति ने धरती पर आए समस्त दानवों का सामूहिक संहार किया।

इतना ही नहीं, भगवती ने भविष्य में होने वाली दानवी-बाधा से बचाने का भी निर्णय लिया था--—'इति कृत्वा मतिं देवा हिमवन्तं नगेश्वरम्। जग्मुस्तत्र ततो देवी विष्णुमायां प्रतुष्टुवुः।।(दुर्गासससशती, ५/७)।। अर्थात् जब-जब दानवी बाधा उत्पन्न होगी, मैं शत्रुओं का संहार करूंगी। इस प्रकार, भारतीय ग्रन्थों में दानवों के सामुहिक-संहार का विवरण उपलब्ध है और यह भी बताया गया है कि ये 'दानव' धरती के निवासी नहीं, पाताल-लोक (परलोकवासी) थे। यहाँ यह बताना नितान्त आवश्यक है कि 'दुर्गासससशती' मूलतः मार्कण्डेयपुराण का ही एक अंश है।

अस्तु, वैदिक-विज्ञान प्रमाणित करता है कि धरती पर साढे छह अरब पूर्व भी मानव-संतति परम्परा थी जिसकी रक्षा के लिए भगवती ने इन **दावनों** का संहार किया तथा मनुष्यों एवं देवताओं को आश्वासन भी दिया—

इत्थं यदा यदा बाधा दानवोत्था भवति।

तदा तदावतीर्याहं करोष्याम्यरिसंक्ष्याम।। (दुर्गासप्तशती, ११/५४-५५)।।

सैन्धव-सभ्यता की खोज

आधुनिक वैज्ञानिक को भारत की एक प्राचीन-सभ्यता का प्रमाण मिला। **'मोहन-जो-दड़ो'** में एक बड़ा-सा टीला था। इतिहासों ने इसका पुरातात्त्विक-उत्खनन किया तो

भारतवर्ष की एक प्राचीन सभ्यता के अवशेष मिल। 'कार्बन-डेटिंग' से पता चला कि यह **ईस्वी-पूर्व** तीन हजार वर्ष (आज से पाँच हजार वर्ष) पुरानी सभ्यता थी। यह प्रमाणित हुआ कि इस सभ्यता का सामुहिक लगभग २५०० ईसा-पूर्व हुआ।

इससे चार प्रमाण मिलते हैं—

1. यह पूरी तरह से शहरी-सभ्यता थी।

2. इसमें देवी-देवताओं की प्रतिमाएँ मिलीं जिससे प्रमाणित हुआ कि यह कोई विदेशी नहीं, बल्कि भारतीय सभ्यता ही थी।

3. इतिहासकारों को प्रमाण मिले कि इस सभ्यता 'मौद्रिक' और माप-तौल की वही प्रणाली जल रही थी जो उनके काल में भारत में प्रचलित थी। अर्थात यह '१६' की संख्या पर आधारित व्यवस्था थी

जिसमें सोलह 'आनों' का एक **रुपया** और सोलह 'छटाँक' का एक **सेर** की प्रणाली थी।

4. इस सभ्यता का सामुहिक संहार हुआ। इस संहार का कारण युद्ध भी हो सकता है और प्राकृति-प्रलय भी हो सकता है।

विदित हो कि उस समय अंग्रजों की सत्ता कायम थी जो **'मैकाले-डाक्ट्रान'** पर आधारित थी। इसका प्रमुख उद्देश्य भारतवर्ष की प्राचीन परम्प इतिहास एवं दर्शन के विरोध करना था। अस्तु, हम उन सिद्धान्तों पर नहीं जाएँगे जो अंग्रेजी सत्ता-सम्पोषित इतिहासकारों ने व्यक्त किया है। यह अध्ययन निम्नांकित क्रमों में किया जा सकता है--

1. प्रमाणिकता यह है कि 'देवी-देवताओं' की मूर्तियों में भगवान 'शिव', उनकी 'शक्ति' तथा शिव-परिवार की अधिकता थी। ध्यातव्य है कि वैदिक-विज्ञान के अन्तर्गत 'धरती' का शीर्ष 'मेरू-पर्वत' को बताया गया है और धरती की घूर्णन शक्ति का नियामक भगवान शिव और उनकी शक्ति (भगवती) के माना गया है। इस कारण 'मेरू' को **कैलाश** की संज्ञा दी गई है और वहाँ उनका निवास माना गया है। **डायनासो** के प्रकरण में भी हमने विवरण दिया है कि **शक्ति** (नारी-शक्ति) ने ही धरती पर आए **दानवासुरों** का सामूहिक संहार कर मानवी-वंश परम्परा को सुरक्षित किया था। अस्तु, भारतवर्ष में **शिव** और **शक्ति** की

प्रतिमाओं का मिलना अति-प्राचीन भारतीय परम्परा का ही द्योतक था।

2. 'कार्बन-डेटिंग' से ज्ञात हुआ कि सैन्धव-सभ्यता तीन हजार वर्ष (आज से पाँच हजार वर्ष) पुरानी सभ्यता थी। यह भी प्रमाणित हुआ कि इस नगर सभ्यता का सामुहिक-संहार हुआ था।भारतीय गणना के अनुसार विक्रमी-संवत पूर्व तीन हजार वर्ष का काल श्रीकृष्ण कालीन द्वापरयुग का अन्तिम काल था।

3. विदित हो कि भगवान कृष्ण ने द्वारिका को राजधानी बनाकर अपने राज्य की स्थापना की थी। के पर लोक-गमन की तिथि से ही वर्तमान के कलियुग का प्रारम्भ हुआ था। इसके आधार पर स्पष्ट होता है कि इस सभ्यता का निकटतम सम्बन्ध श्रीकृष्ण से रहा होगा।

4. भगवान श्रीकृष्ण चन्द्रवंशी थे। चन्द्रमा की सोलह कलाएँ बताई गई हैं। इसलिए श्रीकृष्ण को सोलहों-कला से पूर्ण ईश्वावतार माना जाता है। यही कारण था कि समाज में उनकी स्मृति में सोलह (१६) पर आधारित 'मौद्रिक' और 'माप-तौल' की परम्परा स्थापित की गई थी और इस परम्परा को अपनाने के कारण 'सैन्धव-सभ्यता' भी वैदिक-सभ्यता का अनुसरण करते थे।

विदित हो कि द्वापर-युग, भगवान श्रीकृष्ण और महाभारत-युद्ध केवल मान्यताओं से सम्बन्धित नहीं हैं, बल्कि इनका लिखित विवरण पुराणों में उपलब्ध है।

श्रीकृष्ण एक ऐतिहासिक पुरुष

उपरोक्त तीनों ही तथ्य ही तथ्य सैन्धव-सभ्यता का सम्बन्ध श्रीकृष्ण से जोड़ते है। 'भगवान श्रीकृष्ण' के पौराणिक-इतिहास को प्रमाणित करते हैं। विदित हो कि पुराणों के अनुसार '१६ की संख्या' का सम्बन्ध 'भगवान श्रीकृष्ण' से है। भारतीय पंचांग के अनुसार श्रीकृष्ण का जन्म ईसा-पूर्व तीन हजार दो सौ वर्ष पूर्व हुआ था। उनका जन्म मथुरा में हुआ था और उन्होंने द्वापर-नगरी को राजधानी बनाकर एक साम्राज्य की स्थापना की थी। (वैसे भी वे राजा के ही पुत्र थे जिसे उनके 'साले' और मथुरा-नरेश कंस ने बंदी बना रखा था।)

[समुद्र में डूबी द्वारका-नगरी]

विष्णु-पुराण में कहा गया है कि भगवान श्रीकृष्ण ने समुद्र से १२ योजन भूमि माँग कर वहाँ द्वारिका-पुरी का निर्माण कराया—

इति सोऽचन्त्य गोविन्दो योयजनानां महोदधिम्।

यायाचे द्वादश परीं द्वारकां तत्र निर्ममे।।(वि.पु. ५/२३/१३)।।

इसी प्रकार उनके दिवंगत होते ही समुद्र ने उनके निवास-भवन को शेष द्वारका को जल में समा लिया। उनके दिवंगत होने की तिथि को ही तीन घटनाएँ हुईं (पहला) निवास भवन को छोड़कर शेष द्वारिका-पुरी समुद्र में समा गई, (दूसरा) उसी दिन कलियुग का प्रवेश हुआ और (तीसरा) उसी दिन उसी दिन पाण्डवों ने परीक्षित का राज्याभिषेक किया—

भगवान श्रीकृष्ण की मृत्यु हुई, उसमें 'ससर्षगण मघानक्षत्र पर स्थित थे। इस समय 'ससर्षगण मघानक्षत्र पर स्थित' थे (विष्णुपुराण ४/२४/१०६)। ध्यातव्य है कि इसी स्थिति में पाण्डवों के उत्तराधिकारी परीक्षित का राज्याभिषेक हुआ था तथा इसी समय कलियुग का आरम्भ हुआ था। अर्थात्, इस तिथि तथा साल का भारतीय इतिहास में विशेष महत्व है। भारतीय गणना के अनुसार यह घटना (श्रीकृष्ण की मृत्यु तथा परीक्षित के राज्याभिषेक का साल) विक्रमी-संवत पूर्व ३ हजार १ सौ वर्ष पूर्व का है।

श्रीकृष्ण और सोलह की संख्या

पुराणों में स्पष्ट बताया गया है कि श्रीकृष्ण 'भगवान विष्णु' (ईश्वर) के अंशावतार थे-- यदैव भगवान्विष्णोरंशो (विष्णुपुराण ४/२४/१०८)। यह भी बताया गया है कि उनका जन्म चन्द्रवंशी-कुल में हुआ था। श्रीकृष्ण को चन्द्रवंशी कहा जाता है। विदित हो कि 'चन्द्रमा' की १६ कलाएँ होती हैं। इसलिए पूर्ण चन्द्र को 'सोलहों' कलाओं से परिपूर्ण माना जाता है। इसकारण, श्रीकृष्ण को भी 'सोलहों' कलाओं से परिपूर्ण अर्थात् ईश्वर-अवतार बताया जाता है।

ईश्वर के अवतार होने के 'भगवान श्रीकृष्ण' प्रति भक्ति, श्रद्धा, और सम्मान था। इस कारण १६ की संख्या को अत्यन्त महत्वपूर्ण, शुभ तथा पूर्णता का परिचायक माना जाता है। ध्यातव्य है कि वे ईश्वर-अवतार थे ही, उन्होंने 'गीता' का ज्ञान भी दिया। इसलिए उन्हें 'परम-गुरु' के रूप में स्वीकार किया गया था। इसलिए '१६ की संख्या' को 'शुभ' मानते हुए 'मुद्रा' और 'माप-तौल' का आधार माना गया। प्रमाणित होता है कि '१६ की संख्या' के आधार पर 'सैन्धव-सभ्यता' व्यवस्था कायम थी। इससे इस 'सभ्यता' का इतिहास पौराणिक इतिहास से भली-भाँति जुड़ जाता है।

इस क्रम में यह जोड़ना अनिवार्य हो जाता है कि आधुनिक वैज्ञानिक जहाँ 'कार्बन-डेटिंग' को प्रमाणिक मानते हैं, वहीं वैदिक-विज्ञान काल निर्धारण की प्रमाणिकता से जोड़ते हैं, वैदिक-विज्ञान में नाभकीय-

पिण्डों की स्थिति को इसका आधार माना गया जो प्रमाणिक भी है और प्राकृतिक आधार भी। इस प्रकार सैन्धव-सभ्यता 'ईसा-पूर्व' तीन हजार वर्ष का इतिहास है। भारतीय काल-गणना (पंचांग) के अनुसार भगवान श्रीकृष्ण का जन्म 'विक्रम-पूर्व' ३२०० वर्ष पूर्व की ऐतिहासिक घटना है।

अस्तु, प्रमाणित होता है कि १६ की संख्या 'मुद्रा' और 'माप-तौल' की व्यवस्था का सम्बन्ध न केवल 'सैन्धव-सभ्यता' से जुड़ता है बल्कि इसका सम्बन्ध भगवान श्रीकृष्ण और 'द्वापर-युग' से भी जुड़ता है।

विदित हो कि धरती जो प्रमाण हमें दे रही है, वे सभी वैदिक-दर्शन के अनुरूप है। इस देश का जो 'भारतवर्ष' का नामकरण है वह शीत-युग के करोड़ो-अरबों वर्ष पूर्व का है और मानव-संस्कृति की परम्परा डायनासोरों से भी बहुत पूर्व की है। यह प्रकरण केवल मानव-जाति का इतिहास नहीं है, इसका सम्बन्ध **ज्ञान** (निरपेक्ष-सत्ता) तथा विज्ञान से है। जब भी हम विज्ञान की बात करते हैं तो प्रश्न उठता है कि वैदिक-परम्परा में 'समय और स्थान' का सतही ज्ञान था या उनका 'ज्ञान' आधुनिक-विज्ञान (साईंस) से भी अधिक उन्नत था। इसका अध्ययन हम अगले अध्याय में करेंगे।

माप का व्याकरण

नाभकीय-पिण्ड और कालगणना

विदित हो कि जिस धरती (पृथ्वी) पर हम रहते हैं, वह गोलाकार है। वह अपने 'अक्ष' पर चक्राकार घूर्णन करती है (अर्थात लट्टू की भाँति) घूर्णन करती है। ज्यामित के नियम के अनुसार वर्तुलकार (गोल) दूरी की गणना अंशों (डिग्री) में की जाती है। अस्तु, धरती ३६० अंश (डिग्री) घूमकर अपने घूर्णन को पूरा होती है। धरती पर निवास करने वाले प्राणियों पर इस घूर्णन का प्रभाव पड़ता है जिसकी अनुभूति 'समय' के रूप में होती हैं।

इस ज्यामितक गणना के '३६०' के fraction '६०' को वैज्ञानिकों ने आधार बनाया है और सेकेण्ड का निर्धरण किया है।

हम समझ चुके हैं कि धरती के प्राणी के अन्तर्मन पर पृथ्वी के घूर्णन का प्रभाव पड़ता है। पशु-पक्षी और कीट-पतंग भी इससे प्रभावित होते हैं। रात्रि की समाप्ति के अवसर पर बिना किसी कृत्रिम-घड़ी के ही पशु-पक्षि आदि अपनी प्रतिक्रियाएँ देने लगते हैं। पक्षीगण चहचहा उठते हैं। मानव-प्रकृति पर भी इसका प्रभाव पड़ता है। यह प्रभाव ही मानों 'प्राकृतिक घड़ी' है।

विदित हो कि मनुष्यादि प्राणि की आँखों की पुतलियों जो उठती-गिरती हैं, वह ऐच्छिक-प्रक्रिया न होकर 'अनैच्छि' प्राकृतिक है। वैदिक-ऋषियों (वैज्ञानिकों) पाया कि यह प्रक्रिया 'प्राकृतिक घड़ी से अनुप्रेरित है। अस्तु, 'पलकों' को झपकाने में जो समय लगता है उसे 'समय' की लघुतम इकाई के रूप में स्वीकार किया गया तथा इसे ही **'निमेष'** कहा गया।

[विदित हो कि कोई व्यक्ति इच्छा या चेष्ट से निर्धारित समय में भिन्न-भिन्न बार (दफे) पलकें झपका सकता है। परन्तु, पलक को झपकाने में लगे समय में अन्तर नहीं कर पाता। पलक झपकने का समय प्राकृत और निर्धारत है।]

इस आधार का परीक्षण करते हुए जो निर्धारण किया गया उसका उल्लेख पुराणादि ग्रन्थों के शलोंकों में भी वर्णित है--

काष्ठा पञ्चदशाख्याता निमेषा मुनिसत्तम्।

काष्ठा त्रिंशत्कला त्रिंशत्कला मौहूर्त्तिको विधिः।।

(विष्णुपुराण अंश १, अध्याय ३, श्लोक ८)

अर्थात् १५ (पंद्रह) निमेष की एक '**काष्ठा**' होती है। ३० काष्ठा की १ '**कला**'। ३० कला का '**मुहूर्त्त**' होता है और ३० मुहूर्त का एक दिन-रात (विष्णुपुराण, १/३/८)।

स्पष्ट है कि '**मुहूर्त्त**' के मान का पहला आधार है 'निमेष' है जो 'पलक झपकाने में लगा समय' और दूसरा आधार है धरती की 'चक्रवत् घूर्णन-गति'। अस्तु, तुलनात्मक आधार पर 'मुहूर्त' के मान की सत्यता की जाँच की व्यवस्था भारतीय पद्धति में है। अस्तु, निमेष एवं 'मुहूर्त' की वैज्ञानिक वैधता प्रमाणित हो जाती है। स्मरणीय है कि 'निमेष' संज्ञक 'समय की इकाई' 'सेकेंड' से भी 'लघुतर' है। इससे ज्ञात होता है कि वैदिक-विज्ञान में समय के 'सूक्ष्मतम मान' को भी भौतिक आधार पर खोज रखा गया है। यह भारतीय वैज्ञानिकों (ऋषि-मुनि) की वैज्ञानिक-आधार का घोतक है। इससे प्रमाणित होता है कि 'साईंस-पूर्व' (१५वीं सदी से पूर्व) भी मनुष्य में वैज्ञानिक-बुद्धि की स्थिति थी जिसका प्रमाण स्वयं भारतीय परम्पराएँ हैं।

स्थिति मात्र इतनी ही नहीं थी, उन्होंने 'समय' के हर 'मान' के उचित आधार और कारण के प्रमाणिक आधार के लिए प्राकृतिक प्रमाण का आश्रय लिया। भारतीय ऋषि-मुनियों ने इन सिद्धान्त को लिपिबद्ध

भी किया और कराया तथा जन-जन को इससे अवगत कराने के लिए धार्मिक और सामाजिक 'संस्कारो' के रूप में जन-जन को सुलभ भी कराया।

ध्यातव्य है कि हम जिस धरती पर रहते हैं, उसे 'पृथ्वी' कहते हैं। यह स्वयं एक नाभकीय-पिण्ड है। वह अनवरत रूप से अपने 'अक्ष' पर चक्रवत् घूर्णन करती रहती है। वह ३६० अंश धूमकर एक घूर्णन को पूर्ण करती है। वैदिक-गणना के अनुसार इसमें लगे 'समय' को तीस (३०) भागों में विभक्त किया गया है। अर्थात् 'पृथ्वी' जितने समय में '१२ डिग्री' का घूर्णन करती है, उस 'समय' को एक 'मुहूर्त' कहते हैं-'त्रिंशद्भागन्तु मेदिन्यास्तदा मौहूर्त्तिकी गतिः (विष्णुपुराण २/८/२६)।'

अस्तु, भारतीय गणना के अनुसार समय की दूसरी इकाई 'मुहूर्त्त' है। इसका 'मान' निमेष के आधार पर भी निकाला जा सकता है- एक मुहूर्त्त=३०कला=(30x30) ९०० काष्ठा=(१५x९००) १३५०० निमेष। विदित हो कि '३० मुहूर्त्त' का एक दिन-रात होता है। ध्यातव्य है कि 'निमेष' और एक दिन (दिवा-रात्रि) काल-गणना के प्राकृतिक आधार और मान हैं। यह समझा जा सकता है कि मानव-निर्मित अर्थात् कृत्रिम 'संयत्रों' स्थाई एवं सर्व-सुलभ नहीं रहते, इसलिए 'वैदिक-विज्ञान' के अन्तर्गत 'प्रमाणिकता' के लिए 'प्राकृति साधनों' का चयन किया गया। अस्तु, काल-गणना के लिए नाभकीय-पिण्डों की गतियों का आधार लिया गया है। विदित हो यह अपने-आप में वैज्ञानिकता की पराकाष्ठा है। भारतीय पंचांगों

और ज्योतिष में इन्हीं वैज्ञानिक-ज्ञान का उपयोग किया गया है।

नाभकीय-पिण्डों में धरती, चन्द्रमा, सूर्य आदि दैनिक अवलोकन के विषय हैं। इनके अतिरिक्त ध्रुन-तारा, स्पर्षि (सात तारों का तरामंडल) आदि भी सामान्यरूप से देखे जाते हैं। इन सबकी गतियों के आधार पर वैदिक-ऋषियों ने काल-गणनाएँ की हैं। फलस्वरूप, 'आध्यात्मिक-विज्ञान' के अन्तर्गत समय के 'लघुतम-मान' और 'अधिकतम-मान' का विस्तार प्राप्त होता है। हमने 'मुहूर्त' और 'दिवा-रात्रि' का परिमाण देखा। इसके आगे 'समय' का विस्तार इस प्रकार है—

चन्द्रमा की गति

चन्द्रमा 'पृथ्वी' की परिक्रमा करता है। उसकी प्रत्यक परिक्रमा में ३० दिन लगते हैं। इस समय को 'मास' के नाम से जाना जाता है। धरती पर रात्रि में चन्द्रमा प्रकाशित दीखता है। चन्द्रमा के प्रका के आधार पर दो पक्ष होते हैं—शुक्ल-पक्ष और कृष्ण पक्ष।

इस प्रकार, १५-१५ दिनों के पक्ष होते हैं ३० दिनों का एक मास होता है (विष्णुपुराण, १/३/९)।

धरती की वार्षिक गति

हमारी पृथ्वी अपने 'अक्ष' पर अनवरत 'चक्रवत घूर्णन'' करती है जिससे 'दिवा-रात्रि' अर्थात् ३० 'मुहूर्त' के 'समय' का बोध होता है। इसके साथ ही हमारी पृथ्वी

'सूर्य' के चतुर्विध अनवरत परिक्रमा करती होती है। यह परिक्रमा १२ मास में पूर्ण होती है। इस 'कालावधि' को 'वर्ष' कहा जाता है। इस कालावधि के दौरान 'छह माह' तक 'सूर्य' उत्तक-दिशा में तथा छह माह तक दक्षिण दिशा में होता है। 'छह मास' की इस कालवधि को 'अयन' कहते हैं। अर्थात् अयन दो हैं—उत्तरायण और दक्षिणायन। (विष्णुपुराण, १/३/९)।

परन्तु, इसके आगे भी 'समय' के 'अग्रतर-मान' का विवरण है। इस पुराणादि ग्रन्थों में जो विवरण मिलते हैं, उनका वैज्ञानिक प्रमाण उपलब्ध नहीं है। उपरोक्त विवकणों में 'समयावधि' और इसके कारणस्वरूप 'नाभकीय पिण्डों' की परिक्रमा की स्थिति का विवरण है, उसके वैज्ञानिक प्रमाण उपलब्ध हैं। आगे बताया गया है कि 'उत्तरायण' को 'देवताओं' का 'दिन' और 'दक्षिणायन' को देवताओं की 'रात्रि' है—

तै षड्भिरयनं वर्षं द्वेऽयने दक्षिणोत्तरं।

अयनं दक्षिणं रात्रिर्देवानामुत्तरं दिनम्।।

(विष्णुपुराण, १/३/१०)।

इस 'श्लोक' में रहस्य का पिटारा भरा पड़ा है। अभी तक हम 'समय-गुणना' पर भारतीय जानकारी पर विचार कर रहे थे। इस क्रम में 'काल-गणना' का आधार मिला जो नाभकीय-पिण्यों की घूर्णन-गति तथा परिक्रमा-गति पर आधारित है। वास्तविकता यही है कि समय की सूक्ष्म से सूक्ष्म तथा दीर्घतर इकाईयों की खोज आदि

वैदिक ऋषियो-मुनियों के ज्ञान में निहित वैज्ञानिकता का प्रमाण है। यह विवेचना कि 'सूर्य' की परिक्रमा के दौरान सूर्य छह-माह तक 'उत्तर' की ओर रहते हैं तथा छह-माह तक दक्षिण की ओर रहते हैं भी वैज्ञानिक-अध्ययन का विषय है। लेकिन, इस 'श्लोक' में जब यह कहा जाता है कि छह-माह की उत्तरायण की अवधि **'देवताओं'** के दिन तथा छह-माह की दक्षिणायन की अवधि देवताओं की रात्रि की अवधि है, यह ज्ञान आधुनिक-विज्ञान की सीमा से भी परे है। भले ही पाश्चात्यवादी वैज्ञानिक 'देव-योनि' और उनके लोक (स्वर्ग) के आस्तित्व पर विश्वास न करें। यह उनकी ज्ञान-परम्परा के विस्तार का प्रश्न है। वैदिक ज्ञान-परम्परा में जो उल्लेख है उसमें 'कालावधि' तथा 'स्थान' की दूरी आदि की गणना के साथ विवरण उपलब्ध है। यह जानकारी की प्रमाणिकत का सूचक है।

ध्यातव्य है कि धरती पर हम निवास करते हैं, इसलिए 'धरती' का पर्याप्त ज्ञान सम्भव है। 'धरती और सूर्य' से दूर अन्य नाभकीय-पिण्डों, यथा स्वर्ग, के 'घूर्णन' (दैनिक-गति) तथा परिक्रमा-गति (वार्षिक-गति) का ज्ञान वैज्ञानिकता के अति-उच्चस्तरीय ज्ञान का प्रमाण है। इस 'श्लोक' में बताया गया है कि 'स्वर्ग-लोक' में भी 'दिन और रात' होते हैं और उसका 'माण' भी दिया गया है। 'पृथ्वी' को सूर्य की परिक्रमा पूर्ण करने में जो एक वर्ष का समय लगता है, उतनी देर में 'स्वर्ग-लोक' अपने अक्ष पर घूर्णन करने में लगता है।

इस गणना के रूप में वैदिक-विज्ञान यह भी स्पष्ट करता है कि जिस प्रकार पृथ्वी, चन्द्रमा और सूर्य परस्पर सम्बन्धित हैं, इसलिए उनकी गतियों में 'घड़ी की सूईयों' की तरह पारस्परिक-सम्बन्ध है। ऐसा ही सम्बन्ध 'स्वर्गलोग' के साथ भी है। बात इतने तक ही सीमित नहीं है। यह 'श्लोक' 'विष्णुपुराण' के प्रथम अंश के तीसरे अध्याय से लिया गया है। इस अध्याय में आगे जो बताया गया है उसका कथितार्थ है कि जिस तरह पृथ्वी द्वारा सूर्य की परिक्रमा से मानवी-वर्ष होता है, वैसे ही 'स्वर्गलोक' का भी किसी 'उच्च-स्तरीय' नाभकीय पिण्ड की परिक्रमा करके से वहाँ 'वर्ष' की स्थिति बनती है। विदित हो कि देवताओं के 'वर्ष' को दिव्य-वर्ण कहा जाता है। मानवों के हजारों-लाखों की वर्षावधि को 'युगों' में जाना जाता है। विदित हो कि कृतयुग (सतयुग), त्रेता, द्वापर और कलि, ये चार युग हैं। इन चारों को मिलाकर 'चतुर्युग' का कालखंड स्वयं में 'इकाई' हैं—कृतं त्रेता द्वापरश्च कलिश्चैव चतुयुगम्। (विष्णुपुराण, १/३/१५)।

आगे की काल-गणना 'इसी इकाई' (चतुर्युग) के आधार पर की गई है। बताया गया है कि 'एक चतुर्युग का मान बारह हजार दिव्य-वर्ष (देवताओं के वर्ष) के बराबर है में मानवों का एक चतुर्युग पूरा होता है (विष्णुपुराण, १/३/१५)।

आगे बताया गया है कि ऐसे 'एक हजार चतुर्युग' का ब्रह्माजी का एक दिन होता है (विष्णुपुराण, १/३/१५)।

यहाँ ध्यातव्य है कि पुराणों में 'ब्रह्माजी' के भी एक लोक का विवरण पुराणों में मिलता है। इस प्रकार, 'ब्रह्मलोक', 'स्वर्गलोक', 'सूर्य', 'पृथ्वी' तथा पृथ्वी का उपग्रह-स्वरूप 'चन्द्रमा' सभी घड़ी की उपकरणीय तरीके से एक दूसरे से इस प्रकार जुड़े हैं कि सबका समय एक दूसरे से अन्योन्याश्रित रूप से सम्बद्ध हैं।

अब स्थिति है कि 'काल-गणना' के इन सभी लोकों का पारमस्पिरक जो सम्बन्ध है, उसे घड़ी-नुमा गति का मूल आधार कहाँ है? वैज्ञानिक दृष्टि से विचार करने पर प्रतीत होता है कि ये सभी 'आकर्षण-शक्ति' से क्रमिक रूप से परस्पर आधारित हैं। वह कौन सी नाभकीय-सत्ता है जिसने जो इन सबों को इस प्रकार क्रमिक रूप से गतिशील रखता है। वैदिक-दर्शन में इस रहस्य का वैज्ञानिक विवरण देत हुए 'ब्रह्मांड' का विवरण प्रस्तुत करता है। ब्रह्मांड के कुछ उच्च-सतरीय तारमय स्वरूपों की पहचान 'सप्तर्ष', ध्रुवतार एवं शिशुमार-चक्र के रूप में दृश्य-स्वरूप में करते हैं।

ब्रह्मांड-शीर्ष और ध्रुव-तारा

आकाश में एक प्रसिद्ध 'तारा' है ध्रुव है, जिसे रात्रि में नंगी आँखों से भी देखा जा सकता है। उसे पहचानने के लिए प्रायः 'सप्तर्षि' (सात तारों का एक तारामंडल) का सहारा लिया जाता है। 'ध्रुव' से ही दक्षिण दिशा का बोध होता है। साईंस के अन्तर्गत इसका महत्व हो या न हो, वैदिक-दर्शन (ज्ञान-विज्ञान) में इसका

विशेष महत्त्व है। ग्रन्थों में बताया गया है कि हम जिस **'ब्रह्मांड'** में रहते हैं, उसके 'शीर्ष' स्वयं एक प्रकार का 'तारामंडल' है। उसकी आकृति 'गोधे' के जैसा है, अतः उसे 'शिशुमार-चक्र' कहा गया है। इसी तारामंडल का पुच्छ-स्थानीय 'तारा' है 'ध्रुव' (विष्णुपुराण, २/९/१)। इस अध्याय के पहले ही श्लोक में स्पष्ट बता दिया गया है शीर्ष-स्वरूप 'शिशुमार-चक्र' संज्ञक यह 'तारामंडल' महज एक 'नाभकीय-पिण्ड' नहीं, बल्कि यह भगवान विष्णु का ही तारामय-स्वरूप है—

तारामयं भगवानः शिशुमाराकृति प्रभोः।

दिविरूपं हरेर्यत्तु तस्य पुच्छे स्थितो ध्रुवः।।

(विष्णुपुराण, २/९/१)।

इसी श्लोक में कहा गया है कि 'ध्रुव' इस तारामंडल का पुच्छ-स्थीय 'तारा' है--पुच्छे स्थितो ध्रुवः। इस 'ध्रुव' को छोड़ कर तारामंडल का शेषभग स्थिर (अव्यक्त) है और 'भगवान विष्णु' की सारी शक्ति 'ध्रुव' के ही व्यक्त होती है। ध्यातव्य है कि 'भगवान विष्णु' स्वयं ही 'आकर्षण-शक्ति' के आदि-स्वरूप हैं, इसलिए 'आकर्षण-शक्ति' इसी 'ध्रुव' से व्यक्त होती है। विदित हो कि वेदादि-ग्रन्थों में 'आकर्षण-ऊर्जा' के आदि-स्वरूप को 'वात' कहा गया है।

जैसा कि ऊपर बताया गया है कि 'तारामंडल' (शिशुमार-चक्र) का शेषभग स्थिर (अव्यक्त) है और 'भगवान विष्णु' की सारी शक्ति 'ध्रुव' के ही व्यक्त होती

है, अतएव इस अभिव्यक्ति के दो स्वरूप है—(१) 'ध्रुव' से आकर्ष-शक्ति प्रकट हो रही है और (२) 'ध्रुव' अपने स्थान पर ही स्थित होकर 'घूर्णन' कर रहा है—

सैष भ्रमन् भ्रामयति चन्द्रादित्यादिकान् ग्रहान्।

भ्रमन्तमनु तं यान्ति नक्षत्राणि च चक्रवत्।।

(विष्णुपुराण, २/९/२)।

ध्रुव-तारा चक्रवत् घूर्णन करता रहता है (सैष भ्रमन्) और अपनी अतुल्य 'आकर्षण बल' से ब्रह्मांड के समस्त नाभिकी-पिण्डों (तारामंडल, तारों, एवं ग्रहों) को चक्रवत नचाता रहता है '… भ्रामयति चन्द्रादित्यादिकान् ग्रहान्। भ्रमन्तमनु तं यान्ति नक्षत्राणि च चक्रवत्।' इस श्लोक में बताया गया है कि चन्द्रमा, आदित्य (सूर्य) सभी ग्रह आदि 'ध्रुव' के प्रभाव से चक्रवत भ्रमण कर रहे हैं। अर्थात्, 'ध्रुव' अपने ही स्थान पर स्थित होकर 'घूर्णन' करता है और इसके आकर्षण में बँधे होने के कारण सभी नाभकीय-पिण्ड 'घड़ी की सूईं की भाँति' घूर्णन भी करते हैं तथा चक्रवत परिक्रमा (भ्रमण) भी करते हैं। एक ही 'शक्ति' के कारण वे ऐसा कर रहे हैं, इसलिए इनकी गति का एक दूसरे से परस्पर अन्योन्याश्रित एकसूत्रिय सम्बन्ध भी है। इस गति से ही भिन्न-भिन्न रूप से 'समय' का बोध होता है जिसमें परस्पर एकसूत्रीय 'भिन्नता' भी है।

धड़ी की यांत्रिक प्रक्रिया से एक एकसूत्रीय 'भिन्नता' तथा अन्योन्याश्रित-सम्बन्ध का स्वरूप प्रकट

होता है। हमारे सम्पूर्ण ब्रह्मांड में मानों धड़ी की यांत्रिक प्रक्रिया-सी व्यवस्था लागू है जिसका केन्द्र स्वयं 'ध्रुव' है। यही कारण है कि धरती की दिवा-रात्रि, मास, मानवी-वर्ष और दिव्य-वर्ष आदि में जो एक-सूत्रता है उसका आधारभूत कारण 'ध्रुव' का निरन्तर घूर्णन तथा भीषण आकर्ष-बल और 'ध्रुव' का घूर्णन है।

विदित हो कि साईंसवालों का मानना है कि 'ध्रुव' की दूरी इतनी अधिक है कि उसकी आकर्षण-शक्ति का प्रभाव नगण्य है। यह साईंसविदों का भौतिकता-जनित अज्ञान है। स्वयं धरती ही अपने उत्तरी-ध्रुव को ठीक 'ध्रुव' की ओर रखकर स्थित है। सभी छड़-चुम्बक लटाए जाने पर अपना ऊत्तरी-ध्रुव ध्रुव की ओर कर लेते हैं। वास्तविकता यह है कि ऊत्तर-दिशा का कारण स्वयं ध्रुव और उसकी आकर्षण-शक्ति है। इस प्रकृतिक प्रक्रिया को स्पष्ट करते हुए उपरोक्त श्लोक में भी कहा गया है—'भ्रामयति चन्द्रादित्यादिकान् ...... भ्रमन्तमनु तं यान्ति नक्षत्राणि च चक्रवत्।'

स्पष्ट है कि भारत के दार्शनिक ग्रन्थों में 'ध्रुव' को व्यापक महत्व मिला है। लेकिन महज इसी कारण पाश्चात्यवादी विचारक 'ध्रुव' की सत्ता को काल्पनिक तथा मिथक नहीं कह सकते। सभी जानते हैं कि 'ध्रुव' एक वास्तविक नाभकीय पिण्ड है जिस कारण सैकड़ो-हजारों वर्ष से समुद्री नाविक इसी तारे को देखकर 'दिशा-ज्ञान' प्राप्त करते थे। साईंस-पूर्व काल में नाभकीय विस्तार में 'ध्रुव' की सही पहचान के लिए पहले 'ससर्षि-मंडल'

की खोज की जाती थी जो सात 'तारों वाला सुपरिचित तारामंडल' है। इसके निचले 'दो तारों' से कल्पित रेखा का अनुमान करके सीध में ऊपर की ओर स्थित तारे के रूप में ध्रुव-तारे की पहचान हो जाती थी।

ध्रुव और पृथ्वी

आधुनिक-विज्ञान (साईंस) भी स्वीकार करता है कि धरती पर कोई स्थिर 'दिशा' है, तो वह 'उत्तर' की दिशा है। इसका एक प्राकृतिक आधार है और वह है 'ध्रुव-तारा'। वह आकाश में सर्वदा नियत स्थान पर स्थिर रहता है। इसी कारण भारतीय ग्रन्तों में उसे 'ध्रुव' का नाम दिया गया है। यही वही 'ध्रुव-तारा' है जिसे ऊपर के श्लोक में शिशुमार-चक्र का पुच्छ-स्थानीय 'तारा' बताया गया है।

हम सभी जानते हैं कि 'चुम्बक' में आकर्षण-शक्ति होती है। इसकी चुम्बकीय-शक्ति का प्रयोग किया जाता है। इसके दो सिरे होते हैं जिनहें 'ध्रुव' कहते हैं। अस्तु, चम्बक का एक गुण है तो कुछ धातुओं को अपनी ओर खिंचनवे का होता है तथा दूसरा गुण 'उत्तर-दक्षिण' दिशा को निरूपित करने का भी है। इस कारण ही 'चुम्बक' उत्तर-दिशा दिखाने वाले सिरे को उत्तरी-ध्रुव तथा इसके विपरीत सिरे को दक्षिणी-ध्रुव कहा जाता है। [अस्तु, चुम्बकीय-शक्ति (ऊर्जा) को परस्पर-विपरीत 'ध्रुवों' से जाना जाता है और इन ध्रुवों को 'उत्तरी' तथा 'दक्षिणी'

ध्रुव के नाम से जाना जाता है।] ध्यातव्य है कि इसी आधार पर चुम्बक से 'दिशासूचक-यंत्र' बनाया जाता है।

यहाँ विज्ञान की दृष्टि से महत्त्वपूर्ण स्थिति यह है कि स्वतंत्र रूपसे लटकाये गए 'चुम्बक' के उत्तरी-ध्रुव सर्वदा 'ध्रुव' तारे की ओर मुड़ जाते हैं। इससे प्रमाणित होता है कि अस्तु, ही प्राकृतिक रूप से 'उत्तर-दिशा' का नियामक है। 'वही' उत्तर-दिशा का मौलिक 'कारण' और 'सूचक' है।

विदित हो कि 'पृथ्वी' के भी दो ध्रुव हैं—उत्तकी-ध्रुव और दक्षिणी-ध्रुव। आधुनिक-विज्ञान (साईंस) प्रमाणित करता है कि सूर्य की परिक्रमा करने वाली 'धरती' (पृथ्वी) का उत्तरी-ध्रुव सदैव 'ध्रुव' की ओर स्थित रहता है।

तात्पर्य स्पष्ट है हमारी पृथ्वी स्वयं भी एक 'चुम्बक' है। इसकी चुम्बकीय-शक्ति को भ्वाकर्षण-शक्ति कहते हैं। यहाँ पर आधुनिक-विज्ञान की दिशा वैदिक-विज्ञान से भिन्न हो जाती है। साईंस की धारणा है कि 'पृथ्वी' स्वयं एक चुम्बक है इसलिए वह स्वभाववश ध्रुवाभिमुख रहती है। भौतिकवादी (पाश्चात्यवादी) धारणा के कारण वैज्ञानिकों का मानना है कि 'ध्रुव' आकाश का इतना दूरस्थ नाभकीय-पिण्ड है कि उसकी आकर्षण-शक्ति पृथ्वी तक आते-आते क्षीण हो चुकी होती है। यहाँ आकर 'आधुनिक-विज्ञान' मिथकवादी हो जाता है। वैदिक विज्ञान के अनुसार 'ध्रुव-तारा' स्वयं 'ब्रह्मांड-शीर्ष' का ही एक अंग है--पुच्छे स्थितो ध्रुवः। यह 'ब्रह्मांड-शीर्ष'

स्वयं आकर्षण-शक्ति का मौलिक-पुञ्ज है जो ध्रुव के माध्यम से व्यक्त हो रहा है।

ध्रुव और सप्तर्षि-मंडल

हमने 'ध्रुव' पर भारतीय-ग्रन्थों के आधार पर विवरण का अध्ययन किया। पाश्चात्यवीद विद्वान अक्सर इन ग्रन्थों के विवरणों को काल्पनिक एवं मिथक कहकर उसकी आलोचना करते हैं। परन्तु, यहाँ यह 'ध्रुव' मिथक नहीं, वास्तविक 'नाभकीय-पिण्ड' है। यही उत्तरी दिशा का नियामक है। प्रमाणित होता है कि 'ध्रुव-तारे' का स्थान नियत और स्थिर है। वही दिशाओं की धूरी भी है, उसकी 'वाम' दिशा को पश्चिम तथा दक्षिण दिशा को पूर्व कहते हैं।

आकाश में 'ध्रुव' को पहचानने के लिए हम प्रायः 'सप्तर्षि' संज्ञक तारामंडल का सहारा लेते हैं। यह नंगी आँखों से दिखाई देने वाला नाभकी-पिण्ड है। यह 'सात तारों' का 'तारामंडल' है। ध्यातव्य है कि 'ध्रुव' भी शिशुमाराकृति वाले 'तारामंडल' का सदस्य है। 'वह' इस 'तारामंडल' का पुच्छ-स्थानीय तारा है (पुच्छे स्थितो ध्रुवः)। विष्णुपुराण के अनुसार यह 'तारामंडल' (शिशुमार-चक्र) भगवान विष्णु का ही तारामय-स्वरूप है—(तारामयं भगवानः शिशुमाराकृति प्रभोः)। इस कारण, 'ध्रुव' को ईश्वर के 'चरण-कमल' की महता मिली हुई है। 'ईश्वर' के चरण-कमल को वृथा महता नहीं दी जाती। ईश्वरीय-शक्तियाँ इसी में साक्षात स्वरूप दिखाती हैं।

ईश्वरीय-शक्तियाँ इस 'ध्रुवतारे' के माध्यम से ही प्रकट होती हैं--सैष भ्रमन् भ्रामयति चन्द्रादित्यादिकान् ग्रहान्। कथितार्थ है कि 'ध्रुव' से ही ईश्वर की शक्ति 'आकर्षण-शक्ति' प्रकट होती है। ध्रुव-तारा अपने स्थान पर स्थित रहकर ही 'घूर्णन' करता है (भ्रामयति)।

इसी 'ध्रुव' संज्ञक 'ईश्वरीय-चरण' के चारों ओर 'ऋषि-महर्षि' परिक्रमा करते हैं। 'ध्रुव' के नीचे उसकी परिक्रमा करने वाले सात-ताराओं वाले 'तारामंडल' को भारतीय परम्पराओं और ग्रन्थों में 'सप्तर्षि-मंडल' कहा गया है। विष्णुपुराण में तारा-स्वरूप इन सातों ऋषियों के नाम भी दिये गये है—'.....सप्तर्षयोऽभवन्' (वि. पु. ३/१/३२)। निहितार्थ है कि सप्तर्ष-मडल संज्ञक तारामंडल को भी ध्रुव ही घुमा रहा है।

नक्षत्र और सप्तर्षि-मंडल

ब्रह्मांड-शीर्ष के अंगस्वरूप 'ध्रुव-तारा' ही इस ब्रह्मांड के समस्त नाभकीय पिण्डों के घूर्णन और परिक्रमा को अपनी आकर्षण-शक्ति से 'घड़ी की मूख्य धूरी की भाँति' नचा रहा है---

सूर्याचन्द्रमसौ तारा नक्षत्राणि ग्रहैः सह।

वातानीकमयैर्बन्धौर्ध्रुवे बन्धानि तानि वै।।

(विष्णुपुराण, २/९/३)।

इस श्लोक में बताया गया है कि सूर्य, चन्द्र, नक्षत्र आदि तारे एवं ग्रहादि 'ध्रुव' की वात-शक्ति (आकर्षण-शक्ति) से बँधे हुए हैं (वातानीकमयैर्बन्धौर्ध्रुवे)। ध्रुव स्वयं

घूर्णन कर रहा है, इसलिए वे भी एकसूत्रीय व्यवस्था के अन्तर्गत भ्रमणशील हैं। इन सबकी धूरी स्वयं ध्रुव है। यही कारण है कि मनुष्य (धरती) के समय-गणना का सम्बन्ध चन्द्रमा, सूर्य, स्वर्ग से भी है। यहाँ तक कि नक्षत्र और सप्तर्षि-मंडल से भी है।

अब हम नक्षत्र संज्ञक तारा-समूह पर विचार कर लेते हैं। रात्रिकाल में आकाश में जो असंख्य तारे दिकाई देते हैं, वे भी भिन्न-भिन्न समूहों में स्थित रहते हैं। इस समूह-व्यवस्था से एक आकृति बनती है जिसेके आधार पर ऋषियों (वैदिक-वैज्ञानिकों) ने इनका वैज्ञानिक अध्ययन किया तथा इन समूहों की खोज की। ऐसी आकृति में बंधे इन तारा-समूहों को 'नक्षत्र' कहा गया है। ऐसे २७ तारा-समूहों (नक्षत्रों) का ऋषियों द्वारा पता लगाया गया। यह भी ज्ञात हुआ कि ये २७ नक्षत्र 'परस्पर निश्चित गति में' व्यवहार करते हैं। स्मरणीय है कि ऊपरोक्त श्लोक (विष्णुपुराण, २/९/२,३) से ज्ञात होता है कि इन नक्षत्रों की गतियाँ भी ध्रुव-तारे पर आधारित हैं (बन्धानि तानि वै)।

इस प्रकार, वैदिक-विज्ञान के अन्तर्गत 'सप्तर्ष-मंडल' और 'नक्षत्रों' संज्ञक दो अन्य नाभकीय पिण्डों का ज्ञान मिलता है। आकाश में इन दोनों की स्थिति प्रमाणित है, अतएव इस जानकारी की उपेक्षा मिथक या कल्पना कह कर नहीं की जा सकती।

ये दोनों ही भ्रमणशी हैं, अस्तु इनकी गति के आधार पर 'समय-गणना' की जाती है। यहाँ यह भी

उल्लेखित करना है कि नक्षत्रों (तारों के समूहों) की संख्य सत्ताईस (२७) है और प्रत्येक नक्षत्र का नामकरण भी ग्रन्थों में किया गया है। अब, सप्तर्ष-गण के सन्दर्भ में नक्षत्रों की गति का इसका विवरण देते हुए 'विष्णुपुराण' में बताया गया है—

सप्तर्षीणां तु यौ पूर्वौ दृष्येते ह्युदितौ दिवि।

तयोस्तु मध्ये नक्षत्रं दृश्येते यत्समं निशि।।

तेन सप्तर्षियो युक्तास्तिष्ठन्त्यब्दशतं नृणाम्।
(विष्णुपुराण, ४/२४/१०५-१०६)

अर्थात् सप्तर्ष-तारामंडल के 'पुलस्त्य' और 'क्रतु' के बीच का जो समादेश (नाभकीय स्थान) है, वहाँ से नक्षत्र-मंडल बारी-बारी गुजरते हैं। इनमें से प्रत्येक नक्षत्र सौ-सौ वर्षों तक रहते हैं। इसे 'सप्तर्षियों' का नक्षत्र पर आरुढ होना कहा जाता है। विदित हो कि इस आधार पर शताब्दियों की गणना की जाती है। इस तरह, 'सत्ताईस-नक्षत्रों' की प्रत्येक आवृत्ति में २७ शताब्दि की समयावधि बीत जाती हैं।

विदित हो कि इसी आधार पर 'परीक्षित' के जन्म से मगध-सम्राट 'घनान्द' के राज्याषेक के कालान्तर को एक हजार पचास वर्ष का बताया गया है (विष्णुपुराण, ४/२४/१०४)। ध्यातव्य है कि परीक्षित के जन्म के समय सप्तर्षगण मघानक्षत्र पर थे (४/२४/१०६) जबकि राजा घनान्द के राज्याभिषेक से समय सप्तर्षगण पूर्वाषाढ-नक्षत्र पर प्रवेष कर रहे थे (विष्णुपुराण, ४/२४/११२)।

यहाँ सप्तर्षि-गण सन्दर्भ में नक्षत्रों की गति के आधार पर काल-गणना का विवरण प्राप्त होता है। सूर्य, चन्द्रमा तथा अन्यान्य ग्रहों का सन्दर्भ भी 'नक्षत्रों' की स्थिति से जुड़ता है। इन ग्रहों और नक्षत्रों की गति (स्थिति) का अध्ययन भारतीय 'समय-विज्ञान' के अन्तर्गत किया जाता है। इसका संकेत देते हुए विष्णुपुराण में कहा गया है कि 'जब चन्द्रमा, सूर्य और ब्रह्स्पति एक साथ पुष्य-नक्षत्र पर स्थित होंगे, उभी (उसी समय) इस कलियुग की समाप्ति और सत्ययुग का आरम्भ होगा।

नक्षत्र और चन्द्र-मास

ध्यातव्य है कि ये २७ नक्षत्रों का यह 'मंडल' भी 'नाभकीय-पिण्ड' हैं। उनता परिक्रमा पथ भी ३६० अंश का होता है। इस प्रकार परिक्रमा करते हुए धरती की अतक्रमण करते हैं। इस क्रम में एक-एक कर हर नक्षत्र बारी-बारी से गुजरते यानि अतिक्रमण करते हैं। वैदिक-विज्ञान बताता है कि इनका प्रभाव धरती के 'मौसम' पर भी पड़ता है। ध्यातव्य है कि भारत में क्रम से छह मौसम होते हैं और प्रत्येक की अवधि 'दो-दो' माह होती है। वैदिक-विज्ञान बताता है कि नक्षत्रों के प्रभाव से ही मौसम-परिवर्तन होता है। इनका क्रम निम्न प्रकार से है—आश्विन, कृत्तिका (कार्तक), मृगशीर्ष (अगहन), पुष्य (पूस), मघा (माघ), उत्तर फाल्गुनी (फागुन),

चित्र (चैत्र), विशाखा (बैसाख), ज्येष्ठा (जेठ), पूर्वाषाढ (आषाढ़), श्रावण (सावन), पूर्वभाद्रपद और (भाद्रपद)।

विदित हो कि भारतीय गणना में मास (माह) का आधार 'चन्द्रमा' हैं। चन्द्रमा १५-१५ दिनों के अन्तर पर रात्रि में एक बार पूर्ण-चन्द्र की रात्रि होती है और एक बार पूरी तरह से चन्द्रमा नहीं दिकाई देते हैं। जिस दिवस को रात्रि में पूर्ण-चन्द्र दीखते हैं, उसे पूर्णिमा और जिस दिवस को रात्रि में चन्द्रमा नहीं उगते, उसे अमावस्या कहते हैं। 'पूर्णिमा' की तिथि को मासान्त माना गया है। इस रात्रि को 'पूर्ण-चन्द्र' के समय जो नक्षत्र आरूढ होते हैं या जो नक्षत्र अधिकतम समय तक आरूढ होते हैं, उन्हें के नाम पर 'मास' का नाम रखा गया है। जैसे **चैत्र-मास** की पूर्णिमा के समय 'चन्द्रमा' **चित्रा** नक्षत्र पर स्थित रहने हैं, अतः 'चित्रा' के नाम पर 'इस माह' का नाम **चैत्र-मास** रखा गया है। अन्यान्य सभी माहों के नाम इसी भाँति नक्षत्र के नाम पर ही आधारित हैं—आश्विन, कृतिका (कार्तक), मृगशीर्ष (अगहन), पुष्य (पूस), मघा (माघ), उत्तर फाल्गुनी (फागुन), चित्र (चैत्र), विशाखा (बैसाख), ज्येष्ठा (जेठ), पूर्वाषाढ (आषाढ़), श्रावण (सावन), पूर्वभाद्रपद और (भाद्रपद)। विदित हो कि 'चैत्र मास' से भारतीय वर्ष का आरम्भ होता है जो आश्विन मास में समास हो जाता है।

स्पष्ट है कि भारतीय-पद्धति में ३० दिन के एक मास का आधार 'चन्द्रमा' की गति है। इसलिए महीनों

को 'चन्द्र-मास' कहा जाता है। परन्तु, मास के नाम नक्षत्रों के नाम पर आधारित हैं।

अस्तु, इस विवेचनात्मक अध्ययन से स्पष्ट हो जाता है कि भारतीय ऋषियों-महर्षियों ने 'काल-गणना' के लिए कृत्रिम-उपकरणों का नहीं, बल्कि 'प्राकृतिक-संयत्रों' स्वरूप नाभकीय-पिण्डों का उपयोग किया था जिन्हें इतिहास के हर काल में देखा-समझा जा सकता है। मानव-शरीर स्वयं भी एक प्राकृतिक-संयत्र है जो अज्ञानी और ज्ञानी दोनों में एक समान कार्य करता है। इसलिए, पलकों के झपकने के अति-सूक्ष्म 'समय' को समय की सूक्ष्मतम इकाई 'निमेष' को बनाया गया (काष्ठा पञ्चदशाख्याता निमेषा) ताकि पिण्डों की हर छोटी-बड़ी गति की गणना सम्भव हो सके। कौन से नक्षत्र की स्थिति का आक्कलन निमेष, काष्ठा, कला, मुहूर्त मानों के आधार पर करने की परम्परा रही है। विदित हो कि ३० मुहूर्त का एक मानवी-दिन होता है। देवताओं के एक दिन (दिवारात्रि) का मान 'एक मानवी-वर्ष' के बराबर है।

संस्कृत और वैदिक-विज्ञान से केवल 'भाषा' का बल्कि 'गणना' के भी वैज्ञानिक सिद्धान्तों की स्थापना की गई है जिन्हें क्रम से व्याकरण और अंकगणित कहा जाता है। में 'अंकगणित का व्याकरण' है। संस्कृत की विशेषता है इसकी 'लिपि' है, जिसे देवनागरी-लिपि कहा जाता है। 'वैदिक-दर्शन' में 'देव' शब्द सीधा तात्पर्य सत्यात्मक (विज्ञान-सम्मत अर्थात प्रमाणिक) दिव्य-

सत्ता से। उदाहरण के लिए 'ब्रह्म' निरपेक्ष-सत्ता को भी 'देव' कहा गया है। यथा, श्वेताश्वतर उपनिषद में 'ब्रह्म' को एको देवः कहा गया है। अस्तु, देवनागरी-लिप का सम्बन्ध भी वैज्ञानित-सत्यामकता से है। इस लिपि की विशेषता है कि इसमें 'अक्षरों' की लिपि अलग है और अंकों की लिपि अलग है और दोनों ही इसके ही (देवनागरी) के ही अन्तर्गत हैं।

श्रुतियों में इस 'प्राकृतिक काल-व्यवस्था' के सम्बन्ध में बारम्बार उद्घोष किया गया है कि सबकी उत्पत्ति 'ब्रह्म' से हुई है और उनकी 'स्थिति' भी 'ब्रह्म-सातत्य' के अन्तर्गत ही है। ध्यातव्य है कि 'ब्रह्म' में सतत् होने का गुण है इसलिए उसे 'आपः' (ॐ या दिव्या आपः)। वह 'निरपेक्ष' है, और हम भौतिक प्राणी 'सापेक्ष' हैं। परिणाम है कि वह 'हमारी अनुभूति' से परे है। इसलिए 'ब्रह्म' की सत्ता को 'अव्यय', 'आकाश' या 'शून्य' कह कर बोधित करते हैं। इसी 'अव्यय स्वरूप' ब्रह्म को—

"व्याकरण में 'अक्षरों' के आरम्भिक स्वरूप को 'ॐ' (ओंकार-वाच्य) रूप से जानते हैं। इससे ही सभी अक्षरों की उत्पत्ति हुई है या कहें कि इसका ही सापेक्ष-रूपान्तरण इन अक्षरों के रूप में होता है। कंठ से निकले स्वरों का आरम्भ भी 'अव्यय स्वरूप' ब्रह्म से होता है जिसे 'वाक्' कहते हैं। इसी प्रकार अंकगणित में 'अव्यय स्वरूप' ब्रह्म ही संख्या का आरम्भ और अन्त है जिसे 'शून्य' कहा जाता है। ज्ञातव्य है कि वही 'शून्य' (०)

और वही अनन्त (∞) है। इतना ही नहीं, साईंस भी बताता है कि पदार्थ वह है जो शून्य में स्थान छेकता है।"

विदित हो कि 'विज्ञान' की भी बात उठती है तो उसके लिए भी भाषा की आवश्यकता पड़ती है, क्योंकि 'ज्ञान' को 'पूर्णता' सहित अव्यक्त करने के लिए ऐसी भाषा की आवश्यकता पड़ती है जो हमारी समस्त भावना को अभिव्यक्त करने की क्षमता रखती हो। संस्कृत भाषा में यह क्षमता अन्तर्निहित है।

ध्यातव्य है कि 'विज्ञान' की रीढ़ है 'भाषा' और 'गणित' का व्याकरण तथा इन दोनों के 'व्याकरणों' की रीढ़ स्वयं 'विज्ञान' है। वैदिक-ग्रन्थों में 'महाभूत और महाभूतों के पञ्चीकरण की व्याख्या' स्वयं में विज्ञान का व्याकरण है। तथापि, विज्ञान का व्यारपयम मूलतः 'वेदों' में अन्तर्निहित है। यहाँ यह समझना अनिवार्य है कि 'वेदों' को समझने के लिए 'वेदाङ्गों' को समझना आवश्यक है। विदित हो कि प्राचीन 'वेद' को समझने के लिए ही महर्षि वेदव्यास ने 'चार वेदों' सहित वेदांगों की भी रचना की थी।

इसका विवरण संस्कृत के ग्रन्थों में अंकित है। 'पौराणिक ग्रन्थ' ज्ञान तो कम से कम पाँच हजार वर्ष पूर्व का है जो परम्परागत रूप से आज भी विद्यमान हैं। पाश्चात्यवादी विचारक न केवल भौतिकवादी हैं बल्कि पुनर्जन्म की धारणा पर विश्वास नहीं करते। इसलिए, कागजों में लिखित पुस्तकों के कागज की प्राचीनता को

आधार बनाते हैं। भारतीय संस्कृति गुरुकुल-व्यवस्था 'श्रुति और स्मृति' (सुनकर याद करना) के सिद्धान्त पर आधारित है। इस कारण वैदिक ग्रन्थों के वंश-परम्परा तथा गुरु-शिष्य परम्परा के आधार पर जीवन्त रखा गया। जब वृद्धावस्था के कारण स्मरण-शक्ति में ह्रास होने लगा तो इन्हें ताड़ के पत्तों आदि में लिख कर रखने, नये ग्रन्थ की रचना करने आदि के लिए लिखने का क्रम स्थापित किया गया। यह 'ज्ञान' परम्परा आधारित है। इनमें 'नक्षत्रों' का विशेष महत्त्व है। यह केवल एक तारा का विषय नहीं है, असंख्य तारों का विषय है जो आकाश में दिखाई देते हैं। वैदिक-ऋषियों ने ज्ञात किया कि इनके कई समूह हैं और ऐसा प्रत्येक समूह एक इकाई के रूप में काम करता है और हर समूह की अपनी-अपनी आकृति होती है। इसी आधार पर इनका नामकरण भी किया गया है। इनकी संख्या २७ है।

वैदिक-विज्ञान में 'नाभकीय पिण्डों' को ग्रह कहते हैं, क्योंकि ये परिक्रमा करते रहते हैं। ध्यातव्य है कि धरती 'सूर्य' की परिक्रमा करती है। इस परिक्रमा को पूरा करने में जो समय लगता है, उसे 'वर्ष' कहा जाता है। जिस प्रकार हमारी धरती सूर्य की परिक्रमा करती है, उसी प्रकार 'चन्द्रमा' धरती की परिक्रमा करता है। इस परिक्रमा के पूरा होने में जो 'समय' लगता है उसे 'माह' कहा जाता है। ३० दिनों का एक 'माह' होता है (और १२ माह का एक वर्ष)।

मास का नामकरण

विदित हो पूर्णिमा की रात्रि में पूर्ण चन्द्र दिखाई देते हैं। और, यही महीने की अन्तिम तिथि होती है। इस रात्रि में जिस नक्षत्र की प्रधानता होती है, उसी के नाम पर माह के नाम का निर्धारण किया गया है। इनका क्रम निम्न प्रकार से है—आश्विन, कृतिका (कार्तिक), मृगशीर्ष (अगहन), पुष्य (पूस), मघा (माघ), उत्तर फाल्गुनी (फागुन), चित्र (चैत्र), विशाखा (बैसाख), ज्येष्ठा (जेठ), पूर्वाषाढ़ (आषाढ़), श्रावण (सावन), पूर्वभाद्रपद और (भाद्रपद)।

वैदिक-विज्ञान बताता है पृथ्वी पर नक्षत्रों का प्रभाव मौसम पर पड़ता है जिस कारण ऋतुएँ होती हैं। 'दो-दो' माह की छह ऋतुएँ होती है—वसंत (मार्च-अप्रैल), ग्रीष्म (मई-जून), वर्षा (जुलाई-अगस्त), शरद (सितम्बर-अक्टूबर), हेमन्त (नवम्बर-दिसम्बर), शीत (जनवरी-फरवरी)।

गायत्री-मंत्र में लोक-विवरण

इस धरती पर ही देखें कि हर देश धरती स्थित लघु-विश्व को प्रभावित करते हैं, चाहे वह प्रगति की घटना हो या युद्ध और कदाचार की। हम स्थल-भाग पर रहते हैं, फिर भी, समुद्री में घटित वायु-प्रवाह का परिवर्तन हम पर भी असर करता है। जिस तरह धरती पर सागर रूप में जल-सातत्य विस्तृत है, वैसे ही नभ (आकाश) स्वयं एक प्रकार का महासागर है जिसमें

'स्थूल-पिण्ड' ग्रह, उपग्रह, तारे आदि स्थित हैं। इनकी संक्षिप्त व्याख्या करते हुए सप्त-व्यवहृतिसहित गायत्री मंत्र के आरम्भ में कहा गया है—ॐ भूः, ॐ भुवः, ॐ स्वः, ॐ महः, ॐ जनः, ॐ तपः, ॐ सत्यं ।। यहाँ बताया गया है कि जिस प्रकार 'भूलोक' अर्थात् हमारी धरती अपने सूर्य (स्वः अर्थात् स्वर्ग) की परिक्रमा करता अपने अन्तरिक्ष अर्थात् भुवः में करता रहता है [धरती की परिक्रमा उपग्रह चन्द्रमा करता है और अपने उपग्रह सहित धरती सूर्य की परिक्रमा करती है], यह परिक्रमा जिस सातत्य में होती है; उसे भुवः (अन्तरिक्ष) कहते हैं। सूर्य (स्वः) भी अपने सभी ग्रहों-उपग्रहों के साथ (सौर-मंडल) के साथ 'अपने से श्रेष्ठ' किसी नाभकीय पिण्ड जनः की परिक्रमा अपने अन्तरिक्ष अर्थात् महः में करता रहता है। यह जनः (लोक) भी अपने सम्पूर्ण-मंडल के साथ अपने अन्तरिक्ष अर्थात् तप में सत्यं (लोक) की परिक्रमा करता रहता है। यहीं पर सबकी इति है, क्योंकि यही परात्पर है।

यहाँ का विज्ञान समझना चाहिए। यहाँ अन्तरिक्ष (सातत्य) का 'तल' (लेयर) है। मूल तल है 'तपः' जिसके अन्तर्गत 'महः' नामक दूसरा तल स्थित है। इसी प्रकार, महः संज्ञक तल (लेयर) के अन्तर्गत भुवः नामक तल (लेयर) स्थित है। इस प्रकार तल (लेयर) के माध्यम से सबकुछ एक दूसरे से सम्बन्धित है।

सातत्यरूप तल (लेयर)

इस तल की धारणा के सन्दर्भ में स्थिति स्पष्ट करते हुए बताते चलें कि मनुष्य (प्राणी) शरीर भी तीन तल (लेयर) में स्थित है। पहला तल तो भौतिक-तल है जो शरीर रूप में दृष्टिगोचर होता है। यह तल स्वयं एक सूक्ष्म-तल (सोम) के अन्तर्गत रचित है। इस तल में निर्मित-रचना को सूक्ष्म-शरीर कहते हैं। यह सूक्ष्म-तल भी 'कारण-तल' में रचित है, इसे कारण-शरीर अर्थात् आत्मा कहते हैं।

पुराणों में बताया गया है कि हम जिस ब्रह्मांड में रह रहे हैं, उसके 'शीर्ष' का सम्बन्ध 'ध्रुव-तारे' से है। यह कोई अकेला 'तारा' नहीं है, बल्कि शिशुमार-चक्र नामक एक 'तारा-मंडल' का सदस्य है-

यह 'ध्रुवतारा' स्वयं भी एक तारामंडल का सबसे निचला तारा है। ध्रुवतारा जिस तारामंडल का सदस्य है उस तारामंडल को संस्कृत के इन ग्रन्थों में 'शिशुमारचक्र' के नाम से बताया गया है—

तारामयं भगवानः शिशुमाराकृति प्रभोः।

दिवि रूपं हरेर्यित्तु तस्य पुच्छे स्थितो ध्रुवेः।।
(विष्णुपुराण, २/९/१)।।

अर्थात्, आकाश में शिशुमारचक्र नामका एक तरामंडल है जो भगवान विष्णु (श्रीहरि) का ही साक्षात् तारामय स्वरूप (दिवि रूपं हरेर्यित्तु) है। इसकी आकृति गिरगिट अथवा गोधा के समान (शिशुमाराकृति) है

जिसकारण इसे शिशुमार कहा गया है। इस गोधारूप (शिशुमार) का पुच्छ भाग स्वयं ध्रुतारा (पुच्छे स्थितो ध्रुवेः) है।

सैष भ्रमन् भ्रामयति चन्द्रादित्यादिकान् ग्रहन्।

भ्रमन्तमनु तं यान्ति नक्षत्राणि च चक्रवत्।।
(वि.पु. २/९/२)।।

अर्थात्, ध्रुव स्वयं (सैष भ्रमन्) घूमता (घूर्णन करता हुआ) हुआ 'चन्द्रमा, सूर्य आदि ग्रहों' (चन्द्रादित्यादिकान् ग्रहन्कोः) और नक्षत्रों (नक्षत्राणि) को चक्र की तरह (चक्रवत्) घुमा रहा है।

अगले श्लोक में बताया गया है कि ये सारे नाभकीय मंडल 'वातानीकमयैर्बन्धैर्ध्रुवै बद्धानि तानि वै' (वि.पु. २/९/३)।। अर्थात् ये सभी ध्रुव तरे के साथ 'वात' (चुम्बक्त्व-शक्ति) से बंधे हुए हैं। [यहाँ पर 'वात' शब्द का तात्पर्य 'वायु (हवा)' नहीं बल्कि पंच-महाभूतों में से दूसरा महाभूत 'आकर्षण-शक्ति' है जिसे 'वात' कहा गया है और जिसकी तन्मात्रा स्पर्श है। यहाँ बताते चलें कि वैदिक-विज्ञान के व्याकरण के अनुसार ऊर्जा के ही भिन्न-भिन्न स्वरूपों और स्थितियों को 'महाभूति' कहा गया है।]

यहाँ भी 'नक्षत्र' का नाम भी लिया गया है। ये वही नक्षत्र हैं जिनकी गति धरती पर मौसम का कारण बनती है। कथितार्थ यह है कि धरती और सारी सृष्टि एक दूसरे से अन्योन्यश्रय सम्बन्ध रखते हैं।

संस्कृत का विश्व-व्यापी प्रभाव

पश्चिमी जगत पर प्रभाव

विदित हो कि विज्ञान का सम्बन्ध 'माप' से है और माप के दो गणक हैं—समय और स्थान। संस्कृति में इन दोनों विषयों पर तथा विज्ञान से सम्बन्धित प्रमाणिक ग्रन्थों की भरमार है। ऊपर विवरण दिया गया है कि संस्कृत में 'छह वेदांग, चार वेद, मीमांसा, न्याय, पुराण, और धर्मशास्त्र' के अतिरिक्त आयुर्वेद, धनुर्वेद, गान्धर्व तथा अर्थशास्त्र जैसी 'विद्याओं' पर ग्रन्थों की प्रचुरता थी। इस लिए हर विषय के ज्ञान से सम्पन्न संस्कृत के प्रति विश्व-व्यापी आकर्षण तथा श्रद्धा रही है। इसलिए संस्कृत का प्रभाव सम्पूर्ण विश्व पर पड़ा है और इसके प्रमाण भी मिलते हैं।

यही कारण है कि प्राचीन काल की संस्कृतियों ने भाषा, विज्ञान, अध्यात्म और संस्कारों की चाहत में 'संस्कृत' का हृदय से सम्मान किया और उसका अनुकरण भी किया। पाश्चात्य-संस्कृति के 'पंचांग तथा भाषा पर संस्कृत का प्रभाव आज भी दीखता है। उनके पंचांग में महीनों के कुछ नाम आज भी संस्कृत से प्रभावित दीखते हैं। ये हैं--'सेप्टेम्बर', 'अक्तूबर', 'नवम्बर' और 'दिसम्बर'।

संस्कृत के ससम् (७) से 'सितम्बर', अष्टम (८) से 'अगस्त', नवम् (९) से 'नवम्बर' और दशम् (१०) से 'दिसम्बर'। इन नामों में 'अम्बर' भी संस्कृत का शब्द है जिसका अर्थ होता है 'आकाश'। 'अम्बर' मास (महीना) का बोध कराने के लिए प्रयुक्त है। सामान्य लोग इस बात से चौंकेंगे कि महीनों का आकाश से क्या सम्बन्ध है? यह सम्बन्ध इसलिए है वैदिक-परम्परा के अन्तर्गत महीनों के नाम का आधार 'नक्षत्र' हैं। आकाश (अम्बर) में तारों के २७ समूह हैं। हर समूह निश्चित प्रकार की आकृति बनाता है। आवृत्ति के आधार पर ही इन नक्षत्रों के नाम रखे गये हैं। पूर्णिमा की रात्रि में चन्द्रमा जिस नक्षत्र के सम्मुख दिखाई देते हैं, उसी नक्षत्र के नाम पर मास (महीने) का नाम रखा गया है। इस प्रकार 'मासों' के नाम का सम्बन्ध नक्षत्र से और नक्षत्रों का सम्बन्ध अम्बर (आकाश) से है। इसलिए 'ग्रोगोरियन-कैलेंडर' में अम्बर का अभिप्राय मास से है। अस्तु, 'सितम्बर' =ससम् अम्बर=सातवाँ महीना। अस्तु,

जहाँ भारतवर्ष में महीने के नाम का आधार 'नक्षत्रों' की विज्ञान-सम्मत जानकारी पर निर्धारित किया गया, वहीं ईसा-संवत में इकाई आधार संस्कृत के अंकों के नाम पर रखा गया तथा 'अम्बर' शब्द जोड़कर नाभकीय पिण्डों अर्थात् नक्षत्रों की ओर संकेत भर कर दिया गया।----
----

विदित हो कि पाश्चात्य-क्षेत्र की भाषाओं की उत्पत्ति ईस्वी-पूर्व काल में ही हुआ था। यहाँ भी 'संस्कृत' के प्रभाव की पहचान कई विद्वानों द्वारा की गई है। ध्यातव्य है कि जिस तरह भारतीय उप-महाद्वीप की भाषाएँ की उत्पत्ति 'संस्कृत' से हुई है, उसी प्रकार पाश्चात्य-जगत के भाषाओं की उत्पत्ति 'लैटिन' से हुई है। इन भाषाओं में 'अंग्रेजी' प्रमुख है। विजित हो कि विज्ञान (साईंस) से सम्बन्धित स्थितियों एवं विषयों का नामकरण लैटिन-भाषा के शब्दों के आधार पर किया जाता है। स्वयं 'साईंस' का नामकरण लैटिन के 'सिंजिया' शब्द से किया गया है।

अब 'लैटिन' भाषा के शब्दों का अवलोकन किया जाए तो ज्ञात होता है कि 'लैटिन' भाषा में संस्कृत के अनेकानेक शब्दों को उनके अर्थ सहित समाहित किया गया है। इनमें 'संस्कृत' के मानव, मातृ, पितृ, भ्रातृ अति शब्दों को उद्धृत किया जा सकता है। इन शब्दों में जो भिन्नता दिखाई देती है उसका कारण जिह्वावृति की भिन्नता है। विदित हो कि भारतीय तथा यूरोपियन लोगों की 'जिह्वावृति' में स्पष्ट भिन्नता है। ऐसा स्पष्ट

दीखता है कि 'जिह्वावृत्ति' में भिन्नता' के कारण ही 'संस्कृत' के शब्दों का रूपान्तरण हुआ था। यथा संस्कृत के 'पितृ' शब्द का अर्थ है 'पिता'। इसी अर्थ में 'लैटिन' में पिता को 'पेटर' बोला जाता है। अस्तु, संस्कृत के 'पितृ' शब्द का ही रूपान्तरित रूप है 'पेटर'। इसी तरह 'संस्कृत' के मानव, मातृ, पितृ, आदि अनेकानेक शब्दों को उनकी जिह्वावृत्ति के कारण ही रूपान्तरण होना चला पड़ा है। ध्यातव्य है कि रूपान्तरण अवश्य हुआ, परन्तु अर्थ में भिन्नता नहीं आई। इससे प्रमाणित होता है कि उन्होंने संस्कृत के ही शब्द उसके अर्थ के साथ लिये, लेकिन जिह्वावृत्ति के कारण उनके उच्चारण में भिन्नता आ गई।

यूरोप के अन्यान्य भाषाओं की उत्पत्ति लैटिन से ही हुई है। इसलिए इनमें भी संस्कृत भाषा की छाप प्रत्यक्ष होती है। हम पाते हैं कि भारतीय उप-महाद्वीप में अधिकांश भाषाएँ संस्कृत से ही उत्पन्न हुए हैं। इसी तरह 'लैटिन' भाषा से ही अन्यान्य यूरोपियन भाषाओं की उत्पत्ति हुई है। अंग्रेजी-भाषा भी लैटिन से बनी है, इनमें 'अंग्रेजी' अग्रगण्य है। यह भाषा 'रोमन-लिपि' में लिखी जाती है। इस भाषा में भी संस्कृत के कई शब्द रूपान्तरित स्वरूप में प्रयुक्त हैं और इनके अर्थ की समानता तो मिलती ही है। विदित हो कि संस्कृत के 'मानव' और 'मनु' से ही मनुष्य के लिए 'मैन' (man), माता के लिए संस्कृत के 'मातृ' से लैटिन में 'मेटर' तथा अंग्रेजी में 'मदर' (mother) शब्द बना है। लैटिन

में संस्कृत के पितृ से 'पेटर' और अंग्रेजी में 'फादर' बना है।

अस्तु, प्रमाणित होता है कि 'ईसा पूर्व' के इतिहास में सम्पूर्ण 'मानव संतति' में मानव-जाति के उत्थान के लिए वाक्-शक्ति (बोलने की क्षमता) और मानसिक-शक्ति के लिए 'संस्कृति' के माध्यम से किए गये प्रयास के प्रमाण बहुलता से मिलते हैं। इन प्रयासों के कारण ही 'संस्कृति' के विश्वव्यापी स्वरूप का दर्शन होता है। संस्कृत के इस विस्तार में 'भाषा और ज्ञान' के स्वच्छ सुगंध का आभास होता है। इस युग को संस्कार और संस्कृति के युग के रूप में समाज जा सकता है।

संस्कृत में सात (७) को ससम्, आठ (८) को अष्टम, नौ (९) को नवम् और दस (१०) को दशम् कहा जाता है। अस्तु, ससम् से सितम्बर, अष्टम से अकतूबर, नवम् से नवम्बर तथा दशम् से दिसम्बर बना है। प्रश्न उठता है कि उन्होंने ने सितम्बर से दिसम्बर तक के नाम संस्कृति लिया परन्तु उनमें 'अम्बर' जुड़ा हुआ है?

इसका उत्तर है कि इन नामों 'बर' शब्द संस्कृत के 'अम्बर' में लिये गये जो यह दिखाता है कि 'महीने' के नाम हैं। ज्ञातव्य है कि भारत में 'महीनों' के नाम नक्षत्रों पर आधारित हैं। नक्षत्रों का सम्बन्ध अम्बर अर्थात् आकाश से है। इसलिए, उन्होंने 'अम्बर' शब्द को महीने का प्रतीक मान लिया। अर्थात् सितम्बर का अर्थ हुआ सातवाँ महीना। इससे स्पष्ट हो जाता है कि उन्होंने ये नाम संस्कृत से उठाये थे।

वातावरण और यूरोप की स्थिति

अब अगला प्रश्न यह है कि क्या उनका वर्ष बारह के जगह दस महीने में ही पूर्ण हो जाता है? ऐसा कुछ नहीं है। भारत में भी दसवाँ महीना 'पूस' का महीना होता है और फरवरी महीने में भी पूस ही रहता है। यहाँ तक स्थिति ठीक है।

ध्यातव्य है कि भारतीय-पद्धति में वर्ष का ग्यारहवाँ महीना **माघ** और बारहवाँ महीना **फागुन** है। ये दोनों 'शीत-ऋतु' के माह हैं। अंग्रेजी-पद्धति में यह जनवरी-फरवरी का महीना है। परन्तु 'यूरोप' में भयंकर 'शीत' पड़ती है। जब बिजली और उसके यन्त्र नहीं थे, तब इस ठंढ की स्थिति कैसी रही होगी, इसकी कल्पना की जा सकती है। सुविधा के कमी में प्राचीन काल के यूरोपियन इन **दोनों महीनों** को 'लुस-काल' की तरह व्यतीत करते थे। इसलिए, उलके लिए 'दिसम्बर' ही उनके 'वर्ष' अन्तिम माह था। आगे के दो माह तो 'लुस-काल' के थे। विक्रमी-संवत के अनुसार भारत में 'चैत्र-मास' के शुक्ल-पक्ष की प्रथमा से नये वर्ष का आरम्भ होता है। इसी समय से यूरोपियन भी अपने माह का आरम्भ 'अप्रिल' से करते थे। ध्यातव्य है कि '३१ मार्च' को वर्ष की अन्तिम-तिथि मान कर आमद-व्यय का लेखा-जोखा रखने की उनकी परम्परा इसी इसी स्थिति का द्योतक है।

लुप्त-मास का नामकरण

विदित हो कि ७१४ ईस्वी में वहाँ के विद्वानों ने ग्यारहवें महीने के रूप में 'जनवरी' तथा बारहवें महीने के रूप में 'फरवरी' को जोड़ कर लुप्त-माह की अवधारणा को समाप्त कर दिया। उनके यहाँ भी १२ महीने का एक वर्ष हो गया। कालान्तर में जनवरी को ही वर्ष का प्रथम माह घोषित किया गया जिससे परम्परागत दिसम्बर महीना बारवाँ महीना बन गया। कालान्तर में, संभवतः यूरोप में विज्ञान के उद्भव के पश्चात (पन्द्रहवी-सोलहवीं सदी में) ३० दिनों के माह की प्रथा में परिवर्तन किया गया और ईसाई-संवत आज की स्थिति में पहुँचा।

विदित हो कि भारतीय-परम्परा में ३० दिन का एक माह होता है, इसलिए वर्ष में ३६० दिन ही होते हैं। इसलिए, ५ दिनों की कमी हो जाती है। इसे पूरा करने के लिए हर तीसरे वर्ष १५ दिनों का मलमास पड़ता है जो क्षतिपूर्ति कर देता है। परन्तु, किस माह में मलमास पड़ेगा, इसकी गणना नाभकीय-पिण्डों की गति पर आधारित की जाती है।

यूरोप में वैज्ञानिकता की जागृति होने पर यूरोपनों ने सूर्य-आधारित परम्परा स्वीकार किया। सात महीनों में एक-एक दिन बढ़ाकर ३१ दिनों का किया, पाँच महीनों को ३० दिनों का ही रहने दिया तथा एक माह (फरवरी) से २ दिन घटाकर २८ दिनों का कर दिया।

भारतीय और यूरोपियनों का सम्बन्ध

ऊपर के विवरणों से प्रमाणित होता है कि भाषा के शब्दों और मास-गणना की विधियों से यूरोप के लोग प्राचीन काल से भी भारतवर्ष से प्रभावित रहे हैं। आधुनिक विचारक इस तथ्य को छिपाने का भरपूर प्रयास करते हैं।

ग्रन्थों में बताया गया है कि प्रारम्भ में धरती का भूभाग (स्थल-क्षेत्र) प्राकृतिक रूप से नौ अदद **समकोण त्रकोणात्मक भूखंडों** में विभाजित थी। उन्हीं भूभागों को **वर्ष** कहा जाता है (वि.पु. २/१/१५)। धरती के शीर्ष (मेरू) के दक्षिण पहल वर्ष था **भारत—भारतं प्रथमं वर्ष ततः (वि.पु. २/२/१३)।**

अस्तु, भारतवर्ष की व्यासि समकोणीय त्रिभुज के रूप में फैली हुई थी जिसका **कर्ण समुद्र** हिन्द-महासागर) की ओर तथा **आधार 'मेरू'** (कैलाश) की ओर है **(वि. पु. २/३/१))।** ध्यातव्य है कि समुद्र पर भारतीय-भूभाग संकुचित होता चला गया है जिस कारण आज भी पूरो क्षेत्र को **भारतीय उप-महाद्वीप** कहा जाता है।

पूर्व से पश्चिम तक विस्तार के लिए वैदिक-दर्शन में बताये गए **प्रधान देशान्तर रेखा** का सन्दर्भ लिया जाता है। 'कैलाश' पर्वत से उज्जयिनी और लंका को मिलाने वाली रेखा भारतवर्ष की **मध्यगत रेखा** बताई गई है। अस्तु, 'उज्जयिनी-नगरी' को भारतवर्ष के ठीक मध्य का स्थल माना गया है। इससे ४५ अंश पूर्व और

४५ अंश पश्चिम तक भारतवर्ष का विस्तार बताया गया है। अतः, भारतवर्ष की पश्चिमी-सीमा **लाल-सागर** (Red Sea) से मिलती है। यहाँ तक लोगों को भारतीय कहा जाता है। वैदिक-संस्कृति का पालन करने के कारण इन्हें 'आर्य' (श्रेष्ठ) कहा गया है। ध्यातव्य है कि **ईरान** का नाम संस्कृत के शब्द 'आर्य' से ही बना प्रतीर होता है।

विदित हो कि प्राचीन काल में **लाला-सागर** के उस पार के लोगों को **'यवन'** कहा जाता है। इनका इतिहास भी पाँच हजार वर्ष पुराना है, क्योंकि भगवान श्रीकृष्ण की राजनीति में **काल-यवन** प्रभाव दिखाया गया है। बताया जाता है कि भारी यवन-सेना के साथ यह **काल-यवन** श्रीकृष्ण से युद्ध करने आया था (**वि.पु. ७/२३/९**)। मुचुकन्द की नेत्र-ज्योति से इसका संहार कराया गया।

इन यवनों से भारतवर्ष की रक्षा के लिए ही श्रीकृष्ण ने द्वारिका-नगरी में राजधानी स्थित कर अपने यदुवंशी साम्राज्य की स्थापना की थी (**वि.पु. ७/२३/११**)।

आधुनिक इतिहासकारों के अनुसार 'मगध-सम्राट' **घनान्द** के समय यवन-सम्राट सिकन्दर भी दिग्विजय के लिए भारत आया था, लेकिन मगध-साम्राज्य के भय से वह वापिस लौटा और वापसी-यात्रा में ही मृत्यु को प्राप्त हुआ।

इस प्रकार, भारतीयों के लिए यूरोप देश पहुँचने के रास्ते में ही पुराणों में बताया गया था। इसीप्रकार, यूरोप के लिए भी **भारत** कभी अनजान नहीं था।

भारतीय-प्रभाश और ब्रिटिश मध्य-रात्रि

विदित हो कि पाश्चात्य-परम्परा के अनुसार 'रात्रि' के ठीक बारह बजे नये दिन (तिथि) का प्रारम्भ हो जाता है। उनकी इस प्राचीन परम्परा का सम्बन्ध भारतवर्ष से है। ज्ञातव्य है कि भारतीय और ब्रिटेन के 'समय' में लगभग **साढ़े पाँच** (५.३०) घंटे का अन्तर है। अस्तु, जब वहाँ रात्रि के बारह बज रहे होते हैं, भारत में सुबह हो जाती है। ऊपर के विवरणों से प्रमाणित होता है कि यूरोप की मौलिक-भाषा संस्कृत का बड़ा प्रभाव रहा है। साथ ही, उनकी काल-गणना विशेषकर महीनों एवं वर्ष-निर्धारण पर भी भारत का प्रभाव रहा है। अस्तु, प्राचीन काल से ही यह व्यवस्था स्थापित थी कि जिस समय भारतीय में तिथि बदली जाती है, ठीक उसी समय वे भी अपनी तिथि बदल लेते थे; भले ही उस समय वहाँ मध्य-रात्रि ही क्यों न हो। उनकी यह आस्था भारतवर्ष के आध्यात्मिक एवं वैज्ञानिक-ज्ञान के प्रति सम्मान का परिचायक था। भारतीय-ग्रन्तों में वर्णित है कि उज्जिनी-सम्राट शालिवाहन के समय ईसा-मसीह भारत आये थे और उन्होंने नाथ-सम्प्रदाय में दीक्षा भी ली थी।

ध्यातव्य है कि भारतवर्ष की ख्याति केवल आधायात्मिक-ज्ञान की वजह से ही नहीं थी, बल्कि यह वर्ष (देश) धन-धान्य के लिए भी विख्यात था। इसे स्वीकार करते हुए लार्ड मैकाले भी कहते हैं--'मैंने भारत की ओर-छोर की यात्रा की है, पर मैंने एक भी आदमी ऐसा नहीं देखा जो भीख मांगता हो या चोर हो।'

विक्रमी-संवत और ईसा-संवत

आधुनिक-भारत और आधुनिक-विश्व के ज्ञान-विज्ञान को 'विक्रमी-संवत' के सन्दर्भ में देखना अनिवार्य प्रतीत होता है। यहाँ ध्यान देने की बात है कि 'विज्ञान' का आधार समय और स्थान की गणना है। वैदिक-विज्ञान में प्रमाण को **प्रयोगशाला-आधारित** रखने के स्थान पर **प्राकृतिक सत्ताओं** को आधार बनाने की **तकनिक** का प्रयोग किया गया है।

अस्तु, काल निर्धारण के लिए **विक्रमी-संवत** का आरम्भ एक महत्त्वपूर्ण 'विन्दू' है। पाश्चात्य तकनिक में यह आधार ईस्वी-संवत पर आधारित है। विदित हो कि इस 'संवत' की स्थापना **ईसा-पूर्व ५७** में की गई थी। भारतीय-ग्रन्थ केवल यह सूचित नहीं करते कि किस राजा ने इसे प्रारम्भ किया था, बल्कि यह भी बताते हैं कि उस समय **ग्रह-नक्षत्र** की स्थिति **सप्तर्षियों** के आधार पर किस प्रकार की थी। यही कारण है वैदिक-गणना का आधार सटीक हो जाता है।

साईंस आधारित तकनिक के आधार पर प्रमाणित हो चुका है कि **सैन्धव-सभ्यता** ईसा-पूर्व तीन हजार वर्ष पुरानी है। इस काल का निकटतम सम्बन्ध **द्वापर-युग** के अन्तकाल अर्थात् 'श्रीकृष्ण' के समय का है। उस काल का समस्त विवरण संस्कृत में लिखे गये ग्रन्थों में मिल जाता है। यदि कोई कहे कि उन्हें केवल अंग्रजी या पाश्चात्य-भाषा में लिखे ग्रन्थों पर ही विश्वास है तो यह अज्ञान के प्रति उसकी हठ-धर्मिता होगी। भारतीय-

सन्दर्भ की विश्वसनीयता भारतीय-ग्रन्थों के अतिरिक्त और कहाँ होगी?

शास्त्र बताते हैं कि जिस समय भगवान श्रीकृष्ण का देहावसान हुआ, उस समय तीन बड़ी घटनाएँ हुईं। उस समय **सप्तर्षगण** 'मघानक्षत्र' पर थे (४/२४/१०६)। इसी समय तीन बड़ी प्राकृतिक घटनाएँ हुईं। पहली यह कि उसी समय **पाण्डव-वंश** के भावी राज नायक **'परीक्षित'** का जन्म हुआ। दूसरी घटना है कि उसी समय **'कलियुग'** का प्रारम्भ हुआ और तीसरी घटना यह है कि उसी समय श्रीकृष्ण के राजमहल के अतिरिक्त सम्पूर्ण **द्वारका-नगरी** समुद्र में समा गई।

यहाँ प्रमाणित होता है कि सैन्धव-सभ्यता उस समय के जल-प्रलय का शिकार नहीं हुई थी। यदि ऐसा हुआ होता तो जिस प्रकार सैन्धव-सभ्यता के प्रमाण धरती पर मिले, **द्वारका-नगरी** के भी प्रमाण धरती पर आ गये होते।

पुराणों में बताया गया है कि **'परीक्षित'** के जन्म के एक हजार पचास वर्ष (दस शताब्दी बाद) मगध-सम्राट 'घनानन्द' का राज्याभिषेक हुआ (विष्णुपुराण, ४/२४/१०४)। इस समय का प्रमाण देते हुए बताया गया है कि राजा **घनानन्द** के राज्याभिषेक के समय **पूर्वाषाढ़-नक्षत्र** पर **सप्तर्षगण** प्रवेश कर रहे थे (विष्णुपुराण, ४/२४/११२)। ध्यातव्य है कि आधुनिक इतिहास में बताया गया है कि राजा घनानन्द के काल में ही यवन-सम्राट सिकन्दर भारत आया था।

काल-गणना और निर्धारण की इस विद्या या गणित को **'पंचांग'** कहा जाता कहा जाता है। इसी गणना पर आधारित है **विक्रमी-संवत। विक्रमादित्य** ने काल-गणना के आधार पर जिस तिथि को **'उज्जयिनी'** का राज्यभार ग्रहण किया, उस समय से ही विक्रमी-संवत की स्थापना हुई। यह ईसापूर्व ५७ का काल था।

यह समय इस तथ्य का प्रमाण है कि भारतीयों की जीवन-शैली यथा रहन-सहन, खान-पान, शिक्षा और संस्कार की जो परम्परा **द्वापर-युग** में चल रही थी, उसी परम्परा का निर्वाह **सैन्धव-सभ्यता** में भी थी। सैन्धव-सभ्यता स्वयं ही **द्वापर-युग** का प्रमाण है।

सैन्धव-घाटी में 'मौद्रिक' और **माप-तौल** की जो '१६' की संख्या पर आधारित परम्परा अर्थात सोलह 'आनो' का एक **रुपया** और सोलह 'छटाँक' का एक **सेर,** वह विक्रमादित्य के काल में यथावत लागू रखी गई थी। इतना ही नहीं, **उज्जयिनी** नगर का **महाकाल-मन्दिर** भगवान शिव का ही स्वरूप है। स्मरणीय है कि **धरती** के 'अक्ष' और 'शीर्ष' (कैलाश) को मिलाने वाली **प्रधान देशान्तर रेखा** उज्जयिनी से गुजरती है। **महाकाल-मन्दिर** इसी का सूचक है। इसी रेखा को भगवान शिव का **रामेश्वरम-मन्दिर** भी इंगित करता है जो समुद्र में स्थित उस स्थान की दिशा बताता है जहाँ धरती का **अक्ष** है। इस स्थान को **'शक्ति'** का प्रतीक माना जाता है, क्योंकि यहीं पर 'धरती' प्रबल-शक्ति से चक्रवत नाच रही है। **रामायण** में इस स्थान को **'अहिरावण'** के उस

स्थान के रूप में वर्णित किया गया है जहाँ अहिरावण ने 'राम' और 'लक्ष्मण' को कैद करके रखा था। इस स्थान को उस विवरण में शक्ति-स्थल के रूप में बताया गया है। अस्तु, **शिव** और **शक्ति** किसी पंथ और समुदाय के देवी-देवता न होकर **ईश्वरीय-सत्ता** के प्रत्यक्ष-स्वरूप हैं।

'धरती' के चक्रवत भ्रमण की अनुभूति प्राणियों को 'समय' अर्थात् दिन-रात के रूप में होती है। इसके नियन्ता भगवान शिव (कैलाश-पति) हैं। 'समय' को संस्कृत में **'काल'** कहा गया है, इसलिए भगवान शिव को **'महाकाल'** और शक्ति को **'काली'** कला गया है।

विदित हो कि 'विक्रमादित्य' को अपने ज्येष्ठ भ्राता से राज्याधिकार प्राप्त हुआ था। इन्हें **नाथ- सम्प्रदाय** के 'गुरु गोरक्ष-नाथ (गोरखनाथ) के शिष्य के रूप में जाना जाता है। यह **नाथ-सम्प्रदाय** आज भी भारतवर्ष में परम्परागत रूप से विद्यमान है। अस्तु, विक्रमादित्य का सिंहासनारूपढ़ होना और विक्रमी-संवत की स्थापना महज कोई राजनैतिक-घटना नहीं थी।

उज्जयिनी और भारतीय-स्थितियाँ

आज से २०८२ वर्ष पूर्व अर्थात् ईसा-पूर्व ५७ में 'उज्जयिनी' भारतवर्ष की राष्ट्रीय-राजधानी के रूप में स्थित हुआ जिसके सम्राट 'विक्रमादित्य' थे। उज्जयिनी वही **नगरी** है जहाँ से प्रधान देशान्तर रेखा गुजरती है और यही नगरी भारतवर्ष के ठीक बीचोबीच है।

पौराणिक भारतवर्ष की व्याप्ति यहाँ से ४५ अंश पूर्व तथा यहाँ से ४५ अंश पश्चिम तक विस्तारित थी।

विक्रमादित्य ने अपने ज्येष्ठ भ्राता से राज्याधिकार प्राप्त किया था। १२५ वर्ष बाद उनका उत्तराधिकार शालिवाहन ने सम्हाला। इन शासकों ने भारत में वैदिक-विद्या एवं सांस्कृतिक को की सुरक्षा के लिए भारत के गिर्द व्याप्त कबीलावादी और उत्पाती-समूहों को नष्ट करने और वहाँ की प्रजा में सुशान्ति की स्थापना के लिए युद्ध किया। इनमें प्रमुख समूह 'शकों' का था। शालिवाहन ने शकों को पराजित किया और युद्ध-अपराध के दंड स्वरूप भारी हर्जाना भी वसूल किया। वसूले गये सिक्के के अनेकानेक प्रमाण भारतवर्ष में भी मलते हैं। अंग्रेज-सम्पोषित इन प्रमाणों के आधार पर इन पराजित लोगों को ही भारतवर्ष का शासक घोषित किया है। इस प्रकार, वे 'शक-संवत' के नाम पर ही प्रश्न चिन्ह उठाते हैं।

वैदिक-संस्कृति में पराजित-योद्धा को भी 'सम्मान' देने की परम्परा रहे जिससे यह पता चले कि कितने बलशाली को पराजित करके विजय प्राप्त की गई थी। ध्यातव्य है कि दैत्यों को पराजित करने वाली भगवती को महिषमर्दिनी के नाम से जाना जाता है।

पुराणों में बताया गया कि शालिवाहन के बाद इस कुल के अगले 'शासकों' में से प्रत्येक ने ६०-६० वर्षों तक राज्य किया। इनमें से क्रम से दसवें **शासक** स्वयं **'भोज'** थे। अस्तु, ईस्वी-संवत की सातवीं सदी में

'उज्जयिनी' के शासक **भोज** थे। संस्कृत के प्रसिद्ध कवि **कालिदास** सम्राट 'भोज' के दरबार की शोभा थे। पुराणों में स्पष्ट बताया गया है कि 'भोज' **इस्लाम के संस्थापक** 'मुहम्मद-साहब' के समकालीन थे। 'सिंहासन-बत्तीसी' में कथा सुनाई जाती है राजा भोज ने जमीन में दबे उस दिव्य राज्य-सिंहासन की खोज करवाने में सफल हुए थे जिसपर 'विक्रमादित्य' बैठा करते थे।

जब 'संस्कृत' की चर्चा करते हैं तो इतिहास का यह पुराना उल्लेक आवश्यक हो जाता है। जब संस्कृत की भव्यता का उल्लेख होता है तो सहसा यह बात कौंधती है कि आज के भारत में 'संसकृत' और इससे उत्पन्न 'संस्कृति' की स्थिति दयनीय ही नहीं भयावह है।

ध्यातव्य है कि **'महाभारत-युद्ध'** की त्रासदी के बाद उज्जयिनी-राजवंश का यह समय भारतवर्ष के लिए स्वर्णिम-काल का समय था। संस्कृत-साहित्य के उत्थान, ज्ञान-विज्ञान और साहित्य का अत्यधिक विकास हुआ। यह सिलसिला तो बारहवीं-सदी तक उत्कर्ष पर था। इसी काल में भगवान श्रीकृष्ण की **भगवद्गीता** पर ज्ञानदेवजी ने **ज्ञानेश्वरी-गीता** की रचना की जिसमें ज्ञान-विज्ञान के मर्म को समसामयिक बुद्धिमत्ता के साथ समझाया गया है।

वैदिक विज्ञान की तकनिक

जब विज्ञान की बात की जाती है तो उसके लिए तकनिक भी अनिवार्य है। वैदिक-दर्शन बताता है कि प्राणी-शरीर ही उसके पास सर्वोत्तम वैज्ञानिक-यंत्र है जिसका उपयोग वह अपनी प्रयोगशालाओं में कर सकता है। इस 'यंत्र' को वैज्ञानिक-कार्यों के लायक बनाने की जो तकनिक ऋषियों ने विकसित की थी, वह **योग-विद्या** कही गई है। इसका सूत्र है—**मन एव मनुष्याणां कारणं बन्धमोक्षयोः (श्रुति)।** पातञ्जलि-ऋषि अपने योग-दर्शन में बताते हैं—योगश्चित्तवृत्तिनिरोधः (पा०योग-दर्शन, २)। यहाँ मन को ही चित्त कहा गया है और 'मन' शरीर का अंग नहीं, बल्कि **आत्मा** का 'अंग' है। विदित हो कि 'मन' की एक ऐसी शक्ति है जिसका प्राणी सदैव अनुभव करता है, वह है **'ध्यान'।** योग-शास्त्र बताते हैं कि इस ध्यान-शक्ति से 'मन' ही समस्त इन्द्रियों पर अपना नियन्त्रण रखता है। जहाँ हमारा ध्यान नहीं जाता, वहाँ इन्द्रियाँ कार्य नहीं कर पातीं। आप किसी को पुकार रहे हैं, वह आपकी बात नहीं सुन रहा है, हो सकता है कि उसका ध्यान ही आपकी ओर न हो।

अस्तु, जहाँ 'मन' ध्यान-शक्ति का उपयोग कर इन्द्रियों को नियन्त्रित करता है, वहीं प्राणी भी इसी **ध्यान** के बल पर 'मन' को नियन्त्रित कर सकता है। यह योग का मुख्य **विज्ञान** है। वैदिक-संस्कार का मुख्य आधार भी यही सूत्र है। इस स्थिति को ही प्राप्त करने के लिए अनेकानेक उपाय नियत किये गये हैं जिन्हें 'धर्म'

कहा जाता है। वस्तुतः, यह वैदिक-विज्ञान का विषय है जिसका लगभग असीम है।

भारतीय इतिहास में 'मन' एवं 'ध्यान' के बल पर अनेकानेक लोगों ने शारीरिक, मानसिक और वैज्ञानिक सिद्धियाँ प्राप्त की हैं। योग-दर्शन बताता है कि मन का निर्धारित काम है **इन्द्रियों** से काम कराने लिए उसे अपनी ध्यान-शक्ति प्रदान करें लेकिन प्राणी का काम है कि **वह** उसी ध्यान-शक्ति का उपयोग करके 'मन' को इन्द्रियों के स्थान 'आत्मा' की ओर मोड़े। यह 'मनुष्य' भली-भाँति कर सकता है, इसलिए मानव-योनि को श्रेष्ठ कहा गया है। इसी को **आध्यात्म** कहते हैं।

बहु-श्रृंखलावादी मानव-समाज

आध्यात्म ही वह तकनिक है जो ज्ञान-विज्ञान से सम्पन्न होकर केन्द्र-मुखी होता है। इसके विपरीत की दिशा विकेन्द्रिक होती है जो विश्रृंखलित होने की वृत्ति का कारण है। फलतः आध्यात्म से दूर हटने वाले समुदाय विभक्ति और बहु-श्रृंखलावाद के भँवर में फँसने लगे और क्रमशः एक दूसरे के विरोधी भी होते गये— यही कलियुग का प्रभाव कहा जाता है। स्थिति यह है कि मानव-समाज न केवल **आध्यात्म** और **आध्यात्म-विरोधी** में विभाजित **आध्यात्म-विरोधी** स्वयं भी मानव-समुदाय बहु-श्रृंखलित होता गया। वर्तमान मानव-समाज इसी प्रकार बहु-श्रृंखलित है और परस्पर भिन्न श्रृंखलाएँ एक दूसरे के घोर-विरोधी हैं—मरने-मारने को आतुर हैं।

पुरातन संस्कृति और आजाद भारत

स्वतंत्रता के बाद भी 'मैकाले-डॉक्ट्राईन' से देश को छुटकारा नहीं मिला। १९५८ ईस्वी तक भारतवर्ष में संस्कृत भाषा को पर्याप्त सम्मान प्राप्त था। १९५८ ईस्वी में बड़े ही मनोवैज्ञानिक ढंग से 'दशमलव-पद्धति' पर नई मुद्रा-व्यवस्था लागू की गई। इस पद्धति को 'वैज्ञानिक' एवं गणना में आसान बताया गया। परन्तु, आश्चर्य यह है कि रूस, ब्रिटेन और अमेरिक जैसे देशों में 'दशमलव-पद्धति' के स्थान पर उनके ही परपागत व्यवस्था को ही महत्व दिया गया, क्योंकि उनकी परम्परागत पद्धति उनकी 'साख' के लिए अनिवर्य थी।

ऊपर के अध्ययन से हम जान चुके हैं 1958 ईस्वी से पूर्व की **मुद्रा** और **माप-तौल** की व्यवस्था थी, वह '१६' की संख्या तथा आधारित थी। यह पद्धति भारतवर्ष में पाँच हजार वर्षों से प्रचलित थी। सैन्धव-सभ्यता में भी यही प्रचलित थी और इसका सम्बन्ध भगवान श्रीकृष्ण से जुड़ता है। पर आधारित थी। यह प्रथा इतनी लोकप्रिय थी कि कवियों की पंक्तियाँ प्रसिद्ध थी—'सोलह आने बात सही है, देखो कोयल बोल रही है।' इतना ही नहीं एक फिल्मी गाना भी प्रसिद्ध है—'आमदनी अठन्नी, खर्चा रूपैय्या!'

वास्तविकता यह भी है कि एक रुपये की कीमत एक भर सोने के बराबर मानी जाती थी। निश्चय ही सरकार रुपये के अवमूल्यन करने का मन बना रही थी। लेकिन, इसके बाद भारतीय अर्थव्यवस्था की क्या

हालत हुई, यह जगजाहिर है। उस समय दलील दी गई कि **दशमलव-पद्धति** भारतीयों की अविकृत पद्धति है। यह दलील जितनी भी श्रेष्ठ लगती हो, परन्तु सरकार की उद्देश्य भारत की पुरातन-संस्कृति को नष्ट करना ही था, क्योंकि सरकार के रचे-बसे लोग अंग्रेजों की मानसिक-गुलामी से पीड़िता थे। ध्यातव्य है कि अंग्रेजी-शासन **मैकाले-डॉक्ट्राईन** पर आधारित थी। इस्लामी-शासन जिस काम को तलवारों के बल से भी पूरा नहीं कर पाये, अंग्रेजी प्रशासन अपने फरेब वादी-व्यवस्था से भी अंजाम नहीं दे पाई उसे भारत की चुनी हुई सरकार ने कर दिखाया।

मैकाले डॉक्ट्राईन और मिथकवाद

इस तरह पुराणों में विज्ञान, भूगोल और इतिहास का सत्यात्मक विवरण उपलब्ध हैं। वेदों और पुराणों के आधार पर संस्कृति तथा इससे निस्सृत भाषाओं में अनेकानेक ग्रन्थों की रचना की गई थी। मुस्लिम आक्रान्ताओं ने इन सबके विध्वंस के लिए ही भारत पर आक्रमण किया और विश्वविद्यालयों

एवं उनके पुस्तकालयों को जलाया। यह प्रमाणित करता है विश्व में सर्वत्र संस्कृत और संस्कृत में लिखित आध्यात्मिक और वैज्ञानिक सिद्धान्तों के पूरी तरह नष्ट करना था। जिनका लक्ष्य केवल धन और धनागारों को लूटना होता है, वे शासकों के शास्त्रागाहों को और समाज के व्यापारिक-संस्थानों को लूटते हैं न कि शिक्षण-

संस्थानों और संग्रहालयों को। अस्तु, उनका लक्ष्य था सम्पूर्ण संस्कृति को नष्ट करना। वैदिक-परम्परा 'सुनकर याद करने और स्मृति में रखने की शिक्षण-तकनिक पर आधारित थी।

भारतीय ज्ञान-विज्ञान की परम्परा को अंग्रेज-शासकों ने अपनी राजनैतिक महत्त्वाकांक्षा एवं उपनिवेशवादी हितों के कारण 'मिथक' की संज्ञा दी और इतना प्रचारित किया और शिक्षा-पद्धति में ऐसे बदलाव किये कि मैकाले-शिक्षा पद्धति से शिक्षित भारतीय यह मान लेने को विवश हो जाएँ कि भारतीय ज्ञान-विज्ञान और सांस्कृतिक परम्पराएँ सत्य और वैज्ञानिक (प्रमाणित) नहीं, अपितु 'मिथक'। हम सबों ने एक कहावत सुनी है—जिस लाठी, उसी के सर। इन उपनिवेशवादी विदेशी शासकों ने इस कहावत को इस प्रकार चरितार्थ किया कि उन्होंने देवभाषा संस्कृत से ही 'मिथ्या' शब्द लिया, उसे अंग्रेजी भाषा में स्वीकार किया और हमारे ही दार्शनिक-ग्रन्थों पर मढ़ दिया। उन्होंने जितना किया उससे अधिक करने के लिए ऐसो लोगों को भारत का शासन सौंप दिया जो उनके औपनिवेशिक हितों की रखवाली करते रहे।

अस्तु, लार्ड मैकाले उपाय बताते हुए संसद में कहा—

इसलिए, ये 'आक्रमणकारी' स्मृति में संयोजित ज्ञान को मिटा नहीं पायें। बाद में अंग्रेज भी आये। ब्रिटेन की सरकार ने 'लार्ड मैकाले' को भारतीयों के आन्तरिक

शक्ति की जानकारी को हासिल करने का दायित्व सौंपा। फलतः 'लार्ड मैकाले' ने ब्रिटिश-संसद में जो बयान दिया उसे समझना आवश्यक है।

'घोर उपनिवेशवादी' लार्ड मैकाले 2 फरवरी, 1835 को ब्रिटिश-संसद में जोरदार भाषण देते हुए भारतवर्ष के आध्यात्मिक और सांस्कृतिक विरासत और उसके प्रभाव का विश्लेषणात्मक विवरण देते हुए जो कहा उसका संक्षिप्त अंश निम्न प्रकार है--

'मैंने भारत की ओर-छोर की यात्रा की है, पर मैंने एक भी आदमी ऐसा नहीं देखा जो भीख मांगता हो या चोर हो। मैंने इस मुल्क में अपार सम्पदा देखी है। उच्च उदात्त मूल्यों को देखा है। इन योग्यता मूल्यों वाले भारतीयों को कोई भी जीत नहीं सकता..... इन योग्यता मूल्यों वाले भारतीयों को कोई भी जीत नहीं सकता।.....और, भारत की रीढ़ है उसकी आध्यात्मिक और सांस्कृतिक विरासत।''

''इसलिए मैं प्रस्ताव करता हूँ कि भारत की पुरानी शिक्षा व्यवस्था को हम बदल दें। उसकी संस्कृति को बदलें ताकि हर भारतीय यह सोचे कि जो विदेशी है, वह बेहतर है। वे यह सोचने लगे कि अंग्रेजी भाषा महान है अन्यान्य देशी भाषाओं से। इससे वे अपना सम्मान खो बैठेंगे। अपनी देशज जातियाँ परंपराओं को भूलने लगेंगे और फिर वे वैसे ही हो जाएंगे जैसा हम चाहते हैं—सचमुच एक आक्रान्त एवं पराजित राष्ट्र।'' [साभार, सरल चेतना/संपादक-हेमन्त रिछारिया/१-१-२०१२]

2 फरवरी, 1835 को भारत के सम्बन्ध में लार्ड मैकाले के भाषण के इस अंश से ही विश्लेषणात्मक व्याख्या से आवश्य है। उपरोक्त बयान को दो भागों में विभक्त करके इसका अध्ययन कि या जाना चाहिए। पहला भाग है—

'मैंने भारत की ओर-छोर की यात्रा की है, पर मैंने एक भी आदमी ऐसा नहीं देखा जो भीख मांगता हो या चोर हो। मैंने इस मुल्क में अपार सम्पदा देखी है। उच्च उदात्त मूल्यों को देखा है। इन योग्यता मूल्यों वाले भारतीयों को कोई भी जीत नहीं सकता..... इन योग्यता मूल्यों वाले भारतीयों को कोई भी जीत नहीं सकता।.....और, भारत की रीढ़ है उसकी आध्यात्मिक और सांस्कृतिक विरासत।''

इस पहले भाग में वे स्वीकार करते हैं कि भारतीय संस्कृति की रीढ़ आध्यात्मिक और सांस्कृतिक विरासत (परम्परा) है। मैकाले ने जो कुछ कहा है उस पर चर्चा अवश्य होना चाहिए लेकिन उसका सीधा सम्बन्ध आलोच्य विषय से नहीं है। अतः हम इस कथन की ही व्याख्या करेंगे। मैकाले का यह कथन स्पष्ट करता है कि मुस्लिम आक्रामकों के लूट खसोट के बावजूद मैकाले के समय तक भारत की परम्परागत आध्यात्मिक और सांस्कृतिक विरासत ही हावी थी। इस समय भी वही स्थिति थी जो चीनी यात्रियों ने वर्णित किया है— भारतीय-चरित्र ईमानदारी, सदाचार और नैतिकता से परिपूर्ण था—'**'मैंने भारत की ओर-छोर की यात्रा की है,**

पर मैंने एक भी आदमी ऐसा नहीं देखा जो भीख मांगता हो या चोर हो।" इसका कारण महज सन्तोष नहीं था, बल्कि आर्थिक-तंत्र की परम्परागत सुदृढता भी थी। लोग सुखी-सम्पन्न थे और धन की प्रचुरता थी—'मैंने इस मुल्क में अपार सम्पदा देखी है।' इसका कारण था कि इनकी शिक्षा की स्थिति, आर्थिक-तंत्र की परम्परा और सामाजिक-संगठन में सर्वत्र आदर्श नैतिकता स्पष्टता सतत् थी—"उच्च उदात्त मूल्यों को देखा है।" विभिन्न आक्रमणों तथा पराजय के बावजूद भारतीयों की राष्ट्रीय चेतना अत्यन्त प्रबल थी, इसलिए मैकाले स्वीकार करते हैं कि इन्हें कोई दूसरी राष्ट्रीय जाति जीत नहीं सकती— 'इन योग्यता मूल्यों वाले भारतीयों को कोई भी जीत नहीं सकता।'' इन सबका मूलकारण वह सांस्कृतिक विरासत थी जो आध्यात्मिक दर्शन से प्राप्त होती है- ''.....और, भारत की रीढ़ है उसकी आध्यात्मिक और सांस्कृतिक विरासत।"

कितने आश्चर्य की बात है कि विदेशी विद्वानों ने, यहाँ तक कि मैकाले जैसे औपनिवेशवादियों तक ने भारतीय-समृद्धि और प्रगति का मूल कारक देश की आध्यात्मिक और सांस्कृतिक विरासत को माना है जबकि दासता-काल के बाद के अनेकानेक विद्वान ने इसी आध्यात्मिक और सांस्कृतिक विरासत को पछड़ापन और सामाजिक बुराईयों का कारक मानते हैं।

हमारी इस वर्तमान स्थिति और पूर्वजों के ज्ञान-विज्ञान-संस्कृति के प्रति जो विरोधी मानसिकता है,

उसका कारण अंग्रेजी-सत्ता द्वारा चरणबद्ध षड्यन्त्र है। इसी षड्यन्त्र को लागू करने की प्रेरणा देने हेतु लिए लार्ड मैकाले ने 2 फरवरी, 1835 को ब्रिटिश-संसद में अपना भाषण प्रस्तुत किया था। अपने भाषण के आरम्भिक अंश में वे बताते हैं कि **'भारत की रीढ़ है उसकी आध्यात्मिक और सांस्कृतिक विरासत'** और यह भी कि **'इन योग्यता मूल्यों वाले भारतीयों को कोई भी जीत नहीं सकता'**; वहीं, दूसरी ओर आगे के अंश में ब्रिटेन की सरकार को भारत पर दीर्घकालिक औपनिवेशिक-शासन के लिए अपना प्रस्ताव रखते है—**'इसलिए मैं प्रस्ताव करता हूँ कि भारत की पुरानी शिक्षा व्यवस्था को हम बदल दें। उसकी संस्कृति को बदलें ताकि हर भारतीय यह सोचे कि जो विदेशी है, वह बेहतर है। वे यह सोचने लगे कि अंग्रेजी भाषा महान है अन्यान्य देशी भाषाओं से। इससे वे अपना सम्मान खो बैठेंगे। अपनी देशज जातीय परंपराओं को भूलने लगेंगे और फिर वे वैसे ही हो जाएंगे जैसा हम चाहते हैं—सचमुच एक आक्रान्त एवं पराजित राष्ट्र।'** [साभार, सरल चेतना/संपादक-हेमन्त रिछारिया/१-१-२०१२]

परिणाम स्वरूप ब्रिटिश सरकार के आदेशानुसार भारत के लिए एक राजनैतिक-सिद्धान्त की स्थापना की गई जिसमें भारतीय-भाषा (संस्कृत) और आध्यात्मिक-संस्कृति पर आधारित संस्कारों को बदलने, शिक्षा-नीति को बदलने की नई व्यवस्था लागू की गई। इसे ही मैकाले-सिद्धान्त (डॉक्ट्राईन) कहा गया। योजनाबद्ध तरीके से

सारे आध्यात्मिक-सिद्धान्तों एवं उनसे सम्बन्धित ग्रन्थों को 'मिथ्या' साबित करने का षड़यंत्र रचा गया। इसे ऐतिहासिक खोजों में शामिल करने की योजना बनी।

इसका परिणाम हमारे सामने है। आज भारतीय ही अपनी संस्कृति और ग्रन्थों को मिथ्या और अवैज्ञानिक मानने की मानसिक गुलामी से त्रस्त हैं। संस्कृत भाषा ही की जनोपयोगिता को समास कर दिया गया है और इसका स्थान 'अंग्रेजी' को दे दिया गया।

इसी 'मैकाले-सिद्धान्त' के अन्तर्गत वैदिक-ग्रन्थों को काल्पनिक और मनगढ़न्त सिद्ध करने के लिए शब्दों के मौलिक-अर्थों को तोड़-मरोड़ कर लोगों को समझाने का प्रयास किया गया जिससे कि भारती जनमानस दुविधा में फँस कर अपने पारम्परिक ज्ञान को ही झूठा और मनगढ़न्त समझने लगे। उदाहरण के लिए विज्ञान शब्द को ही लीजिए।

मिथकवाद की 'पोल खोल'

विज्ञान शब्द में 'वि' का अर्थ है—विशेष। किसी सन्दर्भ में किसी खास बात पर जोड़ देने के लिए उसके साथ 'विशेष'। यहाँ पर विशेष का अर्थ मौलिक या श्रेष्ठ नहीं होता। उदाहरण के लिए सरकार में एक पद है 'सचिव'। उसकी ही अध्यक्षता में किसी खास काम के लिए दूसरे सचिव को रखा जाता है जिसे 'विशेष सचिव' कहा जाता है। क्या इसका अर्थ यह हुआ कि 'विशेष-सचिव' का पद 'सचिव' के पद से ऊपर और श्रेष्ठ है? मौलिक सिद्धान्त

न हो तो उसके अन्तर्गत विशेष-सिद्धान्त का प्रयोजन क्या हो सकता है?

शिक्षण संस्थानों में 'विज्ञान' की व्याख्या करते हुए समझाया जाता है कि 'विज्ञान' तो ज्ञान से ऊपर और उससे श्रेष्ठ जानकारी है। किसी शब्द का आरूढ़ कर धारणा बदल देना ही षड्यन्त्र है जिसका उपयोग भारतीय राजनेताओं में आज भी कई करते हैं।

इसी प्रकार भारतीय ग्रन्थों को कपोल-कल्पना कहा गया। इसे समझाने के लिए संस्कृत से ही एक शब्द लिया गया 'मिथ्या' और उससे अंग्रेजी का शब्द बनाया गया 'मिथक'। इस तरह से पाश्चात्य राजनीति का अंग हो गया कि वैदिक-कथ्यों के शब्दों में से कुछ का दूषित अर्थ निकालो और वैदिक-व्याख्या को ही झूठा सिद्ध करने का प्रयास करो।

दूसरा उदाहरण है कि यह बताया गया कि दार्शनिक ग्रन्थों में बताया गया है 'सूर्य' धरती की परिक्रमा करता है। यह भी षड्यन्त्रात्मक ढंग से बनाई गई धारण है। वास्तविक स्थिति की व्याख्या का आरम्भ विष्णुपुराण के इस श्लोक से कर सकते हैं—

कुलालचक्रपर्यन्तो भ्रमन्तेष दिवाकरः ।

करोत्यहस्तथा रात्रिः विसुञ्चन्सेदिनीं द्विज।।
(विष्णुपुराण, २/८/२७)।।

'मैकाले पंछियों' ने इसकी व्याख्या करते हुए कहा कि इस 'श्लोक' में लिखा है कि 'दिवाकर (सूरज) कुम्हार

की चाक (चक्र) की भाँति 'धरती' की परिक्रमा करता रहता है-- कुलालचक्रपर्यन्तो भ्रमन्तेष दिवाकरः। यही व्याख्या मुझे भी पदार्थ-विज्ञान के पाठ्य-पुस्तक में पढ़नी पड़ी थी। निश्चय ही, यह छद्म-व्याख्या थी। क्योंकि इसी अध्याय के १५वें श्लोक में कहा गया है— 'नैवोस्तमनमर्कस्य नोदयः सर्वदा सतः।' अर्थात् सर्वदा एक रूप से स्थान सूर्यदेव का वास्तव में न तो उदय होता है और न अस्त।

निश्चय ही, पूर्व में कथित सत्य को छिपाकर दूसरे प्रसंग के 'श्लोक' की त्रुटिपूर्ण व्याख्या करके इन पाश्चात्य-विवेचकों द्वारा मिथक उत्पन्न किया गया है तथा वास्तविक सत्यस्वरूप ग्रन्थों को ही मिथ्या बताने का प्रपञ्च रचा गया है। अस्तु, हम पहले पूर्व प्रासंगित श्लोक की व्याख्या कर लेते हैं— 'कुलालचक्रपर्यन्तो ...... विसुन्चन्सेदिनीं द्विज' सन्दर्भ है धरती की गति का। इस श्लोक के ठीक पूर्व के श्लोक में बताया गया है अपनी घूर्णन के क्रम में धरती को अपनी ३६० अंश वाली परिधि का ३०वां अंश (१२ डिग्री) घूमने में जो समय लगता है, वही एक 'मुहूर्त' है—'त्रिशद्भागगन्तु मेदिन्यास्तदा मौहूर्तिकी गतिः' (वि.पु. २/८/२६) अर्थात् हर एक मुहूर्त में यह मेदिनी (धरती) अपनी परिधि का तीसवां भाग [३६०÷३०=१२ डिग्री] घूम जाती है।

इस कारण किसी चक्राकार घूमने वाले वृत्ताकार उपकरण को १२ डिग्री के ३० खानों में चिह्नित करने पर वह मेदिनी (धरती) को प्रतिबिम्बित करेगा। हमारे देश

में कुम्हार का चाक ऐसा ही एक उपकरण है। इसके ठीक केन्द्र पर लम्बी-सी छड़ी लगी होती है, जिससे वह अपने चाक को घुमाता है। अब इसे उपकरण मान लें और धूप (सूर्य के प्रकाश) में रख दें तो धूप उस छड़ी पर पड़ेगी और उसकी 'छाया' चाक पर पड़ेगी। हर एक 'मुहूर्त' में यह छाया एक चिह्नित-विन्दु से दूसरे चिन्ह-विंदु तक खिसकती जाएगी। यह घड़ी का स्वरूप बन जाएगा। ध्यातव्य है कि इस २७वें श्लोक के पूर्व १५वें श्लोक में बताया जा चुका है कि सूरज स्थिर --'नैवोस्तमनमर्कस्य नोदयः सर्वदा सतः' और २६वें श्लोक में बताया गया है कि धरती घूम रही है-- मेदिन्यास्तदा मौहूर्तिकी गतिः'।

पुनश्च, श्लोक ((२/८/१५) में बताया जा चुका है कि 'सूरज' स्थिर है और धरती से उसे देखना या न देखना ही उसके उदय और अस्त का कारण है--

नैवोस्तमनमर्कस्य नोदयः सर्वदा सतः।

उदयास्तमनाख्यं हि दर्शनादर्शनं रवेः।।(वि.पु., २/८/१५)।।

अर्थात् सर्वदा एक रूप से स्थित (सर्वदा सतः) सूर्यदेव का (अर्कस्य) का न तो उदय होता है (नोदयः) और न अस्त (नैवोस्त)। उनका देखना और न देखना ही वास्तव में सूर्यदेव का उदय और अस्त है।

अस्तु, इस आलोक में मैकाले-डॉक्ट्राईन में निहित कौलिनियल राजनीति के षड्यन्त्र से बचने का उपाय किया जाना चाहिए।

साईंस में निरपेक्ष-सत्ता ()

प्रपञ्च और विज्ञान

मैकाले महोदय के मैकाले-डॉक्ट्राईन का महत्त्वपूर्ण अंग था 'मिथक' की धारणा। 'मिथक' शब्द की रचना भारतीय शब्द 'मिथ्या' से की गई थी। भारतीय ज्ञानी-पुरुष प्रायः लोगों को शिक्षा दिया करते थे कि वास्तविक 'सत्य' तो एक मात्र **ईश्वर** अर्थात **ब्रह्म** है, शेष सब **मिथ्या** है। अस्तु, भारतीय जनमानस में 'जगत-मिथ्या' की भावना हृद्य में समाई थी। अस्तु, 'मिथ्य' शब्द बड़ा प्रभावी था। जिन **सिद्धान्तों** एवं **धारणाओं** को वैदिक-विज्ञान और दर्शन में परम-सत्य बताया गया था, वे भारतीय जनमानस में रम गये थे।

फलस्वरूप एक व्यूह-रचना के तौर पर 'मिथ्या' शब्द से **अंग्रेजी** में मिथक शब्द की रचना की गई तथा

यह व्यवस्था की गई कि संस्कृत-ग्रन्थों में निहित वैज्ञानिक धारणाओं को तथा उन ग्रन्तों को ही 'मिथक' घोषित की जाए। इसके लिए भारतीय-शब्दों के अर्थ एवं तात्पर्य को विकृत किया जा सकता था। उदाहरण के लिए भारतीय शब्द 'विज्ञान' ही था। इसके 'वि' प्रत्यय का अर्थ है—**विशेष**। व्याकरण में विशेष और श्रेष्ठ शब्दों में बड़ा अन्तर है। परन्तु, 'विशेष' शब्द का ही प्रयोग श्रेष्ठ के रूप में करने से 'विज्ञान' शब्द का अर्थ हो जाता है—'ज्ञान से भी श्रेष्ठ'। ध्यातव्य है कि 'ब्रह्म' की जानकारी को ही संस्कृत में **'ज्ञान'** कहा जाता है। इस प्रकार, 'साईंस' को सत्य और 'आध्यात्म' को निम्न-स्तर का घोषित किया गया।

भारतीय दर्शन में 'ब्रह्म' को **निरपेक्ष** बताया गया है तथा उसके अतिरिक्त अन्यान्य सभी सत्ताएँ **सापेक्ष** कहा गया है। अन्यान्य सत्ताएँ सापेक्ष को इस कारण हैं कि वे 'समय और स्थान' के अन्तर्गत हैं। एक और एक मात्र वही है जो जो समय और स्थान गुणकों से परे है। इसका कारण बताते हुए शास्त्रों में बताया गया है कि 'वह' निरपेक्ष है। फिर भी, उसी की 'सापेक्ष अनुभूतियाँ' हमें समय और स्थान के रूप में होती है। तात्पर्य यह है 'ब्रह्म' नहीं होता तो न समय का एहसास होता और न स्थान का। इसलिए, 'ब्रह्म' एक वास्तविक सत्ता है।

यहाँ समझना आवश्यक है निरपेक्ष का अर्थ है तुनवात्मकता से परे—अतुलनीय है। उसकी ही अनुभूति हमें 'समय' और 'स्थान' के रूप में होती है। अपनी

सापेक्षता (तुलनात्मक वृत्ति) के कारण यह नहीं समझ पाते कि 'समय और स्थान' का स्वतंत्र कोई आस्तित्व नहीं है, क्योंकि दोनों न केवल अनुभूतियाँ भर हैं, बल्कि दोनों की अनुभूति एक दूसरे के सापेक्ष ही संभव है। विदित हो कि 'एक ही सत्ता' की अनुभूति दो तरह की नहीं हो सकती। अगर होगी तो दोनों ही अनुभूतियाँ में परस्पर अन्योन्याश्रित सम्बन्ध होगा। इसे हम नहीं समझ पाते, इसलिए समझने का हमारा जो स्वभाव या वृत्ति है, वही **प्रपञ्च** है। अस्तु, संत ज्ञानदेव जी 'ज्ञानेश्वरीगीता' में कहते हैं—

'प्रपञ्चोऽन्यत्तु विज्ञानमज्ञानं तत्र सत्यधीः'। (ज्ञानेश्वरी-गीता)।

यहाँ संत ज्ञानदेवजी करते हुए बताते हैं कि **प्रपञ्च** उससे परे है ('प्रपञ्चोऽन्यत्तु) [जिसने अपनी सापेक्ष अनुभूतियों रूप में उसे प्रकट किया], इस प्रपञ्च की जानकारी ही विज्ञान है, लेकिन प्रपञ्च को ही वास्तविक-सत्ता समझ लेना 'अज्ञान' है (विज्ञानमज्ञानं) क्योंकि जिसने 'प्रपञ्च' को रचा है, वही वास्तविक सत्ता है (तत्र सत्यधीः)।

निहितार्थ यह है कि जिसे **विज्ञान** के नाम के नाम से जाना जाता है, उसका क्षेत्र प्रपञ्च अर्थात समय और स्थान के दायरे में सीमित है। तात्पर्य यह कि **विज्ञान** सापेक्षत-सत्ताओं की जानकारी तक सीमित है।

प्रपञ्च का भावार्थ है 'धोखा' अर्थात् दीखता असल जैसा है, लेकिन वह वास्तविकता नहीं है। उदाहरण के लिए :- **सूर्य धरती के गिर्द परिक्रमा करता प्रतीत होता है, परन्तु यह वास्तविक सत्य नहीं है। सत्य यह है कि सूर्य स्थिर है और स्वयं धरती उसकी परिक्रमा करती है।** यही 'प्रपञ्च' है।

प्राणी की अनुभूति में निहित इस 'प्रपञ्च' की वैज्ञानिक-व्याख्या करते हुए 'वैदिक-दर्शन' में की गई है। इसके लिए 'समय' और 'स्थान' के वास्तविक स्वरूप को समझा जाना चाहिए—

१. पहला यह कि ये दोनों परस्पर भिन्न नहीं है, क्योंकि इन दोनों में 'अन्योन्याक्षय' सम्बन्ध है। इसी सम्बन्ध को सापेक्षता (तुलनात्मकता) कहते हैं। अर्थात्, समय के सापेक्ष 'स्थान' की अनुभूति होती है और स्थान के सापेक्ष 'समय' की अनुभूति होती है। तात्पर्य यह है कि यदि समय नहीं है तो 'स्थान' भी नहीं होगा और इसी प्रकार स्थान नहीं है तो 'समय' भी नहीं होगा। इसका सीधा मतलब है कि ये दोनों 'शाश्वत-सत्य' सत्य है ही नहीं, इसी कारण 'वैदिक-दर्शन' इन्हें 'प्रपञ्च' कहता है।

२. सवाल यह है कि 'समय' और 'स्थान' क्या हैं? यह तो स्पष्ट हो चुका है कि इनका परस्पर अन्योन्याश्रय सम्बन्ध है इसलिए ज्ञात होता है कि ये किसी एक और एकमात्र 'सत्ता' की

सापेक्ष-अनुभूतियाँ मात्र हैं (स्वयं स्वतंत्र सत्ता नहीं हैं)। ये दोनों जिस 'शास्श्वत-सत्य' की सापेक्ष-अनुभूतियाँ हैं, उसी 'शाश्वत-सत्ता' को 'ब्रह्म' कहा गया है जो निरपेक्ष अर्थात् अतुलनीय है।

इन्हीं दोनों बिन्दुओं की व्याख्या उपरोक्त श्लोक में पहले कहा गया है कि प्रपञ्च उस शाश्वत-सत्ता से भिन्न है—'प्रपञ्चोऽन्यत्तु।' अर्थात् यह प्रपञ्च 'उससे' (शाश्वत-सत्ता से) भिन्न है [क्योंकि प्रपञ्च उसकी अनुभूतियाँ मात्र हैं और वह स्वयं सत्ता (शाश्वत-सत्ता) है]। आगे, इसी श्लोक के अन्त में कहा गया है—'तत्र सत्यधीः' अर्थात् 'प्रपञ्च' जिसकी सापेक्ष-अनुभूति है, वही शाश्वत-सत्ता (सत्यधीः) है।

स्पष्ट है कि वैदिक-सिद्धान्त में जिसे प्रपञ्च (धोखा) कहा गया है वह 'समय और स्थान' है, क्योंकि उनकी कोई सत्ता नहीं होती। वे दोनों मिलकर एक ही परम-सत्ता (ब्रह्म) की परस्पर सापेक्ष-अनुभूतियाँ हैं। मैकालेवादियों ने 'समय और स्थान' को ही 'वास्तविकता' और **ब्रह्म** (निरपेक्ष-सत्ता) को **मिथक** (प्रपञ्च) दिखाने-समझाने का प्रपञ्च रच दिया-- **अपनी देशज जातीय परंपराओं को भूलने लगेंगे और फिर वे वैसे ही हो जाएंगे जैसा हम चाहते हैं–सचमुच एक आक्रान्त एवं पराजित राष्ट्र।'** (मैकाले)।

मिथकवाद पर वैज्ञानिक प्रहार

मैकाले-सिद्धान्त की चर्चा की। इसमें भारतीय-आध्यात्मवाद पर प्रहार को बल दिया गया था। मैकाले का समय उन्नीसवीं-सदी का **मध्य-काल** था। उस समय साईंस की परिकल्पना थी कि सृष्टि की वास्तविक-सत्ता 'पदार्थ' है जिसके सातत्य में 'ऊर्जा' स्थान छेकती है। प्रयोगों से पाया गया था कि वायु-शून्यता में आवाज का गमन नहीं होता। यह भी पाया गया कि दो पत्थरों को घिसने से रोशनी उत्पन्न होती है। उस समय के वैज्ञानिक पदार्थ को ही घर्षण-ऊर्जा का कारण मान रहे थे। बिजली को भी पदार्थ के घर्षण का परिणाम माना गया। और, यह भी प्रमाणित हुआ की भौतिक-तारों में ही विद्यु-धारा बहती है। यद्पि, उन्हें यह ज्ञान प्राप्त हो चुका था कि 'ऊर्जा' की पदार्थ से भिन्न है और यही (ऊर्जा) पदार्थ में शक्ति (energy) का कारक है। वे यह भी जान चुके थे कि ऊर्जा वस्तुतः एक ही सत्ता है, लेकिन वह एक स्वरूप से दूसरे स्वरूप में परिणत होती रही है। उनहें यह भी ज्ञात हो चुका था कि जल-जैसे तरल पदार्थ समतलीय-विस्तार पा कर स्थिर हो जाते हैं और इनके सातत्य में 'ऊर्जा' के कारण वर्तुल-लहरियाँ बनती हैं। विदित हो कि वायु आदि कई माध्यम ऐसे हैं जो आँकों से दिखाई नहीं पड़ते, इसलिए ऊर्जा की वर्तुल-लहरियों को 'तरंग' कहा गया है।

फिर भी, पाश्चात्य-विचारक और वैज्ञानिक यह भूल चुके थे कि उनमें **वैज्ञानिकता** जो 'उद्भव' हुआ था,

उसका कारण १५वीं सदी में प्राप्त भारतीय-अंकगणित था। वे यह भी भूल चुके थे कि इसी अंकगणित ने ही यह सिखाया था कि गणित में नौ अदद इकाई होते हैं, क्योंकि वे इकाई-व्यासि छेकते हैं। ये इससे कम या अधिक नहीं होते। उस अंकगणित में 'शून्य' की स्थिति को भाँपते हुए भी यह समझना नहीं चाहते थे कि कोई 'निरपेक्ष-सत्ता' है जो गणितकीय-प्रक्रियाओं से परे है।

इसी सदी के में भारतीय वैज्ञानिक **जगदीश चंन्द्र बसु** थे जिन्होंने प्रयोगशालाओं के माध्यम से प्रमाणित किया कि पेड़-पौधों में भी जान होती है। वे भारतीय थे, इसलिए यह जानते थे कि ईश्वर की सत्ता जो सर्वत्र स्थित है, वही जीवनी-शक्ति के रूप में सभी जीवों में प्रकट है।

इसी समय दूर-संचार प्रणाली में विकास की आवश्यकता थी जिससे कि दूर-दराज बसेरा करने वाले शासकीय-व्यवस्था दूरस्थ अधीनस्थों तक संचार कायम कर सकें। **जगदीश चन्द्र बसु** यह समझ चुके थे कि 'ध्वनि' की गति जितनी भौतिक-माध्य में होती है, उससे अधिक विद्युत-माध्यम में होती है। विदित है कि वैज्ञानिकों ने इसी काल में टेलिग्राम-प्रणाली का खोज कर ली। इससे यह सब प्रमाणीत हुआ। इससे ऊपर के 'माध्यम' की प्रकृति जगदीश बाबू को थी। उन्हें **ब्रह्म-सातत्य** का भी ज्ञान भारतीय-दर्शन के आधार पर था। उन्होंने चुम्भकीय-तरंगें उत्पन्न करने और उन्हें फिर से

प्राप्त करने की तकनिक पर खोज की और सफल रहे। उन्होंने वायरलेस-उपकरण का आविष्कार भी कर लिया।

परन्तु, भारतीय वैज्ञानिक **जगदीश चन्द्र बसु** गुलाम-देश के वासी होने के कारण अपने वायरलेस-उपकरण का 'कॉपी राईट' प्राप्त कर पाने में असफल रहे। यह व्यवस्था 'लंदन' से ही सम्भव थी। 'कॉपी राईट' के उनके आवेदन पर तबतक विचार नहीं किया गया जबतक कि यूरोपियन वैज्ञानिक इस आविष्कार में सफल नहीं हो गये। अंततः मार्कोनी एवं उनके साथियों को वर्ष १९०२ वायरलेस-उपकरण 'कॉपी राईट' दे दिया गया।

ईथर-सिद्धान्त

इस आविष्कार के फलस्वरूप 'साईंस' में नये ज्ञान का उजाला फैल गया। इसके आधार पर विज्ञान में प्रसिद्ध **ईथर-सिद्धान्त** की स्थापना हुई। इस आविष्कार से पूर्व तक 'ऊर्जा' भौतिक-सातत्य में उत्पन्न तथा स्थित माना जाता था। वायरलेस-उपकरण के वैज्ञानिक-विवेचना से प्रमाणित हुआ कि यह **भौतिक-जगत** ही '**ऊर्जा**' के सातत्य में स्थित है।

ध्यातव्य है कि **प्रक्षेपण-यंत्र** में 'ध्वनि की **कम्पन-दर** के अनुरूप कर्म्पन-दर से युक्त **चुम्बकीय-तरंगों** उत्पन्न करने की **तकनिक** खोज निकाली गई थी। और, **ग्राहक-यंत्र** में **चुम्बकीय तरंगों** को ग्रहण करके, इस 'तरंग' में निहित कम्पन-दर के अनुरूप 'ध्वनि-तरंग'

को उत्पन्न करने की **तकनिक** प्राप्त की गई थी। इसे **विद्युत-तरंकों** का **चुम्बकीय-तरंगों** में **रूपान्तरण** तथा **चुम्बकीय-तरंगों** का **ध्वनि-तरंगों** में **रूपान्तरण** समझा जा सकता है।

इस प्रकार, वायरलेस-उपकरण के द्वारा विद्युत-तरंगों को चुम्बकीय-तरंगों के रूप में परिणत करके प्रसारित किया जाता था तथा दूरस्थ ग्राहक यंत्र में उसी चुम्बकीय-तरंग को प्राप्त करके उसे विद्युत-तरंग में परिणत किया जाचा था। यह पाया गया कि विद्युत-माध्यम से ध्वनि-तरंगें जितनी तेजी से गमन करती थीं, उसकी अपेक्षा **अति-तीव्र गति** से 'विद्यु-तरंगों' का **गमन** हुआ और इस गमन में भौतिक-तारों की भी आवश्यकत नहीं पड़ी। अस्तु, इसे 'वायरलेस' प्रणाली कहा गया।

वैज्ञानिको में परीक्षण करने पर यह पाया कि इस गमनागमन में कोई समय नहीं लगा।

ईथर-सातत्य और ईथर-तत्त्व

प्रश्न यह उठता है कि यहाँ चुम्बकीय-तरंगें किस माध्यम से एक स्थान से दूसरे स्थान तक बिना किसी माध्यम के गमन कर रही थीं? पहले तो जानने का विषय है कि 'तरंगे' कैसे गमन करती हैं और सातत्य (माध्यम) क्या हैं?

कोई '**तत्त्व**' जब सम्यक में चतुर्विध फैलकर सम-साम्य रूप से स्थित हो जाता है, इस विस्तार को उस 'तत्व' का सातत्य कहा जाता है। उदाहण के लिए जल-सातत्य है जिसमें जल-कण सम-सम्य (हर कण अपने निकटवर्ती कणों से समान दूरी बना कर स्थित होते हैं। ऐसी स्थिति आने पर उस विस्तार में जल स्थिर हो जाता है।

'जल-सातत्य' में कोई 'कंकड़' गिरता है तो 'जल-तल' के जिस 'विन्दु' पर कंकड़ गिरता है, उसे 'आपतन-विन्दु' कहते हैं। इसे 'केन्द्र' बनाकर एक **वर्तुल-लहरी** बनती है। 'पहली वर्तुल-लहरी' को 'प्रधान वर्तुल-लहरी' कहा जाता है, क्योंकि इसके गिर्द दूसरी, दूसरी के गिर्द तीसरी, आदि के क्रम में सातत्य के अन्तर्गत वर्तुल-लहरियाँ बनती चली जाती हैं। महत्वपूर्ण जानकारी यह है कि हर एक वर्तुल-लहरी के गिर्द दूसरी के बनने में 'समय का एक निश्थित 'अन्तराल' प्रकट होता है जो 'ऊर्जा' (संक्षोभ) की प्रकृति पर नहीं, बल्कि सातत्य (माध्यम) की प्रकृति पर निर्भर करता है। अर्थात् समय का यह अन्तराल सातत्य की 'प्रकृति' पर निर्भर करता है। यही कारण है कि 'ध्वनि' की गति वायु में और विद्युत-सातत्य में भिन्न होती है।

वैज्ञानिकों ने स्वीकार किया कि बिना किसी कि 'तरंगें' (लहरियां) वर्तुलाकार होती हैं और वे किसी न किसी 'सत्ता' के '**सातत्य**' में ही उत्पन्न होती हैं।

प्रासंगित **'वायरलेस उपकरण'** के परीक्षणों से पता चला कि प्रसारण-यंत्र और ग्राहक-यंत्र के बीच 'ध्वनि-तरंगों' को पहुँचने में कोई समय नहीं लगता। इसका अर्थ यह हुआ कि ये तरंगें जिस माध्यम से गुजरीं, उसका **'तत्त्व'** समय-गुणक से परे है—'अनश्वर' है। यही कारण है कि 'उसके' सातत्य में वर्तुल-तरंगें का गमन समय के बिना होता है अर्थात् यहाँ 'गति-दर' शून्य रही है।

इन वैज्ञानिकों के समक्ष समस्या थी कि पाश्चात्य **फिलोसॉफी** और पाश्चात्य **मान्यताओं, धारणाओं, लोक-किवदंतियों** में ऐसी किसी **'सत्ता'** की चर्चा या धारणा ही नहीं थी जो 'नित्य' (अविनाशी) और सर्वत्र हो। अस्तु, उन्होंने संस्कृत के ग्रन्थों का शरण लिया। विदित हो कि दार्शनिक ग्रन्थों में 'ब्रह्म' के ही एक मात्र ऐसी सत्ता बताया गया है जो सर्वत्र व्यास (अनादि-अनन्त) भी है और अनश्वर (समय से परे) भी। इसे लोग **'ईश्वर'** भी कहते हैं।

अस्तु, उन्होंने वायरलेस-उपकरण के माध्यम प्रमाणित उस 'सत्ता' को 'ईश्वर' की संज्ञा दी। 'ईश्वर' शब्द को ही अपनी पाश्चात्य-जिह्वावृत्ति के अनुरूप 'ईथर' कहा। अस्तु, इस वैज्ञानिक-सिद्धान्त को ईथर-सिद्धान्त के नाम से जाना गया। इस प्रकार, साईंस के कदम भौतिकवादी-जड़ता का त्याग करके आध्यात्मवाद की ओर मुड़ गये। तात्पर्य यह है कि **'ईश्वर या ब्रह्म'**

की जिस सत्ता को वे **अप्रमाणिक** और भारतीयों की **परिकल्पना** मानते आ रहे थे, उसका **'वैज्ञानिक-प्रमाण'** मिल गया था। तथापि, उन्होंने उसे **स्थान-गुणक** से परे मानने से इन्कार कर दिया। कारण मात्र इतना था कि इसके कि इसका प्रमाण ढूँढने की कोई युक्ति या समझ का उनके पास अभाव था।

ऊर्जा जगत-व्यापी सत्ता

यह **प्रमाणित** हुआ कि **'ईथर'** ही 'ऊर्जा' का 'आरम्भिक' और 'अन्तिम' स्वरूप है—मौलिक-स्वरूप है। अर्थात्, **सत्ता** की दृष्टि से ईथर तथा ऊर्जा में कोई भेद नहीं है। एक ही ऊर्जा भिन्न-भिन्न स्वरूपों में रूपान्तरित अवश्य होती है, परन्तु 'ऊर्जा' का कभी नाश नहीं होता। इसे भारतीय-दर्शन के शब्दों में समझना चाहें तो कह सकते हैं कि 'ईथर' स्वयं ही एक **तत्त्व** है और 'ऊर्जा' के सभी स्वरूपों वही **तत्त्व मूलरूप** से विद्यमान है।

प्रमाणित हुआ कि ईथर की व्याप्ति के अन्तर्गत ही **ईथर-तत्त्व** से ही 'भौतिक-संसार' की उत्पत्ति हुई है। इससे यह स्पष्ट हुआ कि 'ऊर्जा' की स्थिति भौतिक-सातत्य के अन्तर्गत नहीं होती, बल्कि पदार्थ की ही स्थिति 'ऊर्जा' के अन्तर्गत होती है।

यह भी प्रमाणित हुआ कि **'ईथर' 'कण-कण'** में व्याप्त है और 'कण-कण' उसके ही सातत्य में **स्थित है।**

वैकुअम की परिकल्पना

यहाँ 'स्थान-बोध' की समस्या थी। उन्हें ऐसा प्रतीत हुआ कि जिन स्थानों पर उन्हें कोई सृष्टि नजर नहीं आती, वहाँ सम्भव है कि **ईथर-तत्त्व** की उपस्थिति नहीं हो। इस प्रकार, उन्होंने ऐसे स्थान की भी परिकल्पना कर ली जो **'सत्ता-शून्य'** हो। इसे **वैकुअम** की संज्ञा दी गई।

ध्यातव्य है कि वैज्ञानिकों ने 'वैदिक-सिद्धान्त' को उस सीमा तक स्वीकार कर लिया जहाँ तक **प्रयोगशालाओं** में भौतिक-सत्ता की परीक्षण सम्भव था। विदित हो कि उस समय 'वायुयान' और रॉकेट (गगनयान) का आविष्कार नहीं हुआ था, इसलिए **सत्ताहीन-स्थान** (वैकुअम) का विचार मन में छाया था। वैज्ञानिक यह अवश्य ही समझ रहे थे कि बिना सत्ता के 'विस्तार' सम्भव ही नहीं था।

ईथर और चुम्बकत्व

विशेष ध्यान देने की बात यह है कि **'वायरलेस उपकरण'** चुम्बकत्व-तरंग का प्रयोग किया गया था, अस्तु **चुम्बकत्व-ऊर्जा** का विश्लेषणात्मक अध्ययन अवश्य ही किया होगा। चुम्बकत्व-संक्षोभ स्वयं ही समय-गुणक से परे लेकिन स्थान-गुणक के अन्तर्गत होता है। यही कारण है कि उसके आवेश में आने वाले लौह-बुरादे प्रकम्पित नहीं होते स्थिता दिखाते हैं।

अस्तु, उसे **अर्ध-निरपेक्ष संक्षोभ** कहा जा सकता है। इस अर्ध-निरपेक्ष ऊर्जा की वर्तुल-लहरियाँ जिस सातत्य में गमन करती हैं, उस सातत्य का 'तत्त्व' (ईथर) स्वयं अर्ध-निरपेक्ष कैसे हो सकता था?

आईन्सटीन का सापेक्षता-सिद्धान्त

विदित हो कि **ईथर-सिद्धान्त** को वैज्ञानिकों ने स्वीकार किया परन्तु कई वैज्ञानिकों ने 'सत्ता-हीन स्थान' अर्थात् **वैकुअम** की भी परिकल्पना स्थापित कर दी। 'आईन्सटीन' ने **वैकुअम** की परिकल्ना का गहनता से परीक्षण और विचाइ किया।

भारतीय-ग्रन्थ यह स्पष्ट कर रहे थे कि 'ब्रह्म' निरपेक्ष (**अतुनात्मक**) सत्ता है, इसलिए उसकी 'एकल' अनुभूति मनुष्यों के लिए असम्भव है—**'तर्कोऽपि नैवोत्सहते....'** (ज्ञानेश्वरी-गीता)।

तथापि, 'ब्रह्म' की ही अनुभूति प्राणियों को 'समय' और 'स्थान' के रूप में होती है। परन्तु, ये दोनों एक ही सत्ता (ब्रह्म) की 'अनुभूतियाँ', इसलिए परस्पर सापेक्ष हैं। अर्थात् एक की अनुभूति दूसरे के सापेक्ष ही हो पाती है। तात्पर्य यह कि **समय** के आधार पर 'स्थान' का तथा **स्थान** के आधार पर 'समय' की अनुभूति होती है। अस्तु, ऋषियों ने इनके समन्वित-स्वरूप को **प्रपञ्च** की संज्ञा दी है—**प्रपञ्चोन्यत्तु** [प्रपञ्च उससे भिन्न है] (ज्ञानेश्वरी-गीता)।

अस्तु, **वैकुअम** परिकल्पना को वैज्ञानिक-सिद्धान्त मानने से इन्कार करते हुए उन्होंने **समय** और **स्थान** दोनों को ही एक ही **सत्ता** की 'सापेक्ष-अनुभूतियाँ' स्वीकार करते हुए सापेक्षता-सिद्धान्त का प्रतिपादन किया।

अस्तु, २०वीं सदी में ही 'ईथर-सिद्धान्त' को अपूर्ण बताते हुए **आईन्स्टीन** इसका विरोध किया। उन्होंने वैदिक-दर्शन का नाम लिये बिना इसके **'ब्रह्म'** सम्बन्धित सिद्धान्त को स्वीकार किया और उस सिद्धान्त को अपनी खोज बताते हुए **सापेक्षता-सिद्धान्त** को प्रकट किया। उन्होंने स्वीकार किया कि 'ईथर' की ही **अनुभूति** 'समय' और 'स्थान' के रूप में होती है। उन्होंने अपने सिद्धान्त में 'गणित' के आधार पर प्रमाणित किया कि **समय + स्थान = ईथर** नहीं हो सकता, क्योंकि जहाँ 'ईथर' **सत्ता** है, वहीं समय और स्थान उसकी सापेक्ष अनुभूतिया मात्र हैं। ध्यातव्य है कि एक ही सत्ता की जब 'दो' अनुभूति होती हैं, तो दोनों ही अनुभूतियाँ स्वयं एक दूसरे के सापेक्ष होती हैं। अर्थात्, पहली के आधार पर 'दूसरी' की और दूसरे के आधार पर 'पहली' की अनुभूति होगी। तात्पर्य यह है कि 'समय' के आधार पर **स्थान** का आभास होता है और 'स्थान' के आधार पर **समय** का आभास होता है।

ध्यातव्य है कि इसका विवरण 'प्रथम अध्याय' में दिया जा चुका है। यहाँ हम किन्ही दो अंको का चयन करते हैं और एक को समय और दूसरे को स्थान

मान लेते हैं। मान लें कि संख्या 23 'तेइस' है। इसकी अनुभूति 2 और 3 में होती है। फिर भी, यह 2+3 नहीं होगा, क्योंकि तब इसका मान 5 हो जाएगा। यही स्थिति 'समय' और स्थान की है। ये दोनों ईथर (ब्रह्म) की ही अनुभूतियाँ हैं, फिर भी परस्पर सापेक्ष हैं, क्योंकि एक ही 'सत्ता' की सापेक्ष अनुभितयाँ हैं।

'आईन्सटीन महोदय' ने भी यही अपने सापेक्षता सिद्धान्त में समझाया कि समय और स्थान एक और एकमात्र सत्ता 'ईथर' सापेक्ष अनुभूतियाँ मात्र हैं, कोई स्वतंत्र-सत्ता नहीं। साथ ही, चूँकि एक ही सत्ता की अनुभूतियाँ हैं इसलिए परस्पर सापेक्ष हैं। इसलिए, उन्होंने 'ईथर' को नया नाम दिया समय और स्थान (space & time)। ऐसा इसलिए कि 'ईथर' को केवल समय से परे घोषित किया गया था उसमें निहित समय को सापेक्ष बताया गया था जबकि **आईन्सटीन** बता रहे थे कि 'वह' समय और स्थान दोनों से ही परे है।

प्रपञ्च और सापेक्षता-सिद्धान्त

इसी स्थिति की व्याख्या भगवान श्रीकृष्ण ने भगवद्गीता में की है। उनके कथन की 'टीक' (विवेचना) करते हुए संत ज्ञानदेव जी के श्लोकों के अंतिम पद में कहा गया है—

तीरलग्ना तरिणीव कुण्टीभवति शेमुषी।

परावृत्तपदो   दूराद्दिश्चारश्चापसर्पति।।

तर्कोऽपि नैवोत्सहते यत्र तज्ज्ञानमर्जुन।

'प्रपञ्चोऽन्यत्तु विज्ञानमज्ञानं तत्र सत्यधीः'
(ज्ञानेश्वरी गीता)

इस श्लोक में सन्दर्भ उस 'ब्रह्म-तत्त्व' का है जो 'अव्यय' (समय और स्थान गुणकों से परे) है, इसलिए अनुभूति के अन्तर्गत नहीं आता। इसी स्थिति का व्याख्या करते हुए यहाँ कहा गया है कि नदी तट (तीरलग्ना तरिणीव) पर बँधे नौका की 'ब्रह्म' की अनुभूति से सम्बन्धित 'तर्क, बुद्धि, विचार' कुंठित हो जाते हैं (कुण्टीभवति शेमुषी), आगे नहीं बढ़ पाते (परावृत्तपदो दूराद्दिश्चारश्चापसर्पति)। विचार बुद्ध और तर्क भी जिस 'ब्रह्म' की अनुभूति के सहन करने में असमर्थ हो जाते हैं (तर्कोऽपि नैवोत्सहते यत्र) उस 'ब्रह्म' की ज्ञान ही वास्तविक ज्ञान है (तज्ज्ञानमर्जुन)।

अन्तिम पद में संत ज्ञानदेव जी बताते हैं कि 'ब्रह्म-तत्त्व' की वास्तविक अनुभति से परे रह जाने का कारण **प्रपञ्च** है जो ब्रह्म का ही बनाया हुआ अर्थात उसकी ही सापेक्ष अनुभूतियाँ मात्र है, इसलिए वास्तविक ज्ञान से परे है (प्रपञ्चोऽन्यत्तु)। 'विज्ञान' की सीमा इसी **प्रपञ्च** (सापेक्ष-जानकारी) तक सीमित है, लेकिन **प्रपञ्च** को ही वास्तविकता समझ लेना 'अज्ञान' है (विज्ञानमज्ञानं)। 'प्रपञ्च' जिस **सत्ता** अर्थात् 'ब्रह्म' की

सापेक्ष-अनुभूतियाँ मात्र है; इसलिए 'प्रपञ्च' नहीं, बल्कि स्वयं 'ब्रह्म' ही परम-सत्य है (तत्र सत्यधीः)।

अनिश्चितता का सिद्धान्त

स्मरणीय है कि 'ब्रह्म' (Space & Time) न केवल 'समय-गुणक' है बल्कि 'स्थान-गुणत' से भी परे है, इसलिए 'वह' हर **स्थान** पर प्रकट है। अस्तु, 'वैज्ञानिकों' ने एक भिन्न तरह का परीक्षण किया। उन्हेंने समझा कि आईन्स्टीन के अनुसार 'ईथर' यदि समय और स्थान से परे है तो उसकी स्थिति 'गति-शून्य' होगी। उसमें कोई 'कण' डाला जाए तो वह स्थिर-अवस्था में रहेगा। इसलिए, प्रयोगशाला एक पात्र को लिया गया। उसमें 'वायु-शून्य', 'ताप-शून्यता' आदि से सर्वथा शून्य-स्थिति में रखा गया। उसमें अत्यन्त हल्के कणों को डालकर परीक्षण किया गया। उस पात्र में हल्के 'कणों' को डालकर परीक्षण किया गया। परीक्षण से पाया गया कि वे कण 'स्थिर' अर्थात् गति-मुक्त अवस्था में न होकर 'हिलोर-गति' प्रकट कर रहे थे। उन्होंने निष्कर्ष निकाला कि वह **'Space & Time'** (ब्रह्म) किसी निश्चित प्रवृत्ति को व्यक्त नहीं करता। इसलिए, उन्होंने जिस सिद्धान्त का प्रतिपादन किया, उसे **'अनिश्चितता का सिद्धान्त'** (Theory of uncertinity) कहते हैं।

उनके प्रयोग की व्याख्या निम्न प्रकार से कर सकते हैं—

१. साईंस जिसे संक्षोभ (disturbance) उसके केन्द्र पर संक्षोभ की 'शक्ति' विन्दू रूप से स्थित रहती है। वह दो भागों में विभक्त-सी होकर **परस्पर विपरीत** पार्श्वान्तों तक गमन करती है, और फिर पार्श्वान्तों से केन्द्र पर आगमन करके पुनः विन्दूरूप हो जाते हैं। ध्यातव्य है कि दोनों ही पार्श्वों में केन्द्र से पार्श्वान्त की दूरी समान होती है और दोनों की ही 'गति' एक समान होती है। भौतिक कण में एक ही साथ दोनों पार्श्वान्तों तक गमन की क्षमता या प्रवृति नहीं होता। इस लिए कोई 'कण' संक्षोभ में आ जाता है तो पहले एक ओर के आवेश में उसके पार्श्वन्त तक गमन करता है और उस आवेश के साथ केन्द्र पर आता है। **केन्द्र** पर आते ही दूसरे आवेश को ग्रहण करता है और उसके पार्श्वान्त तक गमन करता है, तथा पुनः **केन्द्र** पर वापिस आता है। इस प्रकार, जब भी वह **केन्द्र** पर आता है, आवेश बदल लेता है। भौतिक होने के कारण 'कण' की **गति** की माप 'वैज्ञानिक-यंत्रों' कर पाते हैं। इसी गति को हिलोर-गति कहते हैं।

२. Space & Time (ब्रह्म) समय और स्थान गुणकों से परे है, इसलिए उसके 'आवेशों' के गममनागमन की गति की माप सम्भव ही नहीं है।

३. उक्त परीक्षण में भौतिक-कणों की गमनागमन-दर माप के अन्तर्गत आ रही थी, इसका स्पष्ट अर्थ था कि वहाँ जो संक्षोभ था, वह ब्रह्म-संक्षोभ नहीं था।

इससे स्पष्ट प्रमाणित होता है कि (क) 'वैज्ञानिक' उस कथित 'शून्य-स्थान' को पूर्णतः शुद्ध करने में असफल रहे थे। या, (ख) प्रकृति में कोई ऐसा **संक्षोभ** अवश्य है जिसे हटाने की तकनिक विज्ञान के पास उपलब्ध नहीं है।

विदित हो कि **आईन्सटीन** एवं अन्य वैज्ञानिकों के (ख) पर दर्शाये गये परिस्थिति का अनुमोदन किया और **'अनिश्चितता का सिद्धान्त'** के सिद्धान्त को अमान्य कर दिया।

सोम-संक्षोभ

'अनिश्चितता का सिद्धान्त' से सम्बन्धित वैज्ञानिक-प्रयोग के अन्तर्गत जिस 'पात्र' से वायु आदि भौतिक वस्तुओं को हटायया गया तथा ऊर्जायी-सत्ताओं को भी निकाला गया, वह तत्कालिन वैज्ञानिक-तकनिकों के अनुकूल था। फिर भी लघु-भौतिक 'कण' किसी **संक्षोभ** के आवेश से 'हिलोर-गति' प्रकट कर रहे थे। विदित हो कि 'संस्कृत' में इसे 'एति च, प्रेति च' कहा गया है। इसका स्पष्ट अर्थ था कि वह **संक्षोभ** 'ब्रह्म-संक्षोभ' नहीं था। वैज्ञानिक यह नहीं जान पा रहे थे कि **ब्रह्म-तत्त्व** की भाँति सूक्ष्म रूपसे सर्वत्र रहने वाली वह ऊर्जा

(संक्षोभ) कौन-सी है। ध्यातव्य है कि जो सर्वत्र स्थित हो, वह 'ऊर्जा' भी आपः की श्रेणी में आती है अर्थात् सम-सम्यक विस्तार रखती है।

साईंस भी **आईन्स्टीन** के सिद्धान्त के आधार पर मान रहा था कि 'ब्रह्म' दिव्य-आपः है, क्योंकि उसके 'सातत्य' में दृश्य और अदृश्य जगत की स्थिति सम्भव है--**'ॐ आपो ज्योति रसोऽमृतं ब्रहम भूर्भुवः स्वरोऽम।'**

वैज्ञानिकों की समस्या और प्रश्न का समाधान वैदिक-विज्ञान में किया गया है। वैदिक-विज्ञान बताता है कि उक्त 'संक्षोभ' **सोम-तत्त्व** ही था। 'बृहदज्जावालोपनिषद्' में 'सोम' के सम्बन्ध में बताया गया है—**'सोम शक्त्यमृतमयः शक्तिकरी तनू।'**

यहाँ 'अमृतमयः' कहने का तात्पर्य है कि **ब्रहम-तत्त्व** स्वयं ही 'अमृत' है जो समय और स्थान दोनों की दृष्टि से 'अविनाशी' है। 'आपः' गुण वाला क्रम में जो दूसरा अमृत है, वह 'सोम' है। वैदिक-दर्शन में सम-सम्यक रूप से सतत् होने वाले तत्त्व को **'शक्ति'** कहते हैं। कर्मकाण्ड को निम्न मंत्र में बताया गया है कि **ब्रहम-तत्त्व** (ॐ) स्वयं ही दिव्यतम-आपः है। वह 'सोम' को अपनी अभिव्यासि में रखता है, इसलिए उसके आधार पर 'सोम' में भी सम-सम्यक और सम-साम्य रूपसे सतत् होने का गुण है। इसी प्रकार, 'सोम-तत्त्व' भौतिक जल-कण को अपनी अभिव्यासि में स्थित रखता है, इसकारण ही 'जल' में भी सम-सम्यक और सम-साम्य रूप से सतत् होने का गुण है—

ॐ या दिव्या आपः पयसा सम्बभूवु–

या आन्तरिक्षा यत पार्थिवीर्याः। (कर्मकाण्ड)

यहाँ हम बताते चलें कि वैदिक-विज्ञान में 'विद्युत-ऊर्जा' को ही 'सोम' कहा गया है। ऊपर इस सोम के सातत्य को ही आन्तरिक्ष '**आन्तरिक्षा**' कहा गया है।

यहाँ उल्लेख करना आवश्यक है कि जिस आन्तरिक्ष को शून्य माना जाता है, वह वास्तव में 'सोम' (विद्युत-ऊर्जा) का ही सातत्य है। इसी सोम-सातत्य में प्रकाश (ज्योति) वर्तुल-तरंगों के रूप में गमन करता है। अस्तु, 'अनिश्चितता-सिद्धान्त' की स्थापना 'सोम' की जानकारी के अभाव में की गई है। सोम-संक्षोभ के कारण ही 'कणों' में **हिलोर-गति** आई थी। (disturbance) के रूप में जानते थे।

ऊर्जाणु-सिद्धान्त

व्यापक आकाश में 'सूर्य' आदि तारे और पृथ्वी आदि जितने भी ग्रह हैं, वे सभी 'सोम' के सातत्य में ही स्थित हैं जिसे हम सभी 'आन्तरिक्ष' के नाम से जानते हैं। विदित हो कि इसका ज्ञान विज्ञान को नहीं है। इसका कारण यह है कि यांत्रिकी-पद्धति से हम जिस 'विद्यु' को जान रहे हैं, वह इसका गतिशील रूप तो है ही, 'विद्यु' के **ऋण** और **धन** आवेश भी अलग-अलग होकर बह रहे हैं। यह विद्यु की 'रौद्र तथा विभक्त' अवस्था है जो कृत्रिम रूपसे अस्तित्व में लाया गया है। घनघोर बादल की

परिस्थिति में जो बिजली गिरती है, वह उसके 'रौद्ररूप' का प्राकृतिक स्वरूप है।

द्रष्टव्य है कि 'परमाणु' के अवयवी **विद्यु-तत्त्व** ही विभक्त-स्वरूप में स्थित होकर भौतिक-सत्ता के निर्मातृ-तत्त्व रूप में स्थित है। यही कारण है कि दार्शनिक ग्रन्थों में कहा गया है—'**अग्निषोमात्मकं जगत**'। तात्पर्य है कि 'सोम' सातत्य में ही दृश्य-जगत की उत्पत्ति हुई है जिसमें विद्युत-शक्ति ही रोद्र अवस्था में अग्नि (विकुंचन) है और सौम्य-अवस्था में सर्वत्र आन्तरिक्ष रूपसे सतत् है।

परमाणु में विद्युत-ऊर्जा के विभक्त स्वरूप को ही वैज्ञानिकों ने 'ऊर्जाणु' की संज्ञा दी है तथा ऊर्जाणु-सिद्धान्त की स्थापना की है।

वस्तुस्थिति यह थी 'अनिश्चिन्तता सिद्धान्त' के बाद वैज्ञानिकों यह आभाष हुआ कि किसी स्थान-विशेष से 'भौतिक-सत्ताओं एवं ऊर्जाई-सत्ताओं' को स्थानान्तरित करने की 'तकनिक' हासिल करना दुर्लभ है। उन्होंने विचार किया कि 'ब्रह्म-तत्त्व' (स्पेस ऐंड टाईम) से ही सभी सत्ताओं का निर्माण हुआ है, अतः निश्चित रूपसे पदार्थ की अन्तिम विभक्ति के रूप में 'ब्रह्म' का शुद्ध-स्वरूप मिल सकता है। ऐसी स्थिति में उन्होंने पदार्थ को ही विभक्त करने की तकनिक पर काम करणा आरम्भ किय। अस्तु, उन्होंने विभक्ति की प्रक्रिया को प्रधान-आधार बनाया।

इस प्रकार, उन्होंने **पदार्थ** को विभक्त करना आरम्भ किया। यह धारणा भी कोई नई धारणा नहीं थी। इसका संकेत भगवान श्रीकृष्ण द्वारा 'गीता' के माध्यम से दिया गया है। इसमें वे कहते हैं-

सर्वभूतेषु येनैकं भावमव्ययमीक्षते।

अविभक्तं विभक्तेषु तज्ज्ञानं विद्धि सात्त्विकम्।।
(गीता, ८/२०)।।

इसमें वे बताते हैं कि सभी भूत (वस्तु) में ब्रह्म अव्यय स्वरूप से प्रकट है। अगर पदार्थ को विभक्त करने की प्रक्रिया आरम्भ की जाए तो पदार्थ की एक अन्तिम विभक्ति मिलेगी (**अविभक्तं विभक्तेषु**) मिलेगी। उसमें वैज्ञानिक बुद्धि से देखने पर (**विद्धि सात्त्विकम्**) 'ब्रह्म-तत्त्व' का ज्ञान हो जाएगा (**तज्ज्ञानं**)।

इस प्रक्रिया के आधार पर वैज्ञानिको को जो ज्ञान मिला, उसे ही **ऊर्जाणु-सिद्धान्त** कहते हैं—

प्रकार अन्तिम विभक्ति 'परमाणु' है, इसलिए पदार्थ की इकाई परमाणु है। पदार्थ की इकाई-स्वरूप 'परमाणु' की रचना **इलेक्ट्रॉन, प्रोटोन** और **न्यूट्रॉन** से हुई है। निस्सन्देह, ये कण 'पदार्थ' से भिन्न अर्थात् **'ऊर्जा'** हैं। वैज्ञानिकों से 'ऊर्जा' 'स्पन्दन' (disturbance) के रूप में था, परन्तु यही 'ऊर्जा' उपरोक्त तीन कणों के रूप में स्थित है। इन्हें ही 'ऊर्जाणु' कहा गया और **ऊर्जाण-सिद्धान्त** की स्थापना हुई। इस सिद्धान्त का भी 'सोम' से है, क्योंकि **'विद्युत'** के 'विकुंचन-स्वरूप' को

ही **'सोम'** कहा गया है। विदित हो कि 'परमाणु' की संरचना जिन ऊर्जाणुओं **इलेक्ट्रॉन, प्रोटोन** और **न्यूट्रॉन** से हुई है उन सबका सम्बन्ध 'विद्युत' अर्थात् **सोम** से है।

आईन्स्टी का सूत्र E=mc²

आईन्सटीन के इस सूत्र में 'ऊर्जा' के लिए 'e', मात्रा के m लिए और 'प्रकाश की गति' के लिए 'c' का प्रयोग किया गया है। विदित हो कि मात्रा और ऊर्जा दोनों का सम्बन्ध परमाणु से है। यह सूत्र ज्ञान देता है कि 'परमाणु' की संरचना में **'ऊर्जा'** को बाहर निकाला जा सकता है जिसका यह सूत्र है। इसी सूत्र पर आगे चलकर वैज्ञानिकों ने परमाणु को विश्लेषित करने की विधि निकाल कर 'परमाणु- विस्पोट' किया। पर परमाणु- बम लिए का प्रयोग किया गया है। 'अनिश्चिन्तता के सिद्धान्त' की व्याख्या के क्रम में हमने उल्लेख किया था कि 'सोम' को नहीं हटाया जा सकता, क्योंकि भौतिक- सत्ताओं की रचना 'सोम-विकुंचन' से 'सोम-सातत्य' में ही होता है। परमाणु-विस्फोट के पलस्वरूप सोम-सातत्य ही नष्ट होने लगता है।

उपरोक्त **ऊर्जाणु-सिद्धान्त** में परमाणु की संरचना का ज्ञान प्राप्त किया गया और यह पाया गया कि इसके जो अवयवी कण हैं, वे ऊर्जा के ही कण-स्वरूप हैं। इन्हें ही **'ऊर्जाणु'** बताया गया है। विदित हो कि आईन्सटीन-महोदय के 'सापेक्षिता-सिद्धान्त' (Theory of relativity) को प्रयोगशालाओं में प्रमाणित नहीं किया

जा सका, परन्तु यह सिद्धान्त गणित के अनुसार सही है। ध्यातव्य है 'साईंस' पर आधारित है, वह 'शून्य-आधारित' वैदिक पद्धति है। इसके ही व्याकरण (मौलिक नियमें) को अंकगणित कहते हैं। जिस 'निरपेक्ष-सत्ता' का वैज्ञानिक-प्रमाण वायरलेस-उपकरणों से प्राप्त होता है, उसकी ही व्याख्या 'अंकगणित' में **शून्य** की संज्ञा देकर की गई है। यह 'शून्य' सभी 'गणितकी' प्रक्रियाओं (जोड़, घटाव, गुणा और भाग) से परे है, इसलिए **'निरपेक्ष'** है। इस **गणित-विद्‌या** में नौ इकाई अंक हैं जो 'शन्य' में इकाई स्थान छेकते हैं। अस्तु, जहाँ 'शून्य' (ब्रह्म) है, वहीं **स्थान** है। और, जो 'सत्ता' स्थान छेकती है, वह **सापेक्ष** है। उसी की इकाईयाँ संभव हैं। गणित में 'निपरेक्ष-सत्ता' से ही 'स्थान' का बोध सम्भव है और उस निरपेक्ष-सत्ता **'ईथर'** को वैज्ञानिकों 'स्थान-गुणक' के अन्तर्गत बता रहे थे, यह अंकगणित के नियमों के विरुद्ध था। यही कारण है कि आन्स्टाईन ने ईथर-सिद्धान्त का जबरदस्त विरोध किया। यह विरोध इतना प्रबल था कि उन्होंने 'निरपेक्ष-सत्ता' [जिसके सातत्य में चुम्बकीय-तरंगें गमन करती हैं] का नाम 'ईथर' से बदलकर 'space & time' कर दिया।

आन्स्टाईन के सिद्धान्त को जब प्रयोगशाला में प्रमाणित नहीं किया जा सका। इसलिए, दूसरे तकनिक की खोज की गई। आन्स्टाईन बता रहे थे तथा ईथर-सिद्थान्त भी स्वीकार कर रहा था कि सबकुछ की रचना निरपेक्ष-सत्ता के **तत्त्व** से ही हुई है। वैदिक-दर्शन

भी यही बता रहा था। इसलिए, यह निष्कर्ष निकाला गया पदार्थ को विभाजित करने की प्रक्रिया अपनाई जाए तो अंतिम विभक्ति के रूप में स्वयं निरपेक्ष-सत्ता मिल जायेगा।

पररमाणु की संरचना

विभक्त की प्रक्रिया में **पदार्थ** की अंतिम विभक्ति के रूप में 'परमाणु' मिलता है। इसे भी **विभक्त** करते हैं तो हमें **विद्युत-ऊर्जा** की तीन विभक्तिया परमाणु के अवयवों के रूप में मिलती हैं। आईन्सटाईन-काल के वैज्ञानिकों ने उन्हें ही **'ऊर्जाणु'** कहा।

यहाँ **विद्युत-ऊर्जा** तीन ऊर्जाणुओं के रूप में विभक्त होती है। विद्युत-ऊर्जा के 'इस प्राकृतिक विभक्ति' का आधार 'आवेश' हैं। ये विभक्तियाँ हैं-- 'इलेक्ट्रन' (जिनमें विद्युत का ऋण-आवेश होता है), 'प्रोटोन' (जिनमें विद्युत का धन-आवेश होता है) और 'न्यूट्रोन' (जिनमें विद्युत का केन्द्रीय-आवेश होता है जो अव्यय होने के कारण न्यूट्रल कहा जाता है।

स्मरणीय है कि विकुंचन में 'केन्द्रशक्ति' (केन्द्र) से परस्पर विपरीत दो पार्श्व होते हैं जिनमें केन्द्र से पार्श्वान्तों तक गमनागमन की वृत्ति होती है जिसे 'आवेश'। 'विद्युत-विकुंचन' में एक ओर के आवेश को 'धन' तो विपरीत पार्श्व के 'आवेश' को 'ऋण' कहते हैं। परन्तु, केन्द्रशक्ति के आवेश को तटस्थ (न्यूट्रल) कहते हैं (जबकि यह वास्तव में 'अव्यय' होता है।

स्थिति यह है कि 'प्रोटोन-कण तथा न्यूट्रन-कण' की स्थिति 'परमाणु' की **न्यष्टि** में होती है। इस 'न्यष्टि' के गिर्द परमाणु के पृष्ठ्य-तल तक शून्य का घेरा उपस्थित होता है जिसके वाह्य-परिच्छेद पर इलेक्ट्रॉन-कण 'न्यष्टि' की परिक्रमा करते रहते हैं। इनकी परिक्रमा का पथ वृत्ताकार न होकर अंडाकर होता है। उनते परिक्रमा का परिपथ 'अंडाकार' होने का का 'वैज्ञानिक' तात्पर्य यह है कि अपनी परिक्रमा के आधे काल में इलेक्ट्रॉन-कण न्यषि के समीप रहता है और आधे काल तक न्यष्टि से दूर रहता है जिसकारण उसका परिक्रमा-पथ अंडाकर हो गया है।

ये 'इलेक्ट्रॉन-कण' नजदीक आने के क्रम में 'न्यषि' पर आगमन नहीं कर पाते, क्योंकि 'शून्य का घेरा' इतना प्रबल है कि उन्हें अंदर प्रवेश ही नहीं कर करने देता। शून्य में यह 'शक्ति' कहाँ से आई? कहीं ऐसा तो नहीं कि यह 'शून्य का घेरा' ब्रह्म का घेरा तो नहीं है? (विदित हो कि ईथर-सिद्धान्त तथा सापेक्षता-सिद्धान्त के अनुसार 'ब्रह्म' एक वास्तविकता है (इसके उत्तर की खोज हम आगे करेंगे।)

प्रश्न यह भी उठता है कि 'इलेक्ट्रॉन-कण' न्यष्टि की ओर क्यों आने चाहते हैं? इस प्रश्न का जवाब है कि जब ध्वनि-विकुंचन ऊर्जाणुओं के रूप में विभक्त नहीं हुआ था तब उसकी वृत्ति **न्यूट्रॉन** (केन्द्रशक्ति) पर आगमन करने और वहाँ से गमन करने की थी। **शून्य के घेरे** के कारण वह न्यष्टि पर नहीं आ पाता।

अगर ऐसी ही बात है तो 'प्रोटॉन-कणों' को भी **न्यूट्रॉन** की ओर गमनागमन की वृत्ति दिखानी चाहिए। ज्ञातव्य है कि यह भी अपनी गमनागमन गति को दिखाता, परन्तु उसका 'गमनागमन' तिर्यक-रेखाओं के रूप में प्रकट होता है। तिर्यक रेखाओं में एक बार **न्यूट्रॉन** के निकट होता है और दूसरी बार **न्यूट्रॉन** से दूर जाता है। इलेक्ट्रॉन तथा प्रोटोन-कणों की गमनागमन की गति में ऐसे अन्तर का कारण यह है कि इलेक्ट्रॉन शून्य के घेरे से बाहर है और प्रोटॉन शून्य के घेरे के भीतर है।

ऊर्जाणु-सिद्धान्त यह भी स्वीकार करता है कि परमाणु में **मात्रा** कारण परमाणु की **न्यष्टि** ही है जिसमें प्रोटॉन तथा न्यूट्रॉन की स्थिति है। वैदिक-दर्शन में इसी ही **'रयि'** (धन की देवि) की संज्ञा दी गई है। यही कारण है कि वैदिक-दर्शन में **'न्यष्टि'** को **'रयि'** के नाम से जाना गया है स्मरणीय है कि ऊपर की व्याख्या में इसे 'शून्य के घेर' में स्थित बताया गया है। अंकगणित में 'शून्य' को 'ब्रह्म' कहा गया है। वैदिक-दर्शन में 'ब्रह्म' को **प्रजापति** भी कहा गया है क्योंकि वह समस्तु प्रजा (सृष्ट रचनाओं) को चारों ओर से घेर कर रखता है (शुल्कयजुः संहिता)। अस्तु, कहा गया है-- यत्कामास्ते जुहुमस्स्तान्नो अस्तु वयं स्याम **पतयो रयिणाम** (शुल्कयजुः संहिता)।

संहिता के इस सूत्र में यत्कामास्ते जुहुमस्स्तान्नो अस्तु वयं स्याम की स्तुति (**प्रजापति**) रयि (परमाणु की व्यष्टि को) का 'पति' बताया गया है। ध्यातव्य है कि

परमाणओं से ही, अणु और अणुओं से भौतिक-वस्तुओं का निर्माण हुआ है और इसी क्रम में विराट भौतिक-जगत की रचना हुई है। इन प्रकार 'न्यष्टि' जो शून्य-परिमाण (ब्रह्म) के घेरे में है, इसलिए 'वह कण-कण में स्थित है। वह (रयि) भार-गुणक की अधिष्ठातृ है, इसलिए पुराणों में उसे ही 'भगवती-लक्ष्मी' कहा जाता है। कहा जाता है कि ब्रह्म-स्वरूप 'भगवान विष्णु' उनके पति हैं और भगवती लक्ष्मी का स्थान 'विष्णु' के हृद में है। हृद में स्थित होने का अर्थ है कि उसे 'ईश्वर' ने उन्हें चारों ओर से घेर कर अपनी केन्द्रस्थानीय-सत्ता बना कर रखता है। यही स्थिति परमाणु की 'न्यष्टि' की है।

ऊर्जा की संरचना---विकुंचन

वैज्ञानिक दृष्टि से ब्रह्म का तात्पर्य निरपेक्ष-सत्ता से है और निरपेक्ष-सत्ता का 'अतुलनात्मक-सत्ता' (जो समय और स्थान दोनों ही गुणकों से परे) से है 'एकोऽहं द्वितीयो नास्ति।'। वैदिक-दर्शन के अनुसार यह सत्ता अनिवार्य रूप से **'विकुंचन'** (प्राण) ही हो सकती है जिसमें 'समंचन-प्रसारण' की आवृत्तियाँ होती हैं। 'ब्रह्म' का अध्ययन जब 'विकुंचन' के रूप में करते हैं अस्तु, 'ब्रह्म' को ब्रह्म-विकुंचन कहा जाना चाहिए-'प्राणो वै सः' अर्थात् 'वह' (ब्रह्म) विकुंचन ही है।

'प्राण' एक प्रकार की रोचना (संरचना) है। वैदिक-दर्शन में विकुंचन (प्राण) की व्याख्या की दे स्थितियाँ है जो परस्पर भिन्न नहीं, परस्पर-सम्बन्धित हैं—'प्राणो

वै समंचनंप्रसारणं' (शतपथ)। यह विकुंचन की सामान्य परिभाषा है कि 'वह समंचन-प्रसारण करने वाली सत्ता है।' विकुंचन की प्रकृति का गहन अध्ययन करते हैं तो एक भिन्न स्थिति व्यक्त होती है—'अन्तश्चरति रोचनास्य प्राणदपानती' अर्थात् इसकी रोचना (संरचना) के अन्तर्गत 'अवयवी प्राण और अपनान अन्तश्चरण करते रहते हैं।

विदित हो कि विकुंचन की संरचना के अन्तर्गत प्राण और अपान का अन्तश्चरण नहीं हो तो समंचन-प्रसारण की स्थिति नहीं उत्पन्न होगी। ध्यात्व्य है कि वैज्ञानिक-प्रयोगों के प्रमाण से भी इस स्थिति का प्रमाण मिलता है—

जल-तल में संक्षोभ उत्पन्न होने से स्थिति प्रकट होती है कि १. संक्षोभ का एक **केन्द्र** होता है। यह शून्य-स्थान नहीं है, बल्कि इस 'विन्दु' पर एक केन्द्रिय-सत्ता होती है जिसकी पहचान **केन्द्र-शक्ति** के रूप में की जाती है। २. इसके परस्पर विपरीत-पार्श्वों में दो अनजान-सी सत्ता अन्तश्चरण करती रहती है-'अन्तश्चरति रोचनास्य प्राणदपानती'। यहाँ स्थिति यह है कि इन दोनों के ही अन्श्चरण की दूरी एक समान (equal), परन्तु दिशा में परस्पर विपरीत होते हैं। विदित हो कि दार्शनिक-भाषा में इस अनजान-सी सत्ता को मूल-तत्त्व या वाक् कहते हैं। इसी को श्रुतियों में 'ऋक् 'साम' कहा गया है—'ऋकमामे वहतः' अर्थात् ऋक् और साम ही अन्तश्चरण कर रहे हैं।

ऊपर के श्लेक की विवेचना से ज्ञात होता है कि इस रोचना के अवयव 'प्राण और अपान' जब अपने-अपने पार्श्वान्तों पर पहुँते हैं तो सम्पूर्ण रोचना पूरी तरह से प्रसारित (फैली हुई) अवस्था में होती है। अब ये दोनों समान-गति अपनी 'केन्द्र-शक्ति' की दिशा में आगमन करने लगते हैं। इससे सम्पूर्ण-रोचना समंचित होने लगती है। ये दोनों एक साथ 'केन्द्र' पर पहुँच कर केन्द्र-शक्ति से एक रूप या यानि विन्दू-रूप हो जाते हैं। इस अवस्था में विकुंचन पूर्ण समंचित अवस्था में होता है। इसे एक आवृत्ति की पूर्णता कहते हैं। इसी प्रकार, 'समंचित-अवस्था' से प्रसारित-अवस्था तथा प्रसारित-अवस्था से 'समंचित-अवस्था' का क्रम अनवरत् जारी रहता है। इस कारण विकुंचनों को अमृत (अमत्र्य) कहा जाता है।

ऊर्जा और मूल-तत्त्व

पदार्थ परमाणुओं से बना है। परमाणु के अवयवों में एक है 'प्रोटोन'। प्रोटोन अणों की संख्या में भिन्नता के आधार पर पदार्थ को कई तत्त्वों में विभक्त किया जाता है। जैसे—कार्बन, लोहा आदि। ये सभी 'तत्त्व' निर्धारण के भौतिक आधार हैं। साईंस के ईथर-सिद्धान्त के बाद से 'ऊर्जा' की महत्ता को पर भी ध्यान दिया जाना चाहिए। हम जान चुके हैं कि 'परमाणु' की रचना 'विद्युत-विकुंचन' से हुई है। ध्यातव्य है कि 'विद्युत' ऊर्जा का ही एक स्वरूप है, इसलिए संस्कृत में 'ऊर्जा'

की सत्ता को **'सूक्ष्म'** को बताया गया है। वैदिक-दर्शन में 'सूक्ष्म' के आधार पर भी 'तत्त्व' का निर्धारण किया गया है। इन्हें **'सूक्ष्म-तत्तव'** कहा जाता है।

ध्यातव्य है कि पदार्थ की रचना 'परमाणु' से हुई है, इसलिए 'तत्त्व' का निर्धारण परमाणु के अवयव प्रोटोन-कणों की संख्या के आधार पर किया गया है। अस्तु, वैदिक-दर्शन में भी 'तत्त्व' के निर्धारण के कोई आधार अवश्य ही है। यहाँ 'तत्त्व' के निर्धारण 'ब्रह्म' और उसके गुण हैं।

पहली स्थिति यह है कि 'ब्रह्म' स्वयं निरपेक्ष अर्थात् समय और स्थान गुणकों से परे है। इसलिए, सातत्य की दृष्टि से वह **अनादि-अनन्त** है। उसके केन्द्र से अनन्त तक जो ब्रह्म-तत्त्व सतत् है, उसे 'वाक्' कहते हैं। अस्तु, जो प्रथम-तत्त्व है, वह **वाक्-तत्त्व** है।

ध्यातव्य है कि सृष्टि का **मूल-तत्त्व** स्वयं 'ब्रह्म' है, वैज्ञानिक (प्रमाणिक जानकारी) की दृष्टि से ब्रह्म-तत्त्व को **वाक्** कहा जाता है-- **वागुत्सृष्टा स्वयंभुवा** (शतपथ ब्राह्मण)। इस श्लोक में ब्रह्म-विकुंचन के 'केन्द्रीय-शक्ति' को ही 'स्वयंभू-ब्रह्म' (**स्वयंभुवा**) जिसने केन्द्र से चतुर्दक अनन्त तक वाक् का उत्सर्जन किया है (**वागुत्सृष्टा**) है, इसलिए ब्रह्म की सम्पूर्ण **वाक्-तत्त्व** से ही बनी हुई है—**यदि वै प्रजापतेः परमस्ति वालगेव तद्** (शतपथ, ५/१/३/११)।

सापेक्षता की सृजन के लिए 'ब्रह्म' अपनी 'घेराव-शक्ति' को प्रकट करता है जिसे **पराशक्ति** कहा जाता है। वह अपन सातत्य के किसी परिमाण को घेर लेता है। तात्पर्य यह है कि उस परिमाण को चारों ओर से शेष ब्रह्म-सातत्य ने घेर लिया हो। इस परिच्छेद के कारण घिरे हुए परिमाण में 'व्याप्ति' का बोध होता है। यही 'स्थान-गुणक' का **सापेक्ष** होना है। 'ब्रह्म' के इस **परिच्छिन्न-परिमाण** का बोध (अनुभूति) आकर्षण-शक्ति के रूप में होता है। अस्तु, इसे (**परिच्छिन्न-परिमाण** को) **वात-तत्त्व** कहते हैं। ध्यातव्य है कि 'वाक्-तत्त्व' स्वयं 'निरपेक्ष-विकुंचन' है, जबकि 'वात-तत्त्व' अर्ध-निरपेक्ष-विकुंचन है।

वैज्ञानित क्रान्ति

स्पष्ट है कि **वायरलेस-उपकरण** के अविष्कर ने भौतिकवादी 'आधुनिक विज्ञान' अर्थात् **साईंस** की विचार-धारा (सोच) में एक क्रान्तिकारी परिवर्तन ला दिया। इसके पूर्व के वैज्ञानिक और विचारक **निरपेक्ष-सत्ता** (ब्रह्म) की भारतय-धारणा को 'मिथक', 'अवैज्ञानिक' और पुरातनपंथिता (backwardness) समझ रहे थे, उनकी यह धारणा उनकी 'वैज्ञानिकता' को ही 'मिथक', 'अवैज्ञानिक' और पुरातनपंथिता (backwardness) साबित कर चकी था। कारण था कि 'ईथर-सिद्धान्त' ने प्रमाणित कर दिया कि यह भौतिक-विश्व स्वयं ही **'ऊर्जा'** के सातत्य में सृष्ट और स्थिति है। यह प्रमाणित हुआ कि 'ऊर्जा' का ही एक

अनश्वर और 'समय-गुणक से परे' स्वरूप है जो सर्वत्र 'कारण' रूप से एक समान रूप से सतत् है। यह भी प्रमाणित हुआ कि 'ऊर्जा' के जिन स्वरूपों को 'साईंस' प्रमाणित करता है, वे सभी उसी **'ईथर'** के तुलनात्मक (सापेक्ष) स्वरूप हैं। 'ईथर-सातत्य' को ही वैज्ञानिकों ने भी **'शून्य'** की संज्ञा दी और पदार्थ तथा ऊर्जा को परिभाषित करते हुए कहा कि 'पदार्थ शून्य में स्थान ग्रहण करता है और वह विभाज्य-सत्ता है' जबकि 'ऊर्जा शून्य में स्थान नहीं ग्रहण करती और वह 'अविभज्य' है। इस वैज्ञानिक-सिद्धान्त में प्रश्न यह उठता है कि यदि 'ऊर्जा' अविभाज्य है तो एक 'ऊर्जा' दूसरी उर्जा से भिन्न क्यों दिखाई देती है। इसका उत्तर देते हुए वैज्ञानिकों ने बताया कि 'सत्ता की दृष्टि से **ऊर्जा** एक ही है, परन्तु 'वह' स्वयं को एक स्वरूप से दूसरे स्वरूप में परिणत करती हुई सदैन अनश्वर है।'

'ईथर-सिद्धान्त' में यह तो प्रमाणित-तथ्य था कि 'ईथर' समय-गुणक से परे अर्थात् **अक्षर** अविनाशी है। यह भी प्रमाणित-तथ्य था कि उसके ही सात्य में ही पदार्थ और ऊर्जा की स्थिति है। भारतीय ग्रन्थों (संस्कृत में रचित) में स्पष्ट कहा गया है—अक्षरं तत् परंब्रह्म' (विष्णुपुराण)। अर्थात् जिसका सातत्य है और वह समय-गुणक से परे है, वह 'परम' है और वही 'ब्रह्म' है। विदित हो कि जो समय और स्थान गुणकों से परे है, उस 'ब्रह्म' को ही 'पूर्ण-सत्ता' कहा गया है, इसलिए

वह 'परम' है। 'परम' (पूर्ण) को परिभाषित करते हुए वैदिक-ग्रन्थों में कहा गया है—

पूर्णमदः पूर्णमिदं पूर्णात् पूर्णमुदच्यते।

पूर्णस्य पूर्णमादाय पूर्णमेवाऽवशिष्यते।। (श्रुति)।।

यहाँ समझाया गया है कि जो 'पूर्ण-सत्ता' है, वह अविभाज्य है, उसमें 'जोड़ा' या 'गुणन' की दृष्टि से कुछ भी बढ़ाया या घटाया नहीं जा सकता। पूर्ण से पूर्ण की निष्पत्ति होती है और पूर्ण में पूर्ण ही समाकार उसी के स्वरूप में आ जाता है।

इस भावना और गणित को आईन्स्टीन महोदय भी समझ रहे थे जिसे उन्होंने 'सापेक्षता-सिद्धान्त' में 'समय' और 'स्थान' के माध्य से समझाया कि **'निरपेक्ष-सत्ता'** एक वास्तविक सत्ता है जो निरपेक्ष (अतुलात्मक) होने के कारण 'वह' जैसा है, ठीक वैसा ही हमें प्रतीत नहीं हो पाता, क्योंकि हमारी अनुभूति क्षमता सापेक्षता की सीमा से बँधी हुई है। अस्तु, उसकी जो अनुभूति होती है, वह 'सापेक्ष' है। अर्थात् 'ब्रह्म' की तुलनात्मक अनुभूति 'समय' और 'स्थान' के रूप में होती है और ये दोनों भी परस्पर सापेक्ष हैं।

वैज्ञानिकों की यह जानकारी या आभास नहीं था कि ब्रह्म-सातत्य के अन्तर्गत 'सोम' (विद्युत) संज्ञक 'ऊर्जा' का जो ब्रह्म से भिन्न है, इसलिए सापेक्ष है, का सातत्य है। इसी 'सोम-सातत्य' में पदार्थ (पारमाणिक-संरचना) की उत्पत्ति सोम-तत्त्व (विद्युत) से हुई है।

साईंस को यह भी ज्ञात नहीं था (और आज भी नहीं है) कि प्रकाश, ताप आदि **'सोम-सातत्य'** में ही गमन करने वाली भिन्न-भिन्न वर्तुल-तरंगें हैं। ऐसी स्थिति में ब्रह्म-सातत्य से सोम-सातत्य को हटाने की तकनिक 'मानव' के पास उपलब्ध नहीं है। इस कारण 'अनिश्चितता के सिद्धान्त' की स्थापना करने वाले वैज्ञानिक अपने वैज्ञानिक-उपकरण से 'सोम-सातत्य' को नहीं हटा। फलतः, उनके द्वारा रखे गये 'कण' सोम (विद्युत-विकुंचन) के समंचन-प्रसारण के अनुरूप 'हिलोर-गति' को प्रकट करने लगे। इसे ही 'ब्रह्म का स्वरूप' समझ कर 'अनिश्चितता के सिद्धान्त' संज्ञक वैज्ञानिक-त्रुटि की स्थिति बनी।

प्रबुद्ध वैज्ञानिक यह तो समझ गये कि गलती हुई है, परन्तु कारण नहीं समझ पाये। यह तो **'ईथर-सिद्धान्त'** से ही ज्ञात हो चुका था कि 'ईथर-तत्त्व' (ब्रह्म-तत्त्व) से ही सूक्ष्म से सूक्ष्म सत्ताओं की रचना हुई है। अतः, यह निर्धारित किया गया कि उस अन्तिम 'सूक्ष्मतम' सत्ता की खोज की जाए तो 'ब्रह्म-तत्त्व' का वैज्ञानिक प्रमाण प्राप्त किया जा सकता है। इस क्रम में भौतिक-कणों की अंतिम 'विभक्ति' का पता चला जिसे वैज्ञानिकों ने 'परमाणु' (Atom) संज्ञा दी। इसे भी विभक्त किया गया तो ऊर्जाई कणों के रूप में इलेकट्रॉन, प्रोटॉन और न्यूट्रॉन का पता चला। वैज्ञानिकों की धारणा थी कि जिस प्रकार पदार्थ के सबसे सूक्ष्मतम कण 'अणु' जिससे **परमाणु** का ज्ञान हुआ, इसी प्रकार प्राप्त 'ऊर्जाणु'

को विभक्त करने से 'ईथर-तत्त्व' का भी ज्ञान सम्भव होगा। और, यह वह स्थिति होगी जब आईन्सटीन के सिद्धान्त की वैज्ञानिकता का निर्धारण हो सकेगा। इसी सिद्धान्त को किया जाए का पता चला। इसे ही 'ऊर्जाणु-सिद्धान्त' कहा जाता है।

भगवद्गीता में 'परमाणु'

ऊपर के अध्ययन में 'ऊर्जाणु-सिद्धान्त' के क्रम में 'साईंस' आधारित 'परमाणु' व्याख्या के क्रम हमने पाया कि 'परमाणु' व्यासि की तुलना उसके 'केन्द्र' पर स्थित 'केन्द्रीय-संरचना' के रूप में स्थित 'न्यष्टि' की व्यासि अत्यन्त 'लघु' है और परमाणु के वाह्य-तल पर इलेक्ट्रॉन कण अंडाकार परिपथ में परिक्रमा करते रहते हैं। इस प्रकार, 'न्यष्टि' के गिर्द शून्य का विस्तार ही सर्वाधिक है। वैज्ञानिकों ने पहले तो यह बताया कि यह 'सत्ता-विहीन स्थान' की व्यासि है जिसे उन्होंने 'वैकुअम' की संज्ञ दी। 'वैकुअम' की धारणा को आईन्सटीन के सिद्धान्त के आधार पर गलत माना गया और अंततः इसे अस्वीकार कर दिया गया। ऊपर के विवरण में इसे ही **'प्रजापति-ब्रह्म'** बताया गया है तथा परमाणु की न्यष्टि को 'रयि' कहा गया है। इस कथन का आधार 'श्रुति' का एक मन्त्र है जिसे अंकित भी किया गया है।

यह व्याख्या विद्युत-विकुंचन के सन्दर्भ में सही प्रतीत होता है ----मूलतः एक स्वरूप दूसरे स्वरूप से भिन्न क्यों दिखाई देता है। यह स्पष्ट ज्ञात होता है कि

विद्युत-विकुंचन के परस्पर विपरीत पार्श्व ही अपने-अपने पार्श्वान्तों से केन्द्रीय-शक्ति तक गमनागमन (अन्तश्चरण) कर रहे हैं जिसे ऋण-आवेश और धन-आवेश के रूप में जाना जाता है। परन्तु, जब 'ध्वनि-विकुंचन' परमाणु के रूप में परिणत होता है तो उसकी केन्द्रीय-शक्ति और परस्पर विपरीत आवेश कणिक (ऊर्जाणु) स्वरूप धारण कर लेते हैं। इसका वैज्ञानिक कारण यह है कि 'शून्य' के परिमाण (प्रजापति) ने विद्युत-विकुंचन की केन्द्रीय-शक्ति तथा धनात्मक आवेश को घेर लिया है और ऋणात्मक आवेश को अपने घेरे से बाहर रखा है। इस निरपेक्ष-सत्ता ने 'ऊर्जा-विकुंचन' को घेर कर नया-स्वरूप दिया है। एक स्वरूप को दूसरे भिन्न स्वरूप में परिणत करने को ही 'बृंहण' कहते हैं। इसी कारण 'निरपेक्ष-सत्ता' को 'ब्रह्म' कहते हैं।

इस व्याख्या का अर्थ यह है कि वैदिक-दर्शन में 'परमाणु' का ज्ञान अवश्य है। इस जानकारी का विवरण भगवद्गीता में भी है।

'गीता' में कहा गया है—

सर्वभूतेषु येनैकं भावमव्ययमीक्षते।

अविभक्तं विभक्तेषु तज्ज्ञानं विद्धि सात्त्विकम्।।
(भगवद्गीता, १८/२०)।।

इस श्लोक में बताया गया है कि 'ब्रह्म' परम है, इसलिए सदा एवं सर्वत्र एक स्वरूप में स्थित है (येनैकं), इसलिए उसकी पहचान 'अव्यय' रूप में की जा सकती है

(भावमव्ययमीक्षते)। पदार्थ (भूत) को जब विभक्त करते हैं उसकी एक ऐसी विभक्ति मिलती है जिसे अब विभक्ति नहीं किया जा सकता (अविभक्तं विभक्तेषु)। उसका (ब्रह्म का) ज्ञान (तज्ज्ञानं) भूत (पदार्थ) की इसी अन्तिम विभक्ति में (अविभक्तं) सात्विक [बुद्धि अभेद वाली बुद्धि] से प्राप्त किया जा सकता है (विद्धि सात्त्विकम्)।

ध्यातव्य है कि जिसे 'साईंस' **परमाणु** कहता है, वह पदार्थ की अन्तिम-विभक्ति है, क्योंकि इसे विभक्त करने से परमाणु की सत्ता ही समाप्त हो जाती है। इस श्लोक में 'परमाणु' को ही 'भूत' अविभक्तं विभक्तेषु कहा गया है। इसमें परमाणु की न्यष्टि के गिर्द उसके पृष्ठ्य-तल जो शून्य स्थित है वह निश्चय ही अव्यय स्वरूप 'ब्रह्म' है। यह भेदहीन-बुद्धि से समझा जा सकता है। जिन वैज्ञानिकों ने इसे भेदयुक्त बुद्धि से देखा, उन्हें 'वह' 'वैकुअम' नजर आया। कारण यह है कि **ब्रह्म-तत्त्व** से विहीन कोई स्थान हो ही नहीं सकता।

ध्यातव्य है कि 'शुल्कयजुः संहिता' में परमाणु की 'न्यष्टि' को ही '**रयि**' कहा गया है जिसे घेरकर ब्रह्म उसके चारों ओर स्थित है, इसलिए 'वह' हर परमाणी की न्यष्टि में 'रयिपति' रूप से स्थित है--यत्कामास्ते जुहुमस्स्तान्नो अस्तु वयं स्याम **पतयो रयिणाम** (शुल्कयजुः संहिता)।

सोम और सोम-सातत्य

❖

कारण-सातत्य और सूक्ष्म-सातत्य

पिछले अध्याय में **ईथर-सिद्धान्त** तथा **सापेक्षता-सिद्धान्त** का विवेचनात्मक अध्ययन किया गया था। इन दोनों ही सिद्धान्तों से यह प्रमाणित हुआ कि जिस सोच पर पाश्चात्य वैज्ञानिक और विचार संस्कृत भाषा के जिन ग्रन्थों की वैज्ञानिक-धारणाओं को मनोकल्पना बता रहे थे, वही साईंस के अन्तर्गत वास्तविक विज्ञान प्रमाणित हो रहा था। **भौतिकवाद** पर आधारित पाश्चात्य धारणाएँ विचार की धारणा यह थी कि 'निरपेक्ष-सत्ता' की धारणा ही 'मानसिक-गल्प' है। परन्तु, **वायरलेस-उपकरण** के प्रमाणों ने इस 'वैदिक-धारणा' को 'सत्या' का आधार दे दिया था। **आईन्सटीन** के सिद्धान्त के आलोक में जब वैज्ञानिक ने प्रयोगशाला में 'शून्य' की जो कथित स्थिति

प्रकट की थी, उसमें हल्के भौतिक-कणों आलोड़ित हो रहे थे जिसका कारण स्पन्दन (disturbance) था।

विदित हो कि 'विकुंचन' में केन्द्र से दोनों दिशा में गमनागमन की प्रवृत्ति होती है जब कि भौतिक-कण में एक समय में एक ही दिशा में 'गमन' की क्षमता होती है। अस्तु, कोई कण जब 'विकुंचन' के प्रभाव में आता है, पहले किसी एक ओर के आवेश को ग्रहण करके उसके पार्श्वान्त तक गमन करता है और वापिस केन्द्र पर आता है। इसके बाद दूसरे आवेश के अनुरूप विपरीत दिशा में पार्श्वान्त तक गमन करता है। कण की इस गति को 'हिलेर-गति' कहते हैं।

ध्यातव्य है कि ब्रह्म-विकुंचन के आवेशों में 'गति-दर' भी माप से परे होती है तथा केन्द्र से पार्श्वान्त की दूरी भी माप से परे होती है, इसलिए इन्हें ग्रहण करना सम्भव नहीं है; इसलिए 'कण' को स्थिर होना चाहिए था।

इस कारण, उस वैज्ञानिक को यह समझना चाहिए था कि जिस स्थान को वे शून्य समझ रहे थे, वहाँ ब्रह्म-विकुंचन के अतिरिक्त कोई दूसरा 'विकुंचन' भी उपस्थित था। साईंस को अभी तक यह ज्ञात नहीं है कि 'ब्रह्म-सातत्य' के अन्तर्गत कोई ऐसे 'विकुंचन का सातत्य' उपस्थित रहता है जो सापेक्ष है।

वैदिक-दर्शन बताता है कि वह **सोम-सातत्य** है जो इस 'भौतिक-जगत' में 'ब्रह्म-सातत्य' के अन्तर्गत

सूक्ष्म-सातत्य के रूप में स्थित रहता है। अस्तु, ब्रह्म-सातत्य को **कारण-सातत्य** और सोम-सातत्य को **सूक्ष्म-सातत्य** कहते हैं। आधुनिक-विज्ञान (साईंस) की स्थिति यह है कि वैज्ञानिक को यह ज्ञात नहीं है कि 'विद्युत-विकुंचनों' का भी 'सातत्य' है जिसे **वैदिक-दर्शन** में 'सोम-सातत्य' कहा जाता है।

साथ ही, विदित है कि सातत्य में 'विकुंचन' (ऊर्जा) के कारण उसकी 'तरंगें' वर्तुल-लहरियों के रूप में उत्पन्न होती हैं। परन्तु हर 'ऊर्जा' प्रत्येक सातत्य में वर्तुल-लहरियाँ प्रकट करती हों, ऐसा अनिवार्य नहीं है। इसका भी प्राकृतिक-नियम है। वायरेलेस-उपकरण के प्रसंग में यह प्रमाणित हुआ कि चुम्बकत्व-ऊर्जा केवल ब्रह्म-सातत्य में ही तरंगों के रूप में गमण कर पाती हैं। वैदिक-दर्शन बताता है कि प्रकाश की तरंगें केवल सोम-सातत्य में ही गमन कर पाती हैं। जहाँ सोम-सातत्य नहीं है, वहाँ प्रकाश भी नहीं है। इसलिए, सुदूर आकाश में 'ब्रह्म-तत्त्व' की ही पहचान वैज्ञानिकों ने **डार्क-मैटेरियल** के रूप में की है। अस्तु, हम प्रासंगित विषय (सोम) का विवेचनात्मक अध्ययन इस प्राकृतिक नियम के आलोक में करेंगे।

अब, **वाक्-तत्व** ही 'सापेक्ष-विकुंचन' में रूपान्तरित होती है। यह तीसरा तत्व हुआ जिसे **'अग्नि-तत्त्व'** कहते हैं। इस 'अग्नि-तत्त्व' को **'विद्युत-विकुंचन'** कहा जाता है।

ध्यातव्य है कि 'ब्रह्म' अर्थात् ब्रह्म-तत्त्व (वाक्) में सम-सम्यक और सम-साम्य रूप से सतत् होने का गुण है। इस कारण, उसे 'आपः' भी कहते हैं। अगले क्रम में वह विद्युत-विकुंचन को ही इस प्रकार से अपनी अभिव्याप्ति में लेती है कि वह भी सम-सम्यक और सम-साम्य रूप से सतत् हो सके। अग्नि के इस रूपान्तरित स्वरूप को 'सोम' कहा जाता है और तत्त्व की दृष्टि से उसे ही **जल-तत्त्व** कहा गया है।

'वाक्-तत्त्व' में प्रत्येक-सत्ता को अपनी अभिव्याप्ति में रखने का गुण होता है। वह अग्नि-तत्त्व को रूपान्तरित करके 'अभिव्प्सि' करने की क्षमता से युक्त कर देती है। अग्नि-महाभूत के इस रूपान्तरित स्वरूप को क्षिति-तत्त्व के नाम से जाना गया है।

इस प्रकार, दार्शनिक ग्रन्थों में 'ऊर्जा' के इन पाँच स्वरूपों को पंच-महाभूतों के रूप में जाना गया है।

औषधि और वनस्पति

दर्शनिक-ग्रन्न्थों में बारम्बार कहा गया है-- **'अग्नीषोमात्मकं जगत'** अर्थात् यह जो दृश्य-जगत अग्नि और सोमात्मक है। 'सोम' के सम्बन्ध में समाज में यह भ्रान्ति पैला दी गई है कि 'सोम' एकु **सुरा** (शराब) है जिसका पान देवताओं में प्रमुखता से की जाती है। इसी आधार पर बाजारों में आयुर्वेदिक तरीके से बने 'सोमरस' की बिक्री भी प्रचलित थी। उपनिषद को एक मन्त्र में कहा गया है—**'स्थूलसूक्ष्मेषु भूतेषु स**

एव रसतेजसि।' अर्थात् स्थूल और सूक्ष्म के भेद से पदार्थों के कई प्रकार हैं, (**स्थूलसूक्ष्मेषु भूतेषु**)। उन सभी में 'रस' (सोम) और तेज (अग्नि) अतिसूक्ष्म रूप से उपस्थित है (**स एव रसतेजसि**)। ही अन्तर्निहित है। ऋग्वेद-संहिता में बताया गया है पौधों से उत्पन्न होने वाले फलों और पत्तियों के जिन्हें औषधि कहा गया है, में 'सोम' ही सूक्ष्म रूपसे व्यास है—'**त्वामम्द औषधिः सोम**' अर्थात् 'हे सोम, तुमने ही ओषधियों को उत्पन्न किया है।' विदित हो कि संस्कृत में 'ओषधि' उन्हें कहा जाता है जिनका पौधा शीघ्र नष्ट हो जाता है, और फल देर तक ठहरते हैं—'**औषध्यः फलपाकान्ताः**'। जैसे-- जौ, गेहूँ, चावल (धान) आदि। ये सभी सोम-तत्त्व से उत्पन्न हैं। वइनके आयुर्वेदिक रसात्मक घोल को ही सम्भवतः सोमरस काहा जाता हो। इसी प्रकार, संस्कृत में 'वनस्पति' उसे कहा जाता है जिनके पेड़-पौधे ज्यादा देर टिकते हैं, लेकिन फल कम देर टिकते हैं। जैसे—आम, अमरुद, केला आदि। ये सभी अग्नि-तत्त्व से उत्पन्न हैं।

अग्नि और सोम

आईन्स्टीन के 'सापेक्षता-सिद्धान्तध्यात' के आधार पर किये गये अन्यान्य परीक्षणों से यह ज्ञात हुआ कि ब्रह्म-सातत्य (समय और स्थान) के अन्तर्ग 'विकुंचन' ही ऊर्जा का मौलिक-स्वरूप है। ऊर्जा के विकुंचन-स्वरूप को ही वैदिक-विज्ञान में '**अग्नि**' कहा गया है। पंच-तत्त्वों में

जिसे **अग्नि** कहा गया है, वह 'विद्युत-विकुंचन' ही है। साईंस प्रमाणित करता है 'विद्युत-विकुंचन' ही **परमाणु** में रूपान्तरित हुआ है और यही इलेक्ट्रॉन, प्रोटॉन और न्यूट्रॉन जैसे उर्जाणुओं में विभक्त हुआ है। इस प्रकार, **अग्नि-तत्त्व** (विद्युत) से भौतिक-सत्ता की रचना हुई है।

हम यह भी जानते हैं कि **विकुंचन** जब किसी सत्ता के **सातत्य** में स्थित होता है, तो सातत्य के अन्तर्गत विक्षोभ (disturbance) उत्पन्न होता है जिससे 'वर्तुल-तरंगें' बनती हैं। इसे ही 'ऊर्जा' का तरंगे के रूप में गमन करना कहा जाता है। वास्तविकता यह है कि **विकुंचन** स्वयं गमन करता, वह तो 'सातत्य' में एक ही स्थान पर स्थित होता है। उसकी 'तरंगें' सातत्य में गमन करती हैं। वैदिक-विज्ञान में 'विकुंचन' को 'सत्ता' (**देवता**) और तरंगों को **तेज** कहा जाता है तथा **कम्पन** को 'उसका' **बल** (शक्ति) कहा जाता है।

साईंस (आधुनिक-विज्ञान) में भौतिक-सातत्य की जानकारी तो बहुत है। वायरलेस-उपकरण से उन्हें भौतिक-सातत्य के अतिरिक्त एक दूसरे सातत्य का ज्ञान हुआ जिसे वे ईथर-सातत्य कहते हैं। वास्तविकता है कि वह ब्रह्म-सातत्य ही था, क्योंकि इसमें आकर्षण (चुम्बकत्व) की तरंगें बनती हैं जो सातत्य की प्रकित (ईथर) के अनुरूप समय-गुणक से परे गमन करती हैं। स्थिति यह है कि भौतिक-सातत्य तथा ब्रह्म-सातत्य के मध्य साईंस को किसी अन्य सातत्य का ज्ञान नहीं है। तथापि, 'प्रकाश' ऊर्जा का वह स्वरूप है जिसकी गति-

दर सापेक्ष (माप के अन्तर्गत) है। इसकी गति माप से परे होता तो यह माना जाता कि यह (प्रकाश) ईथर-सातत्य (ब्रह्म-सातत्य) में गमन करती है। 'विज्ञान' को किसी ऐसे दिव्य-सातत्य (अभौतिक-सातत्य) का ज्ञान नहीं जिसकी प्रकृति 'सापेक्ष' हो। अस्तु, मान लिया गया है कि कोई 'ऊर्जाणु-श्रृंखला' है जिसे गमन के लिए किसी सातत्य की आवश्यकता नहीं है।

वैदिक-विज्ञान बतता है कि प्रकाश (ज्योति) सोम-सातत्य में गमन करती है। ऋग्वेद संहिता में बताया गया है कि सोम-सातत्य में ही 'प्रकाश' (ज्योति) का गमन होता है—**'त्वं ज्योतिषा वितम्ते'** (ऋ.सं.१/९/१/२२)।

वैदिक-दर्शन में बताता गया है कि दो प्रकार के **दिव्य-सातत्य** का विवरण मिलता है—पहला है है 'ब्रह्म-सातत्य' (**आकाश**) और दूसरा है सोम-सातत्य (**अन्तरिक्ष**)। ब्रह्म-सातत्य में 'चुम्बकीय-तरंगें' गमन करती हैं (वायरलेस-उपकरण से प्रामाणिक) और सोम-सातत्य जिसमें प्रकाश की तरंगें गमन करती हैं (ऋ.सं.१/९/१/२२)।)

दार्शनिक-ग्रन्थों में पंच-तत्वों को प्रमुखता दी गई है। इस रूप में पाँच दिव्य-सत्ताओं (विकुंचनों) को सूची दी गई है और इन्हें तत्व बताया गया है। इनके अध्ययन से पता चलता है कि 'निरपेक्ष-विकुंचन' (**वाक्** अर्थात् 'ध्वनि') और 'अर्ध-निरपेक्ष विकुंचन' (**वात** अर्थात् चुम्बकत्व) के बाद तीसरा स्थान 'सापेक्ष-विकुंचन' का है जिसे **अग्नि-तत्त्व** कहा जाता है। भौतिकवादी भ्रम

के कारण 'अग्नि' को 'आग' (fiere) समझा जाता है, लेकिन यह **विद्युत-विकुंचन** है।

विदित हो कि 'विकुंचन' का काम है सातत्य के अन्तर्गत आलोड़न (disturbance) उत्पन्न कर वर्तुल-लहरियों के रूप में अपने 'तेज' को फैलाना। परन्तु, सापेक्ष तत्त्व की रचना नहीं हुई थी। अस्तु, वाक्-तत्त्व ने 'अग्नि' का ही रूपान्तरण 'सोम' के रूप में किया। इसे 'रस-तत्त्व' कहा गया। इसे ही जल-तत्त्व भी कहा जाता है।

वाक्-तत्त्व की अभिव्यासि में स्थित होने के कारण **'सोम-विकुंचन'** में **अप्-गुण** (सम-सम्यक और सम-साम्य रूपसे सतत् होने का गुण आया) की क्षमता आई। इस प्रकार, विद्युत-विकुंचन का ही स्वरूप **अग्नि** और **सोम**, दोनों ही हैं। दार्शनिक ग्रन्थों में इसी रूप में दोनों का विवरण मिलता है।

बृहज्जावालोपनिषद के द्वितीय-ब्राह्मण ('ब्राह्मण-२') के आरम्भ में ही कहा गया है-- **'अग्नीषोमात्मकं विश्वमित्याग्निराचक्षते।'**

अर्थात् **'अग्नि'** और **'सोम'** से ही सम्पूर्ण **दृश्य-जगत** की रचना हुई है। तात्पर्य है कि दृश्य-जगत की रचना जिसन तत्त्वो से हुई है, वे हैं 'अग्नि' और 'सोम'।

इस सूत्र में आगे 'अग्नि' को तेज-स्वरूप (पुरुष) और 'सोम' को 'शक्ति' बताया गया है—

रौद्री घोराया तैजसी तनू:।

सोम शक्त्यमृतमयः शक्तिकरी तनू।

अर्थात्, जो प्रबल रूपसे 'तैजस स्वरूप' है (**घोराया तैजसी तनू:**) वह **रुद्र** है (**रौद्री**) तथा जो 'शक्ति-स्वरूप' है (**शक्तिकरी तनू**) वह अमृतमयी शक्ति स्वरूपा **सोम** है (**सोम शक्त्यमृतमयः**)।

वांछित धारणा को समझने के लिए पहले यह समझना होगा कि ब्रह्म इन दोनों पदों की विशेष व्याख्या की आवश्यकता है। इसलिए दोनों पदों की अलग-अलग व्याख्या करते हैं-----

पहले पद में कहा गया है कि 'रुद्र' इस पद में सोम के 'अमृतमयी-शक्ति' कहकर यह ज्ञान दिया जा रहा है कि मौलिक **'अमृत'** तो स्वयं 'ब्रह्म' है, जबकि 'सोम' उसके से तनिक ही कम है; इसलिए उस जैसा   कह कर पर शक्त्यमृतमयी (शक्ति+अमृतमयी) का विशेष तात्पर्य है। ध्यातव्य है कि वैदिक-दर्शन के अनुसार 'ब्रह्म' को 'स्थान और समय' गुणकों से परे है, इसलिए उसे **अमृत** कहा गया है। परन्तु, 'सोम' स्वरूप 'अग्नि-विकुंचन' **अमृत** नहीं है, उससे तनिक ही कम है; अतः उसे 'अमृतमयी' कहा गया है। सीधा तात्पर्य यह है कि सोम-सातत्य का विस्तार इतना अधिक व्यापक है कि उसके विस्तार को ब्रह्म-विसतार से तनिक ही कम कहा जायेगा। [आगे के अध्ययन में हम देखेंगे कि ब्रह्म-सातत्य के विस्तार को 'आकाश' (अनन्त-व्यापत् वाला)

कहा गया है और सोम-सातत्य को ही 'अन्तरिक्ष' कहा गया है।]

'ब्राह्मण-२' के अगले अर्थात् तीसरे मंत्र में कहा गया है--बताया गया है कि मंत्र ३,सम (अमृत-तुल्य) बताया गया है—

अमृतं यतप्रतिष्ठा सा तेजोविद्याकला

स्थूलसूक्ष्मेषु भूतेषु स एव रसतेजसि।।१।।

इन दोनों पदों में सोम और अग्नि की व्याख्या करते हुए कहा गया है कि अमृत-रूप जो 'सोम' है, वह सबकी प्रतिष्ठा है (**अमृतं यतप्रतिष्ठा सा**) तथा विद्या, कला आदि में तेज (अग्नि) व्याप्त है। इस प्रकार, स्थूल (भौतिक) तथा सूक्ष्म (दिव्य) जितनी भी रचनाएँ हैं (**स्थूलसूक्ष्मेषु भूतेषु**) उन सबकी रचना इन्हीं दोनों तत्त्वों से हुई है।

ध्यातव्य है कि साईंस का (ऊर्जाणु-सिद्धान्त) प्रमाणित करता है कि **परमाणु** में 'विद्युत-विकुंचन' ही न्यूट्रॉन, प्रोटॉन तथा न्यूट्रॉन रूप में विभक्त है। अर्थात् अग्नि-तत्त्व से बना है।

सोम-सातत्य ही अन्तरिक्ष

श्रुतियों में बताया गया है कि 'जिस सत्ता में सम-सम्यक (समतलीय) प्रसार पाने पर सम-साम्य (स्थिरता) होने की क्षमाता (गुण) होती है, उसे 'आपः' कहा जाता है—'यद् आप्नोत् तस्माद आपः' (शतपथ)। इस क्षमता

वाली तीन सत्ताएँ हैं—पहला तो स्वयं 'ब्रह्म' है (ॐ या दिव्या आपः), दूसरा 'अन्तरिक्ष का आपः' अर्थात् 'सोम' है (सम्बभूवुर्या आन्तरिक्षा) और तीसरा है 'भौतिक-जल' जिसे 'जल' के नाम से जाना जाता है (यत पार्थिवीर्याः)--

इस श्लोक का सीधा तात्पर्य यह है कि **'वाक्-सातत्य'** को **आकाश, सोम-सातत्य** को **आन्तरिक्ष** कहते हैं। यहाँ यह भी बताया गया है कि भौतिक-जल में सम-सम्यकता और सम-साम्यता का गुण है, वह 'सोम' की अभिव्यासि के कारण है।

सोम की अभिव्याप्ति में जल

'विद्युत' शक्ति की के जिस स्वरूप से हमलोग परिचित हैं, वह तारों के माध्यम से बहती है। इससे 'बिजली' की धारा बहती है जिसे 'करेंट' कहते हैं। प्राणी-शरीर में इस धारा की अनुभूति तीव्र-झटके के रूप में होती है। इसे स्पर्शाघात कहा जाता है। वास्तविकता यह है कि इस स्थिति में 'विद्यु-शक्ति' तीन विभाहों में विभक्त होती है--धनात्मक, ऋणात्मक और न्यूट्रल।

अपनी शान्त अवस्था में यही 'विद्युत' रूप में होती है। विद्युत-विकुंचन के केन्द्र से परस्पर विपरीत पार्श्वों में गमनागमन की प्रवृत्ति को ही आवेश कहा जाता है। दिशात्मक भेद के कारण ये धनात्मक और ऋणात्मक है। इन दोनों आवेशों के अतिरिक्त केन्द्रीय-शक्ति रूप में

उसकी स्थिति को ही न्यूट्रल (आवेश-हीन) कहा जाता है। वैदिक-विज्ञान में अव्यय (निर्गुण) कहते हैं।

ध्यातव्य है कि विद्युत-विकुंचन का यही स्वरूप **परमाणु** में इलेक्ट्रॉन, प्रोटॉन और न्यूट्रॉ रूप में है और तारों से बहली अवस्था में धनात्मक, ऋणात्मक और न्यूट्रल प्रवाह के रूप में है।

इस सम्बन्ध में वैदित-दर्शन स्पष्ट जानकारी देता है, परन्तु आधुनिक-विज्ञान की प्रयोगशाला के उपकरण इतने सक्षम नहीं कि उनके माध्यम से पर स्थिति का ज्ञान प्रास किया जा सके। ऊपर में जिस श्लोक की व्याख्या हमने की, उसमें स्पष्ट बताया गया है कि जिस प्रकार **वाक्-तत्त्व** ने 'सोम' को अभिव्यासि में ले रखा है, उसी प्रकार **सोम** ने 'जल' को अभिव्यास कर रखा है जिसके कारण उसमें 'सम-सम्यकता' के गुण हैं तथा जब वह सम-सम्यक हो जाने पर स्थिर हो जाती है।

जल का विदृत विश्लेषण

वैज्ञानिक प्रयोगशालाओं में किसी पात्र में जल भर कर थोड़ा एसीड मिलाया जाता है। इसमें 'तांबे' और 'जस्ते' के 'पत्तर' खड़े कर पर 'जल' विश्लेषित होने लगता है। दोनों पत्तरों पर पात्र रखने से तांबे वाले पत्तर पर **हाईड्रोजन** और जस्ते वाले पात्र पर **औक्सीजन** गैसें मुक्त हुई।

इसी प्रयोग में पर यह प्रमाण मिला कि इन दोनों 'पत्तरों' से एक पर विद्युत का ऋण-प्रवाह तथा दूसरे पर धन-प्रवाह भी मुक्त हो रहा था। इसका स्पष्ट अर्थ था कि 'जल' की स्थिति का सम्बन्ध विद्युत-शक्ति से है। वैज्ञानिकों को विद्यु-विकुंचन की स्थिति का ज्ञान नहीं है। लेकिन यह वैज्ञानिक प्रयोग ही प्रमाणित करता है हाईड्रोजन और आक्सीजन गैस जब विद्युत-विकुंचन की अभिव्यासि में संयुक्त होते हैं तभी संयुक्त् होकर 'जल-कणों' में परिवर्त होते हैं।

अस्तु, वैदिक-सिद्धान्त के अनुसार 'विद्युत-विकुंचनो का ही सातत्य' सोम-सातत्य के रूप से सर्वत्र स्थित है और सोम-विकुंचन की अभिव्यासि में जलाणु की उत्पत्ति होती है। 'सोम' के सम्बन्ध में इसी सूत्र की उद्घोषणा करते हुए ऋग्वेद-संहिता में कहा गया है—

त्वामम्त ओषधीः सोम विश्वास्त्वमपो अजनयस्त्व।

गाः त्वमातततन्थोर्वन्तरिक्ष त्व ज्योतिषा वितम्तो विवर्थ।।

ऋग्वेद संहिता (ऋ.सं.१/९/१/२२)

इस मन्त्र के पहले पद में ही कहा गया है हे सोम, कुमने ही विश्व में जल को उत्पन्न किया है अर्थात् जल की उत्पत्ति सोम-तत्त्व से ही हुई है (**सोम विश्वास्त्वमपो अजनयस्त्व।**)।

194

सोम-सातत्य और प्रकाश

बृहज्जावालोपनिषद आदि श्रुतियों के माध्यम से (जिनके श्लोकों-मन्त्रों की व्याख्या ऊपर की गई है) यह वैज्ञानिक सूत्र मिलता है कि 'विद्युत-शक्ति' के ही दो स्वरूप हैं—'अग्नि' और 'सोम'।

विद्युदादिमयं तेजो मधुरादिमयो रसः

तेजो रसविभेदैस्तु वृत्तमेतच्चराचरम्।।
(बृहज्जावालोपनिषद्, ब्राह्मण २/३)।।

इस मन्त्र में स्पष्ट किया गया है कि दोनों सत्ता की दृष्टि से एक ही हैं लेकिन इसका जो अग्नि-स्वरूप है, वह **'तेज'** रूप है और जो 'सोम-स्वरूप' है, वह 'रस' (सम-सम्यक विस्तार की क्षमता वाला) है। अस्तु, **विद्युत** आदि रूपों में **अग्नि** है (विद्युदादिमयं तेजो) और जबकि सम-सम्यक विस्तार वाले मधुर स्वरूप में **सोम** है (मधुरादिमयो रसः)। तेज (अग्नि) और रस (सोम) से चराचर जगत बना है (तेजो रसविभेदैस्तु वृत्तमेतच्चराचरम्)।

ध्यातव्य है कि 'ब्रह्म' का विसत्तार का सातत्य **'अनादि-अनन्त'** है जिसमें 'ब्रह्म-तत्त्व' **वाक्** सम-सम्यक और सम-साम्य रूप से सतत् है, अतएव उसे (वाक् को) **अमृत** कहते हैं। अमृत होने के कारण उसे **दिव्य-आपः** कहते हैं। 'सोम' की स्थिति इससे तनिक ही भिन्न है। आन्तरिक्ष जिस सत्ता का सम-सम्यक और सम-सम्यक विस्तार है, वह **सोम-तत्त्व** ही है। आन्तरिक्ष का विस्तार

'ब्रह्म-विस्तार' से कम है, इसलिए **'सोम'** को अपनिषदों में अमृतम-सम या अमृतमयी कहा गया है।

विदित हो कि **अग्नि-विकुंचन** (विद्युत-विकुंचन) के कारण सोम-सातत्य (आन्तरिक्ष) में जो वर्तुल-तरंगें बनती हैं, उन्हें ही 'ज्योति' (प्रकाश) कहा जाता है--**त्व ज्योतिषा वितम्तो विवर्थ** (ऋ.सं.१/९/१/२२)। इस मंत्र से स्पष्ट है कि सोम-सातत्य में उत्पन्न वर्तुल-लहरियाँ ही ज्योति अर्थात प्रकाश हैं और इनका प्रसार सोम-सातत्य में ही होता है (**वितम्तो**)।

प्रकाश की तरंगों का माध्यम

यह प्रश्न उठाया जा सकता है कि हमें तो 'प्रकाश' सूर्य के किलता है। इसका उत्तर वृहज्जावालोपनिषद में ही देते कहा गया है--

सूर्य की संरचना भी इसी सोम (विद्युत-विकुंचन) से हुई है। अर्थात् सूर्य का पिण्ड इसी सोम से बना है और सूर्य की रश्मियों के रूप में 'सोम' की वर्तुल-तरंगें ही निकलती हैं। इसी का विवरण इस श्लोक में है—

द्विविध तेजसो वृत्तिः सूर्यात्मा चानलात्मिका।

तथैव रसशक्तिश्च सोमात्माचान लात्मिका।।२।।

यहाँ 'विद्युत' को तेज कहा गया है जिसके दो प्रकार है—सूर्य और अग्नि—(द्विविध तेजसो वृत्तिः सूर्यात्मा चानलात्मिका)। 'सोम' के भी दो प्रकार है—अप् (सम-

साम्यता) और अनित (अन्तःश्वरण की प्रवृत्ति को अनिल कहते हैं)-- तथैव रसशक्तिश्च सोमात्माचान लात्मिका ।

तात्पर्य है कि सूर्य भी 'अग्नि-विकुचन' का ही एक प्रकार है। ध्यातव्य है कि इस अग्नि-विकुचं को रूद्र कहा गया है (मंत्र १)। रूद्र की नौ विभूतियाँ बताई गई है। रूद्र-संज्ञक देवता के भी नौ प्रकार बताए गये हैं। परन्तु, निहितार्थ यह है कि प्रकाश या सूर्य की किरणें किसी ऊर्जा-कण का गतिज स्वरूप नहीं है, सोम-सातत्य में उत्पन्न वर्तुल-तरंगें ही हैं। 'सूर्य' स्वयं सोम-सातत्य में स्थित है और **अग्नि-विकुंचन** है जिससे सोम-सातत्य (आन्तरिक्ष) में प्रकाश (ज्योति) वर्तुल-लहरियों ही हैं। सूर्य और सोम के सम्बन्ध को स्पष्ट करते हुए श्रुतियों में कहा गया है—**'सोमेन आदित्या बलिनः'**।

ज्ञान और विज्ञान

सत्ता की स्थिति

संरचना की दृष्टि से देखें तो ऊर्जा 'विकुंचन' (प्राण) है, क्योंकि यह समंचन-प्रसारण की आवृत्तियाँ प्रकट करती है ['प्राणो वै समंचनंप्रसारणं' (श॰प॰)]। इसके विपरीत, पदार्थ का सूक्ष्मतम कण 'परमाणु' है जिससे पदार्थ के अणु बनते हैं। इसलिए, पदार्थ का सबसे छोटा कण (अणु) भी परमाणुओं में विभाज्य है।

हम यह जान चुके हैं कि ऊर्जा को, संरचना की दृष्टि से, 'विकुंचन' कहा जाता है। यह 'विकुंचन' अविभाज्य है, क्योंकि प्रत्येक 'विकुंचन' अपने-आप में पूर्ण सत्ता है। पदार्थ विभाज्य नहीं है, इसलिए वह कणों में विभाजित होता है। सबसे छोटे कण को 'अणु' कहते हैं। अणु भी परमाणुओं में विभक्त होता है। इन कणों की

प्रकृति होती है कि वे अपने पार्श्ववर्ती कणों से समान दूरी बनाकर स्थित होते हैं। यह दूरी सत्ता की प्रकृति पर निर्भर करती है। इन पार्श्ववर्ती कणों के मध्य दूरी जैसे-जैसे बढ़ती जाती है, पदार्थ का गुण भी बदलता जाता है। इसी कारण, पदार्थ की तीन अवस्थाएँ होती हैं—ठोस, द्रव और गैस। अर्थात्, पार्श्ववर्ती-कणों के मध्य दूरी का यह विस्तार ठोस की अपेक्षा 'द्रव' और द्रव की 'गैस' में अधिक से अधिकतर होती जाती है। इस कारण, द्रव और गैस को 'तरल-वस्तु' की श्रेणी में रखता है। ध्यातव्य है कि भौतिक-कणों के इस गुणी, 'समतलीय-विस्तार' के कारण, ऊर्जा-तरंगें (यथा शीत, घाम आदि) एक कण से दूसरे कण के क्रम में स्थानान्तरित हो पाते हैं।

अब, भौतिक-स्थिति पर विचार करते हैं—

किसी भी भौतिक 'वस्तु' पर विचार करते हैं। प्रत्येक 'वस्तु' **कणों** से बना है और कण भी 'अणुओं' से बना है। ये सभी 'कण'. चाहे अणु ही क्यों न हों. अपने पार्श्ववर्ती कणों से कुछ दूरी बनाकर ही स्थित होते हैं। अर्थात् इनके मध्य पदार्थ-विहीन **स्थान** है। फिर भी, कोई **कण** उस **रिक्त-स्थान** को पार नहीं करता। विदित हो कि साईंस के परीक्षणों से भी ज्ञात हुआ है कि कोई भी ऐसा रिक्त-स्थान नहीं है जो **सत्ता-हीन** हो। (इस विषय पर इस अध्याय में ही पृष्ठ 130 पर विशेष चर्चा की गई है।)

अस्तु, वैदिक-विज्ञान के अनुसार 'भौतिक-सत्ता' की स्थिति **सोम-सातत्य** में होती है। यह सोम-तत्त्व भौतिक कण को अपनी अभिव्यासि में अपनी केन्द्र-स्थानीय 'सत्ता' के रूप में स्थिति देता है। यही कारण है कि हर **भौतिक-कण** अपने पार्श्ववर्ती कणों से दूरी बनाकर रखता है। अतः, वह सोम-तत्त्व है जो न तो कणों को न तो परस्पर सटने देता है और न दूर जाने देता है। अर्थात दो भौतिक कणों के मध्य जो रिक्तता है, वहाँ **'सोम'** है। विदित हो कि सोम-सातत्य इस दृश्य जगत में सर्वत्र स्थित है। वह न केवल भौतिक-सातत्य में सूक्ष्मरूप से स्थित है, बल्कि **अन्तरिक्ष** रूप से वही सतत् है--**आन्तरिक्षा यत** (कर्मकाण्ड)।

'सोम' एक प्रकार का **संक्षोभ** (विकुंचन) है जिसमें समंचन-प्रसारण की आवृत-दर होती है, परन्तु मानवीय-यंत्र इस 'दर' की माप नहीं कर पाते, इसलिए उसे **अमृत-तुल्य** कहा गया है--**सोम शक्त्यमृतमयः** (बृहज्जावालोपनिषद्)। यह विकुंचन है, अस्तु असंख्य सोम-विकुंचन सम-सम्यक रूप से सतत् होते हैं। यहाँ भी वही स्थिति है कि हर **सोम-विकुंचन** अपने पार्श्ववर्ती विकुंचनों से दूरी बनाकर स्थित हैं। इन दोनों पार्श्ववर्ती सोम-विकुंचनों के मध्य जो **रिक्त-स्थान** है, वहाँ कौन-सी सत्ता है? उसी **सत्ता** को वैदिक-विज्ञान में **'ब्रह्म-तत्त्व'** कहा जाता है। ऊर्जा की दृष्टि से देखें तो 'वह' एक प्रकार का ध्वनि-कम्पन है जिसकी कम्पन-दर **अनन्त** है। इसे ही **'वाक्'** कहते हैं। यह 'वाक्' महज **कम्पन**

नहीं, बल्कि स्वयं **विकुंचन** है। वही **'ब्रह्म-तत्त्व'** है--
वागुत्सृष्टा स्वयंभुवा (शतपथ)। यहाँ **स्थान की रिक्तता**
समास हो जाती है, क्योंकि 'उसी' की अनुभूति **समय**
और **स्थान** के रूप में होती है। अस्तु, **वाक्** रूप से ब्रह्म
ही सर्वत्र सतत है और यह **सातत्य** 'स्थान' से परे है
और 'समय' से भी परे है।

अस्तु, ब्रह्म-सातत्य में सोम-सातत्य की स्थिति है,
सोम-सातत्य में भौतिक-सातत्य की स्थिति है, इसलिए
सबको स्थिति देने वाला स्वयं **ब्रह्म** है।

तत्त्व का दर्शन

वायरलेस-उपकरण के आविष्कार के कारण वैज्ञानिक यह
प्रमाणित करने में सफल हुए कि एक ऐसी 'सत्ता' है जो
भौतिक-जगत में सर्वत्र सतत् है अर्थात् उसका 'सातत्य'
(continuity) है। यह प्रमाणित हुआ कि इस **सातत्य**
में आकर्षण-शक्ति (चुम्बकत्व) की **वर्तुल-लहरियाँ** गमन
करती हैं, परन्तु उनकी गति **समय-गुणक** से परे होती
है। वैज्ञानिक यह समझ चुके थे कि वर्तुल-लहरियों की
गति का कारण सातत्य की **सत्ता** की 'प्रकृति' पर
निर्भर करता है न कि उस **ऊर्जा** की प्रकृति पर—

ज्ञातव्य है कि पिछले कई प्रयोगों से प्रमाणित
हुआ था कि एक ही **विद्युत-ऊर्जा** भिन्न-भिन्न सातत्यों
(यथा जल-सातत्य, वायु-सातत्य आदि में) भिन्न-भिन्न
गति से तरंगें के रूप में गमन करती हैं। अतः, वर्तुल-
तरंगों की गति सातत्य की **प्रकृति** पर निर्भर करता है।

अस्तु, प्रमाणित हुआ कि **आकर्षण-शक्ति** की **वर्तुल-लहरियाँ** जिस सातत्य में गमन करती हैं, उसकी प्रकृति समय-गुणक से परे है। यह सातत्य जिस 'सत्ता' की थी, उस **सत्ता** को वैज्ञानिकों ने **ईथर (ईश्वर)** की संज्ञा दी।

यहाँ **सातत्य** के लिए दो स्थितियाँ अनिवार्य हैं— (पहला) कि वह जिस 'सत्ता' का सातत्य है उसकी प्रत्येक **इकाई-मात्रा** सम-सम्यक रूप से स्थित हों अर्थात उसकी प्रत्येक 'इकाई मात्रा' (**कण**) अपने हर 'पार्श्ववर्ती' कणों से समान दूरी स्थापित करती हों; और (दूसरा) कि वे (इकाई मात्राएँ) सम-साम्य अर्थात स्थिर हों।

यहाँ हम जिसे 'इकाई-मात्रा' कहते हैं, संस्कृत में उसे 'तत्त्व' कहते हैं। अस्तु, ऊपर के संदर्भ में उस **तत्त्व** को **ईथर** (ईश्वर) का नाम दिया गया। यहाँ 'तत्त्व' की संज्ञा को भली-भाँति समझ लें तो 'वैदिक-विज्ञान' को समझना आसान हो जताएगा।

ईश्वर सर्वत्र है

उन्होंने यह तो स्वीकार कर लिया जहाँ भी कोई सत्ता है, उसका **मूल-तत्त्व** 'ईथर' है। ध्यातव्य है कि इन वैज्ञानिकों ने **ईथर** के सातत्य को तो स्वीकार किया और उसके आस्तित्व का 'समय-गुणक' से परे होना भी स्वीकर किया, परन्तु उसे स्थान-गुणक से परे होना स्वीकार नहीं किया। परिणाम यह हुआ कि 'वैकुअम' की परिकल्पना सामने आई। उन्होंने परिकल्पना कर

ली कि ऐसा भी स्थान सम्भव है जहाँ किसी प्रकार का कोई आस्तित्व न हो, यहाँ तक कि ईथर-तत्त्व भी नहीं। तात्पर्य यह कि **वैकुअम** पूरी तरह **सत्ता-विहीन** 'स्थान' है।

शीघ्र ही **वैकुअम** की धारण अवैज्ञानिक और निर्मूल सिद्ध हुई। कुछ वैज्ञानिक आईन्सटीन के सापेक्षता-सिद्धान्त पर प्रयोगशाला में परीक्षण करने लगे। उन्होंने एक पात्र को पूरी तरह सत्ता विहित करके उसमें कुछ अत्यन्त हल्के कण डाल कर उनका परीक्षण किया। उन्होंने पाया कि उस '**वैकुअम**' में भी कोई '**संक्षोभ**' स्थित है जिसके कारण वे 'कण' हिलोर-गति प्रकट कर रहे थे। इससे यह तो प्रमाणित हो गया कि वैकुअम की परिकल्पना भी पूरी तरह अवैज्ञानिक निकली। परिणाम यह हुआ कि वैज्ञानिकों ने यह स्वीकार कर लिया कि कोई भी **स्थान** सत्ता-विहीन या आस्तित्व-विहीन नहीं हो सकता। इस प्रकार, यह प्रमाणित हुआ कि **ईथर** अर्थात **ईश्वर-तत्त्व** का सातत्य सर्वत्र 'उपस्थित' है। संस्कृत के ग्रन्थों में यही बात तो बारम्बार कही गई है कि '**ईश्वर सर्वत्र** है' अर्थात कोई स्थान ऐसे नहीं जहाँ ईश्वर का सत्ता (मूल-तत्त्व) मौजूद न हो। इसी तथ्य को साईंस भी प्रमाणित करता है।

ईश्वर-तत्व के दो स्वरूप

वैदिक विज्ञान बताता है कि ईश्वर-तत्त्व के दो स्वरूप हैं—निरपेक्ष और सापेक्ष। ईश्वर-तत्त्व के निरपेक्ष-स्वरूप

को 'ॐ' या 'वाक्' कहा गया है—**ॐ आपो ज्योति रसोऽमृतं।** इस मन्त्र में स्पष्ट बताया गया कि यह ब्रह्म-तत्त्व (ईश्वर) 'ज्योति' स्वरूप (दिव्य अर्थात अपरमाण्विक-सत्ता) सर्वत्र व्याप्त (आपः) है और वही सबकी इकाई अर्थात 'तत्त्व' जिसका कभी नाश नहीं होता (**रसोऽमृतं**)। इसे अगर ऊर्जा की दृष्टि से देखें वह ऐसी ध्वनि है जिसकी कम्पन-दर अनन्त है, इसलिए उसे **वाक्** भी कहते हैं।

इसी ईश्वर का सापेक्ष-स्वरूप '**विद्युत-विकुंचन**' है जो तेजस-स्वरूप में रुद्र (अग्नि) है—**तेजोविद्याकला** है तथा सौम्य (रस) स्वरूप में 'सोम' है--**अमृतं यतप्रतिष्ठा सा** (उपनिषद)। विद्युत-शक्ति के इन्हीं दोनों रूपों से सम्पूर्ण दृश्य-जगत निर्मित है--'**अग्नीषोमात्मकं विश्वमित्याग्निराचक्षते।**' (बृहज्ज्वालोपनिषद)।

विद्युत-शक्ति के रौद्ररूप से हम सभी परिचित हैं। लेकिन, 'सोम' रूप में वह मधुर है। वैज्ञानिकों ने अपनी प्रयोगशाला जिसके कारण कणों को हिलोर-गति प्रकट करते पाया, वह **सोम** के ही कारण था क्योंकि 'सोम' का सातत्य **लगभग अनन्त** है। उसके तेज की अनुभूति भले ही स्पर्शाघात के रूप में कर लें, 'विद्युत-शक्ति' की कम्पन-दर की माप अभी भी विज्ञान के लिए असम्भव है।

विकुंचन अर्थात् प्राण

सूक्ष्म दृष्टि से विचार करने पर 'ब्रह्म' की सत्ता के वास्तविक होने के प्रमाण कई और से मिलते हैं। इस पुस्तक के पहले अध्याय से ही स्पष्ट होता है कि 'प्राणी' की वाक्-शक्ति (बोलने की क्षमता का सम्बन्ध **ब्रह्म** या **आत्मा** से है। अन्ततः साईंस ने भी वायरलेस-आविष्कार के फलस्वरूप ईथर-सिद्धान्त के माध्य से इसे ही 'ईथर' रूप में समझने की शुरुआत की। आईन्स्टीन महोदय ने **ब्रह्म** को ही 'Space & Time' की संज्ञा दी। फिर भी, '**ब्रह्म**' को सही ढंग से (वैज्ञानिक-दृष्टिकोण) से समझने के लिए 'विकुंचन' को समझना आवश्यक है। इस सम्बन्ध में 'आईन्सटीन महोदय' बताते हैं कि 'ऊर्जा' **ब्रह्म-सातत्य** (स्पेस एंड टाईम) के अन्तर्गत **विकुंचन** सिकुड़ने-फैलने की आवृत्तियाँ प्रकट करने वाली सत्ता है।

विदित हो कि **ईथर-सिद्धान्त** के पहले साईंसवाले ऊर्जा को संक्षोभ (disturbance) बताते थे। संक्षोभ का अर्थ है हिलोर-गति प्रकट करने वाली सत्ता। संस्कृत में इसी को **स्पन्दन** कहते हैं। आईन्सटीन के 'सापेक्षता-सिद्धान्त' के परिणाम स्वरूप जो अनुसंधान हुए, उससे प्रमाणित हुआ कि ऊर्जा 'विकुंचन' (सिकुड़ने-फैलने सत्ता) के रूप में बताया गया। विदित हो कि ऋषियों को इन सबका ज्ञान सैकड़ो-हजारों-लाखों वर्ष पूर्व से था। दार्शनिक-ग्रन्थों में विकुंचन को 'प्राण' कहा गया है।

'प्राण' को परिभाषित करते हुए कहा गया है— 'प्राणो वै समंचनं-प्रसारणं (शतपथ)।' तात्पर्य 'प्राण'

सिकुड़ कर केन्द्र-विन्दु रूप हो जाता है और फिर फैलकर अपने पूर्ण विस्तार में आ जाता है। 'विन्दूरूप' स्थिति से पूर्ण प्रसार तक फैलने और पूर्ण प्रसारित अवस्था से सिकुड़ कर पुनः विन्दूरूप होने की पूर्ण प्रक्रिया को 'आवृत्ति' कहते हैं। इस तरह, प्राण (विकुंचन) 'आवृत्ति-दर' प्रकट करता रहता है।

इस व्याख्या का आगे विस्तार करते हुए 'शतपथ' में ही बताया गया है—'अन्तश्चरति रोचनास्य प्राणदपानती'। भावार्थ है कि इस 'रोचना' की एक **'केन्द्र'** होती है जो स्वयं 'शक्ति-स्वरूप' होता है और परस्पर विपरीत पार्श्व-विस्तार होते हैं। केन्द्र से दोनों पार्श्व-विस्तारों में परस्पर विपरीत दिशा में गमनागमन होता है। गमनागमन करने वाली एक पार्श्व की सत्ता को 'प्राण' तथा दूसरे पार्श्व की सत्ता को 'अपान' कहा जाता। ध्यातव्य है ये दोनों केन्द्र से परस्पर विपरीत दिशा में अपने-अपने पार्श्वान्तों तक गमनागमन करते रहते हैं। इसी गमनागमन को अन्तश्चरण कहते हैं।

तथ्य यह है कि दोनों अवयवों (प्राण और अपान) के 'पार्श्वान्तों' की **दूरी** भी समान होती है तथा दोनों के 'गमनागमन' की गति भी 'सदैव समान' होती है। पार्श्व-विस्तार (केन्द्र से पार्श्वान्त तक की दूरी) से **स्थान-गुणक** का बोध होता है और उनके (इन अवयवों) की गमनागमन की गति से समय-गुणक का। 'प्राण' और 'अपान' संज्ञक दोनों अवयवों के पार्श्वान्तों की सीमा

विकुंचन की वाह्य-सीमा के अन्तगत होती है, इसलिए इसे 'अन्तश्चरण' कहा जाता है।

तथ्य यह है कि अवयवी प्राण और अपान की दिशा परस्पर विपरीत होती है और गति समान होती है, अस्तु अपने-अपने पार्श्वान्तों से वे दोनों ही केन्द्र पर एक साथ आगमन करते हैं और केन्द्र से एक ही साथ गमन का प्रारम्भ करते हुए दोनों एक ही समय अपने-अपने पार्श्वान्तों तक पहुँचते हैं। जब वे केन्द्र से पार्श्वान्तों तक गमन करते हैं तो 'विकुंचन' (रोचना) फूलता हुआ प्रतीत होती है और जब वे दोनों केन्द्र पर आगमन की प्रक्रिया में होते हैं तो 'विकुंचन' (रोचना) सिकुड़ता हुआ प्रतीत होता है--'प्राणो वै समंचनं-प्रसारणं'।

वैज्ञानिकों को 'ऊर्जा' की संरचना की वास्तविक जानकारी नहीं थी। वे इसे संक्षोभ (disturbance) अर्थात् स्पन्दन के रूप में की संज्ञा देते थे। आईंन्सटीन के 'सापेक्षता-सिद्धान्त' के परिणाम स्वरूप जो अनुसंधान हुए, उससे प्रमाणित हुआ कि ऊर्जा 'विकुंचन' (सिकुड़ने-फैलने सत्ता) के रूप में बताया गया। विदित हो कि ऋषियों को इन सबका ज्ञान सैकड़ो-हजारों-लाखों वर्ष पूर्व से था। दार्शनिक-ग्रन्थों में विकुंचन को 'प्राण' कहा गया है।

'प्राण' को परिभाषित करते हुए कहा गया है—'प्राणो वै समंचनं-प्रसारणं (शतपथ)।' तात्पर्य 'प्राण' सिकुड़ कर केन्द्र-विन्दु रूप हो जाता है और फिर फैलकर अपने पूर्ण विस्तार में आ जाता है। 'विन्दूरूप' स्थिति से पूर्ण

प्रसार तक फैलने और पूर्ण प्रसारित अवस्था से सिकुड़ कर पुनः विन्दूरूप होने की पूर्ण प्रक्रिया को 'आवृत्ति' कहते हैं। इस तरह, प्राण (विकुंचन) 'आवृत्ति-दर' प्रकट करता रहता है।

इस व्याख्या का आगे विस्तार करते हुए 'शतपथ' में ही बताया गया है—'अन्तश्चरति रोचनास्य प्राणदपानती'। भावार्थ है कि इस 'रोचना' की एक 'केन्द्र' होती है जो स्वयं 'शक्ति-स्वरूप' होता है और परस्पर विपरीत पार्श्व-विस्तार होते हैं। केन्द्र से दोनों पार्श्व-विस्तारों में परस्पर विपरीत दिशा में गमनागमन होता है। गमनागमन करने वाली एक पार्श्व की सत्ता को 'प्राण' तथा दूसरे पार्श्व की सत्ता को 'अपान' कहा जाता। ध्यातव्य है ये दोनों केन्द्र से परस्पर विपरीत दिशा में अपने-अपने पार्श्वान्तों तक गमनागमन करते रहते हैं। इसी गमनागमन को अन्तश्चरण कहते हैं।

तथ्य यह है कि दोनों अवयवों (प्राण और अपान) के 'पार्श्वान्तों' की **दूरी** भी समान होती है तथा दोनों के 'गमनागमन' की **गति** भी 'सदैव समान' होती है। **पार्श्व-विस्तार** (केन्द्र से पार्श्वान्त तक की दूरी) से **स्थान-गुणक** का बोध होता है और उनके (इन अवयवों) की गमनागमन की गति से **समय-गुणक** का। 'प्राण' और 'अपान' संज्ञक दोनों अवयवों के पार्श्वान्तों की सीमा विकुंचन की वाह्य-सीमा के अन्तगत होती है, इसलिए इसे **'अन्तश्चरण'** कहा जाता है।

तथ्य यह है कि **अवयवी** 'प्राण' और 'अपान' की दिशा परस्पर विपरीत होती है और गति समान होती है, अस्तु अपने-अपने पार्श्वान्तों से वे दोनों ही केन्द्र पर एक साथ आगमन करते हैं और केन्द्र से एक ही साथ गमन का प्रारम्भ करते हुए दोनों एक ही समय अपने-अपने पार्श्वान्तों तक पहुँचते हैं। जब वे केन्द्र से पार्श्वान्तों तक गमन करते हैं तो 'विकुंचन' (रोचना) फूलता हुआ प्रतीत होती है और जब वे दोनों केन्द्र पर आगमन की प्रक्रिया में होते हैं तो 'विकुंचन' (रोचना) सिकुड़ता हुआ प्रतीत होता है--**'प्राणो वै समंचनं-प्रसारणं'**।

विकुंचन का निर्मात्री तत्त्व

विकुंचन के निर्मात्री-तत्त्व की ओर संकेत देते हुए ही 'शतपथ' में ही बताया गया है—**'अन्तश्चरति रोचनास्य प्राणदपानती'**। यहाँ **प्राण** (विकुंचन) को ही **रोचना** (संरचना) कहा गया है। इस मन्त्र (श्लोक) में बताया गया है कि इसका एक **केन्द्रीय-विन्दु** होता है जिसके दो परस्पर विपरीत **पार्श्व** होते हैं। केन्द्र से दोनों पार्श्वान्तों की दूरी समान होती है। इस **रोचना** के दो अवयव होते हैं—**अवयवी प्राण** और **अपान**। ये अपने-अपने पार्श्व में **केन्द्र** से **पार्श्वान्त** तक गमनागमन करते हैं। ध्यातव्य है कि ये पार्श्वान्त ही रोचना के विस्तार का निर्धारण करते हैं। इसलिए, इस 'गमन-आगमन' को **अन्तश्चरण** कहा गया है। इन दोनों की 'गमनागमन' की दर भी परस्पर एक समान होती है।

अस्तु, **अवयवी प्राण** और **अपान** में केवल दिशात्मक भेद होता है। वैदिक-विज्ञान बताता है कि एक ही 'सत्ता' दो भागों में विभक्त होकर एक प्राण कहा गया है और दूसरा अपान कहा गया है। इसलिए, इन्हें एक ही **ब्रह्म-तत्त्व** का दिशात्मक भेद के रूप में वर्णित किया गया है।

अस्तु, वह ब्रह्म-तत्त्व (मूलतत्त्व) है जो **अन्तश्चरण** कर रहा है। इन दोनों की दिशा परस्पर विपरीत है, इसलिए **केन्द्र** से परस्पर विपरीत दिशा में अपने-अपने पार्श्वान्तों तक गमन करते हैं और दोनों एक ही समय पर अपने-अपने पार्श्वान्तों तक पहुँचते हैं। साथ ही वहाँ से एक ही साथ आगमन का प्रारम्भ करते हैं और परस्पर विपरीत दिशा से आते हुए **केन्द्र** पर आगमन करते हैं और दोनों केन्द्र पर परस्पर मिलकर केन्द्ररूप हो जाते हैं।

जब ये दोनों केन्द्र पर मिल रहे होते हैं तो **रोचना** सिकुड़ती हुई दीखती है और जब वे दोनों अपने-अपने पार्श्वान्तों की ओर गमन करते हैं तो **रोचना** फैलती हुई नजर आती है।

यह जो गमनागमन करने वाली **'सत्ता'** है, वह तो स्वयं 'ब्रह्म-तत्त्व' है। यह 'तत्त्व' इसलिए है कि **रोचना** अर्थात् ऊर्जा **रचना** इसी से हुई है। विदित हो कि इस 'ब्रह्म-तत्त्व' ही **वाक्** है। इसकी पुष्टि करते हुए शतपथ कहता है—**वाग्धैव तत्पश्यन्ती वदति** (शतपथ-ब्राह्मण, १०/५/ का ब्रा.२)।

अब, पूर्ण-प्रसारित अवस्था में **ब्रह्म-विकुंच** की व्याप्ति अनन्त है तो प्रश्न उठता है कि उस विस्तार में कौन-सा **तत्व** फैला हुआ है। इस सम्बन्ध में **'अनादिनिधना नित्या वागुत्सृष्टा स्वयंभुवा'** (शतपथ ब्राह्मण ५/१/३/११)। अर्थात, ब्रह्म-विकुंचन की **केन्द्रशक्ति** (स्वयंभू) से उसके अनन्त विस्तार तक जो फैला हुआ है, वह **वाक्** है। तात्पर्य यह है कि 'ब्रह्म' की सत्ता जिस तत्त्व से बनी है, वह **वाक्** है।

ब्रह्म-विकुंचन निरपेक्ष है

'ब्रह्म' स्वयं भी एक प्रकार का **विकुंचन** है, अतः उसे ब्रह्म-विकुंचन कहा जा सकता है। परन्तु, वह अन्यान्य विकुंचनों से भिन्न है क्योंकि वह **'निरपेक्ष'** है। निरपेक्ष कहने का पहला अर्थ यह है कि वह एक और एक मात्र है, उसके जैसा दूसरा कोई नहीं। तात्पर्य है कि 'वह' **अतुल्य** है—**'एकोऽहं द्वितीयो नास्ति'** (श्रुति)। और, दूसरा अर्थ है कि वह **समय** और **स्थान** से परे है।

ब्रह्म-विकुंचन का अध्ययन शतपथ के सूत्र-- **'अन्तश्चरति रोचनास्य प्राणदपानती'** से करें तो व्याख्या इस प्रकार होगी—

ब्रह्म ऐसा विकुंचन है जिसके **केन्द्र** से दोनों पार्श्वान्तों की **दूरी** 'स्थान-गुणक' से परे है तथा **अवयवी प्राण** और **अपान** की गमनागमन (अन्तश्चरण) की दर **अनन्त** है। हम जान चुके हैं कि केन्द्र से **अवयवी प्राण** और **अपान** एक ही साथ तथा एक ही गति से

अपने-अपने पार्श्वान्तों तक गमन करते हैं। परन्तु, ब्रह्म निरपेक्ष है, इसलिए इन पार्श्वान्तों की दूरी स्थान-गुणक से परे है। इसी प्रकार, इन दोनों अवयवों की गमनागमन-दर भी **अनन्त** है। स्पष्ट है कि 'वह' **समय** और **स्थान** दोनों से ही परे है।

विदित हो कि 'अवयवी-प्राण' और 'अवयवी अपान' दोनों की अन्तश्चरण की गति एक समान है, परन्तु अन्तश्चरण की दिशा परस्पर विपरीत है। दिशा में परस्पर विपरीत होने के कारण ही वे दोनों केन्द्र पर एक साथ पहुँचते हैं और केन्द्र-शक्ति से मिलकर **एक रूप** हो जाते हैं। परिणाम होता है कि यह **रोचना** इस परिस्थिति में समंचित होकर विन्दू रूप हो जाती है। अस्तु, जब दोनों अवयव अपने-अपने पार्श्वान्तों पर आ जाते हैं। इस अवस्था को **'ब्रह्म-रोचना'** का **पूर्ण-समंचित** स्वरूप कहा जाता है। पुनः जब दोनों अवयव अपने-अपने पार्श्वान्त पर होते हैं तो यह **'ब्रह्म-रोचना'** का **पूर्ण-प्रसारित** स्वरूप होता है।

यही कारण है कि शतपथ सूत्र देता है—**'प्राणो वै समञ्चनंप्रसारणं'** अर्थात् 'ब्रह्म-प्राण' समंचन-प्रसारण करने वाली सत्ता है। अर्थात वह **पूर्ण-समंचित** होकर **विन्दूरूप** हो जाता है और **पूर्ण-प्रसारित** होकर **अनन्त-स्वरूप** हो जाता है।

'ब्रह्म-विकुंचन' को पूर्ण-समंचित अवस्था से पूर्ण-प्रसारित अवस्था में आकर पुनः पूर्ण-समंचित अवस्था में आने को एक आवृत्ति कहते हैं। वह समय-गुणक

से परे है, इसलिए उसकी प्रत्येक आवृत्ति के पूर्ण होने में कोई **समय** नहीं लगता। अस्तु, वह हर समय इन दोनों ही अवस्थाओं में प्रकट रहता है—वह पर समय **पूर्ण-समंचित** अवस्था में भी होता है और **पूर्ण-प्रसारित** अवस्था में भी होता है; इसलिए उसे **अनादि-अनन्त** कहा जाता है। **वह** 'समय' की दृष्टि से **अनादि-अनन्त** है और 'स्थान' की दृष्टि से भी **अनादि-अनन्त** है।

इसी तथ्य का विवरण देते हुए भगवद्गीता में भगवान श्रीकृष्ण कहते हैं--

मम योनिर्महद्ब्रह्म तस्मिन्गर्भं दधाम्यह।

सम्भवः सर्वभूतानां ततो भवति भारत।।

(गीता, अ॰ १४, श्लोक ३)

गीता के इस श्लोक में **ब्रह्म-विकुंचन** के 'पूर्ण-प्रसारित अवस्था' को उसका **दीर्घतम** (महद) स्वरूप और 'पूर्ण-समंचित अवस्था' को उसका **लघुतम (स्वयंभू)** स्वरूप कहा गया है। 'केन्द्रशक्ति' ही उसका **लघुतम** स्वरूप है। इस श्लोक का कथ्य है कि 'महद-स्वरूप' मानों उसकी **योनि** (सम्पूर्ण-व्याप्ति) है (**मम योनिर्महद्ब्रह्म**) जिसके **गर्भ** पर 'स्वयंभू' अर्थात 'केन्द्रीय-शक्ति' दहक रहा है (**तस्मिन्गर्भं दधाम्यह**)।

इस श्लोक के दूसरे पद में कहा गया है कि ब्रह्म-सातत्य (महद-ब्रह्म) और उसकी केन्द्रीय-शक्ति से ही सभी भूतों (रचनाओं) की उत्पत्ति हुई है (**सम्भवः सर्वभूतानां ततो भवति भारत**)।

ब्रह्म है परम और पूर्ण

'ब्रह्म' निरपेक्ष है, इसलिए वह **अतुल्य** (तुलनात्मकता से परे है)। इस स्थिति को ही **'परम'** कहा जाता है, अस्तु 'ब्रह्म' सदैव **परम** है। वैदिक-सिद्धान्त बताता है कि जो **तुलनात्मकता से परे** है, वह सदैव **पूर्ण** होगा। इसलिए ब्रह्म वह सत्ता है जो सदैव **पूर्ण** है। वस्तुस्थिति यह है कि वह खंड से परे है, फिर भी उसकी व्याप्ति सबसे अधिक अर्थात अधिकतम है। इस स्थिति में सापेक्ष-वृत्ति के विचारक उसकी इकाई-मात्रा की परिकल्पना कर सकते हैं। उस **इकाई-मात्रा** को ही **वाक्** कहा जाता है। लेकिन यह भी 'पूर्ण' है, क्योंकि यह 'वाक्' ही 'ब्रह्म-विकुंचन' के प्रसारित होने के क्रम में 'केन्द्र' (जो स्वयं परम-शक्ति स्वरूप है) के चतुर्विध फैलती जाती है और **अनन्त** तक फैलती है, लेकिन विभाजित नहीं होती। इसी प्रकार, ब्रह्म-विकुंचन के समंचन-अवस्था में अनन्त-व्याप्ति से सिकुड़ती हुई केन्द्र-विन्दु के रूप में सिकुड़ जाती है, लेकिन इससे उसके परिमाण में कोई **ह्रास** (क्षय) नहीं होता—**'अनादिनिधना नित्या वाक्'** (शतपथ ब्राह्मण)। तात्पर्य यह है 'वह' मात्रा के ह्रास या वृद्धि से परे है। फिर भी, अनन्त तक सतत होती जाती है और अनन्त से केन्द्र तक अपने विस्तार को कम करती जाती है। तथ्य यह भी है कि उसे पूर्ण-समंचित से पूर्ण-प्रसारित अवस्था में आने और पुनः पूर्ण-समंचित अवस्था में वापिस होकर केन्द्र-विन्दु रूप में परिणत होने की आवृत्ति में कोई समय भी नहीं लगता। अस्तु, वह सदैव पूर्ण है।

समझने की बात यह है कि ब्रह्म-तत्त्व जब फैलता है तो 'तत्त्व' के अनगिनत इकाइयों का न तो **निर्माण** होता है और विपरीत अवस्था में उन इकाइयों का **ह्रास** ही होता है कि अन्त में एक मात्र इकाई बने जो केन्द्र-विन्दु रूप में विलीन हो जाए। इसलिये वेदों में ब्रह्म को 'नेति-नेति' कहा गया है। इस कारण उपरोक्त श्लोक में आगे स्पष्ट कहा गया है—**'वागुत्सृष्टा स्वयंभुवा'** (शतपथ ब्राह्मण) अर्थात् ब्रह्म-विकुंचन की जो **केन्द्रशक्ति** है (जिसे **स्वयंभू** कहा जाता है) उसने ही 'वाक्' का उत्सर्जन किया है और वही उसे आत्म तत्त्व (विन्दूरूप) में सिकोड़ लेता है।

तात्पर्य यह है कि ब्रह्म-विकुंचन चाहे पूर्ण-समंचित अवस्था में हो या पूर्ण-प्रसारित अवस्था में हो, या अपने विश्व-व्यापी विस्तार के **'तत्त्व'** के रूप में ही क्यों न हो, हर अवस्था में 'वह' **पूर्ण** ही (क्योंकि वह उत्पत्ति और ह्रास से परे है)—

पूर्णमदः पूर्णमिदं पूर्णात् पूर्णमुदच्यते।

पूर्णस्य पूर्णमादाय पूर्णमेवाऽवशिष्यते।। (श्रुति)।।

यहाँ समझाया गया है कि जो 'पूर्ण-सत्ता' है, वह अविभाज्य है, उसमें 'जोड़ा-घटाव' या 'गुणा-भाग' की दृष्टि से कुछ भी बढ़ाया या घटाया नहीं जा सकता। यहाँ सिद्धान्त यह बतया गया है कि 'पूर्ण' से 'पूर्ण' की निष्पत्ति होती है और 'पूर्ण' में 'पूर्ण' समाकार पूर्ण स्वरूप हो जाता है।

विदित हो कि यह व्याख्या अंकगणित में भी दी गई है। इसमें जो शून्य (0) है, वह पर्ण-सत्ता (ब्रह्म) का ही स्वरूप है। ऊक्त सूत्र का अनुसार शून्य+शून्य=शून्य, शून्य-शून्य=शून्य, शून्य×शून्य=शून्य और शून्य÷शून्य=शून्य। अस्तु, ब्रह्म-तत्त्व उसकी इकाई-मात्रा होते हुए भी पूर्ण-ब्रह्म है।

ब्रह्म स्वयंभू है

वैदिक विज्ञान में 'प्राण' शब्द का प्रयोग किया गया है। इसका विभिन्न अभिप्राय से भी प्रयोग किया जाता है:-- जैसे, 'जान' (जीवित रहने की स्थिति) के भाव से भी। तथापि, मूलतः 'प्राण' का वैज्ञानिक अर्थ है विकुंचन। **प्राण** को परिभाषित करते हुए 'श्रुति' और 'शतपथ' में कहा गया है—प्राणो वै समंचनंप्रसारणं। अर्थात् सिकुड़ने-फैलने की प्रवृत्ति वाली सत्ता को **प्राण** कहते हैं। इस दृष्टि से **ब्रह्म** भी **प्राण** है। विदित हो कि आधुनिक सन्दर्भ में इसे ही 'विकुंचन' कहते हैं। अस्तु, ऊपर हमने 'ब्रह्म' की व्याख्या **ब्रह्म-विकुंचन** के रूप में की है।

प्रश्न यह है कि ब्रह्म-विकुंचन की स्थिति क्या है? वह फैलकर सिकुड़ता है या सिकुड़ कर फैलता है। इस सम्बन्ध में वैदिक-दर्शन (ज्ञान-विज्ञान) स्पष्ट करता है पूर्ण-समंचित अवस्था से पूर्ण-प्रसारित अवस्था में जाकर पुनः पूर्ण-समंचित अवस्था में आने के एक क्रम को ही एक **आवृत्ति** कहा जाता है।

पाश्चात्यवादी वैज्ञानिकों ने इसी वैदिक-धारणा के आधार पर **'बिग-बैंग'** की परिकल्पना कर ली थी। अर्थात विन्दु रूप एक शक्ति का विस्फोट हुआ और इससे सृष्टि का आरम्भ होता चला गया। यह विन्दूरूप 'शक्ति' इस विस्फोट के परिणाम स्वरूप फैलती जा रही है।

विदित हो कि 'ब्रह्म-विकुंचन' जब पूर्ण-प्रसारित अवस्था में होता है, तब भी उसकी केन्द्रीय-शक्ति विन्दुरूप से स्थित रहती है और जब वह पूर्ण-समंचित अवस्था में होता है तो सम्पूर्ण ब्रह्म-विकुचन ही मानों उस केन्द्रशक्ति में समाहित हो जाता है, अतएव विन्दुरूप जो केन्द्रशक्ति है, वह अभूतपूर्व से शक्तिशाली है। अवस्था में विन्दु-स्वरूप है और इसमें अतुल्य-शक्ति है। उसी **केन्द्रशक्ति** को **'स्वयंभू'** कहा गया है। यह **'स्वयंभू'** ही ब्रह्म-विस्तार अर्थात् सृष्टि रूप से फैला है--**'वागुत्सृष्टा स्वयंभुवा'**। इस तथ्य को लेकर **बिग-बैंग** का सिद्धान्त बना दिया गया। वैज्ञानिकों यह नहीं समझ आया कि ब्रह्म-विकुंचन के समंचन-प्रसारण की प्रत्येक 'आवृत्ति' को पूरा होने में कोई समय नहीं लगता। इसलिए, यह परिकल्पना कर लेना कि **स्वयंभू** धीरे-धीरे और क्रमिक रूप से फैल रहा है, स्वयं में मिथ्यावाद और कपोल-कल्पना ही नहीं, **मिथक** भी है।

अब, हम अपने विषय पर लौटते हैं और ब्रह्म-विकुंचन की केन्द्र-शक्ति पर विचार करते हैं। यह वास्तव में **ब्रह्म** की **'केन्द्रीय-शक्ति'** है। यह 'ब्रह्म-विकुंचन' का ही **पूर्ण-समंचित** जो केन्द्रीय-शक्ति रूप से उस समय

भी प्रकट रहता है जब 'ब्रह्म-विकुंचन' प्रसारित होने की अवस्था में रहता है। इस कारण उसे **स्वयंभू** कहा गया है। वैदिक-विज्ञान के अन्तर्गत इसे अजन्मा अर्थात् 'स्वयंभू' कहा गया है। भौतिक-जगत में भी हर वस्तु की **केन्द्र-शक्ति** के रूप में वही प्रकट है। इसकी स्थिति के कारण ही 'वस्तु' का **आकार** (वाह्याकृति) बनती है। किसी वस्तु के केन्द्र-विन्दु को हटाने पर उसका कण-कण बिखर जाता है।

उपनिषदों में भी बताया गया है कि ब्रह्म प्रत्येक सृष्ट सत्ता के ठीक 'गर्भ' पर **केन्द्र-शक्ति** रूप से प्रकट रहता है—

प्रजापतिश्चरति गर्भे अन्तरजायमानो बहुधा विजायते।

तस्य योनिं परिश्यन्ति धीरास्तस्मन् ह तस्थुर्भुवनानि विश्वाः।।

(शुल्कयजुः संहिता ३१/१९)

सृष्टि में जितनी रचनाएँ (creations) हैं उन्हें 'प्रजा' और 'ब्रह्म' को उनका पति (स्वामी) कहा गया है। यह 'ब्रह्म' जो सर्वव्यापी **(अन्तरजायमानो)** है, हरेक प्रजा के ठीक गर्भ (केन्द्र) पर अपनी शक्ति में भिन्नता लाकर स्थित रहता है **(प्रजापतिश्चरति गर्भे अन्तजायमानो)** और शक्ति में भिन्नता लाकर प्रजा के स्वरूपों में भी भिन्नता लाता है **(बहुधा विजायते)।** केन्द्रशक्ति स्वरूप उसकी योनि (स्वरूप) को **(तस्य**

योनिं) वैज्ञानिक गम्भीरता से (**धीरास्तस्मन्**) जाना जा सकता है (**परिश्यन्ति**)। इस रूप में वह सम्पूर्ण विश्व में सर्वत्र विद्यमान है (**ह तस्थुर्भुवनानि विश्वाः**)।

इसी तथ्य का विवरण देते हुए भगवद्गीता में भगवान श्रीकृष्ण कहते हैं—

सर्वयोनिषु कौन्तेय मूर्तयः सम्भवन्ति याः।

तासां ब्रह्म महद्योनिरहं बीजप्रदः पिता।।(गीता, अध्याय १४, ४)।।

इसमें भगवान श्रीकृष्ण अर्जुन को बताते हैं (कौन्तेय) कि हरेक सत्ता में (सर्वयोनिषु) की जो वाह्याकृति होती है (मूर्तयः सम्भवन्ति याः), उसका कारण ब्रह्म की महद्योनि (ब्रह्म-सातत्य) है (तासां ब्रह्म महद्योनिः) और उस आकृति का मैं (अहं) अर्थात् **स्वयंभू** ही बीज-शक्ति रूप से सबका पिता हूँ (बीजप्रदः पिता)। इस श्लोक में भगवान श्रीकृष्ण स्वयं को स्वयंभू-ब्रह्म बता रहे हैं और इस प्रकार उस **स्वयंभू** की प्रधानता घोषित करते हैं।

यहाँ वे विज्ञान के व्याकरण के एक प्रख्यात नियम का उल्लेख कर रहे होते हैं कि ब्रह्म-सातत्य जिसे चारों ओर से घेर लेता है, उस पर अपनी घेराव-शक्ति को प्रकट करता है जिसे 'माया' या 'पराशक्ति' कहा जाता है। यह 'घेराव' ही उस सत्ता की वाह्याकृति के रूप में व्यक्त होती है।

ब्रह्म की शक्ति (पराशक्ति)

पिछले अध्ययन से ज्ञात है कि 'ब्रह्म' का विस्तार अनादि-अनन्त हैसातत्य ब्रह्म श्रुति का एक प्रसिद्ध मन्त्र है जिसमें 'ब्रह्म' परम-सत्ता की 'शक्ति' का विवरण देते हुए कहा गया है—

परास्यर्शक्तिर्विविधैव श्रुयते।

स्वाभाविकी ज्ञानबलक्रिया च।। (श्रुति)।।

इसमें कहा गया है कि 'पर' (ब्रह्म) की शक्ति (**परास्यर्शक्ति**) के सम्बन्ध में कई प्रकार से कहा-सुना जाता है (**विविधैव श्रुयते**)। तथापि वह ज्ञानात्मक, बलात्मक और क्रियात्मक (**ज्ञानबलक्रिया च**) स्वभाव की होती है (**स्वाभाविकी**)।

कथितार्थ है कि 'पराशक्ति' के तीन गुण हैं—ज्ञान, बल और क्रिया। इसे ही सत्व-गुण, रजोगुण और तमोगुण भी कहते हैं। अस्तु, उसे 'त्रिगुणात्म' भी कहते हैं।

'पराशक्ति' का यह स्वरूप तब प्रकट होता है जब 'ब्रह्म-सातत्य' अपनी व्याप्ति के अन्तर्गत किसी 'ब्रह्म-परिमाण' या किसी **सत्ता** को चोरों ओर से घेर लेता है। यहाँ ब्रह्म चतुर्दक उपस्थित ही नहीं होता, बल्कि घिरी हुई सत्ता (परिच्छिन्न-सत्ता) पर दबावात्मक-बल भी निरूपित करता है। 'ब्रह्म' इसी **दबावात्म-बल** को पराशक्ति कहते हैं। अस्तु, इसे **ब्रह्म** की **परिच्छेद-शक्ति** भी कहा जा सकता है। उस **सत्ता** के चतुर्दक ब्रह्म न

केवल स्थित रहता है, बल्कि उस पर 'परिच्छेद-शक्ति' है ओर से घरेकर उसके चतुर्दिक स्थित रहने की प्रवृत्ति होती है, इससे घिरी हुई सत्ता पर ब्रह्म का जो दबावात्मक बल निरूपित होता है, उसी 'दबाव-बल' को 'माया' या 'पराशक्ति' कहा जाता है—परास्यर्शक्ति विविधैव श्रुयते। स्वाभाविकी ज्ञानबलक्रिया च।। 'ब्रह्म' की इस 'माया' संज्ञक 'घेराव-शक्ति' के कारण ही उस सत्ता की वाह्याकृति प्रकट है। इस प्रकार, प्राणी की 'आकृति' के रूप में स्वयं 'माया' उपस्थित है। यह कहें कि 'ब्रह्म-सातत्य' ने प्रत्येक सत्ता को चारों ओर से घेर रखा है।

अस्तु, **ब्रह्म-सातत्य** के दबावात्मक 'बल' को ही **पराशक्ति** कहते हैं। इस दबावात्मक-बल (पराशक्ति) तीन प्रकार के गुणों (प्रभावों) को आरोपित करती है। इसके 'ज्ञानात्मक-प्रभाव' के कारण ही 'जीवात्मा' में ज्ञान की उत्पत्ति होती है। सबसे बड़ा ज्ञान इस बात से कि 'घिरी हुई सत्ता को यह ज्ञान होता है कि वह चारों ओर से ब्रह्म से घिरा हुआ है और यह भी ज्ञान होता है कि वह स्वयं कौन-सी सत्ता है। इस **घेराव-बल** के कारण घिरी हुई (परिच्छिन्न) सत्ता के तत्त्वों पर दबावा-बल भी कार्य करता है जिसकी दिशा उस सत्ता के केन्द्र की ओर होती है। इसलिए, परिच्छेद के निकटस्थ 'तत्त्वों' में **'केन्द्र'** की और 'आगमन' की **गति** उत्पन्न होती है। इसे **बलात्मक-प्रभाव** कहते हैं। इसकी प्रतिक्रिया स्वरूप 'केन्द्र' में प्रतिक्रियात्मक-बल उत्पन्न होता है जो **केन्द्र**

के निकटवर्ती 'तत्त्वों' में 'वाह्य-परिच्छेद' की दिशा में **गति** उत्पन्न करता है।

इस क्रम में एक स्थिति यह है कि 'ब्रह्म-सातत्य' अपने ही अन्तर्गत 'ब्रह्म' के किसी परिमाण को घेर लेता है घिरे हुए 'ब्रह्म-परिमाण' को चारों ओर से घेर लता है। यहाँ ध्यान देने की बात यह है कि इस स्थिति का विवरण तभी सम्भव है जब ब्रह्म-तत्त्व (वाक्) के सन्दर्भ में इसकी व्याख्या की जाए। उस घेराव-शक्ति (पराशक्ति) के कारण चारों ओर से घिरे हुए **ब्रह्म-परिमाण** पर केन्द्राभिमुख-शक्ति काम करती है और प्रतिक्रिया स्वरूप 'केन्द्र' इसके विपरीत बल उत्पन्न होता है।

वैदिक-विज्ञान के अनुसार पराशक्ति (माया) के कारण 'ब्रह्म' के विश्व्यापी-सातत्य में एक सृष्टिमूलक परिवर्तन आता है। यह **पराशक्ति** (ब्रह्म का घेराव-शक्ति) **विश्वव्यापी ब्रह्म-सातत्य** को दो भागों में विभक्त कर देती है। जो भाग माया (पराशक्ति) से घिरा होता है उसे 'परिच्छिन्न-ब्रह्म' या **क्षर-ब्रह्म** कहते हैं। इस परिच्छेद के गिर्द चतुर्विध अनन्त तक विस्तुत ब्रह्म-सातत्य को ही **अक्षर-ब्रह्म** कहते हैं—

द्वै रूपे ब्रह्मणस्तस्त मूर्त्तं चामूर्तमेव च।

क्षराक्षरस्वरूपे ते सर्वभूतेष्ववस्थिते।।

(विष्णुपुराण, १/२२/५५)

अर्थात्, उस ब्रह्म के मूर्त और अमूर्त दो स्वरूप हैं जो क्षर और अक्षर स्वरूप समस्त भूतों में स्थित हैं।

इसका यह मतलब नहीं है कि ब्रह्म दो भागों में अलग-अलग विभाजित हो गया है। यहाँ स्थिति है यहाँ ब्रह्म का एक प्रारम्भिक **तल** (लेयर) है ओ पूर्णतः अविनाशी है, वही अक्षर-ब्रह्म कताता है। उस 'तल' के अन्तर्गत 'ब्रह्म' का दूसरा लेयर तैयार होता है जिसे स्वयं **अक्षर-ब्रह्म** ने चारों ओर से घेर रखा है। वैज्ञानिक-दृष्टि से कहें तो 'ब्रह्म-विकुंचन' ने **क्षर-ब्रह्म** को अभिव्यास करके उसे अपनी केन्द्र-स्थानीय सत्ता के रूप में स्थित कर रखा है। अस्तु, क्षर-ब्रह्म के अन्तर्गत सृष्टि को जो प्रक्रिया चलती है, उसमें कारणरूप से 'अक्षर-ब्रह्म' भी प्रकट रहता है। जब तक 'अक्षर-ब्रह्म' के **कारण-स्तर** को नहीं समझते, वैदिक-विज्ञान समझ में नहीं आ सकता। अस्तु, पुनः कहा जाना चाहिए कि 'अक्षर-ब्रह्म' के ही प्रारम्भिक-तल (लेयर) के अन्तर्गत ही **क्षर-बह्म** की स्थित प्रकट हुई है। इस 'क्षर-ब्रह्म' को अपनी अभिव्यासि के अन्तर्गत **अक्षर-ब्रह्म** ने उसे इस प्रकार घेर रखा है कि वह उसकी केन्द्रस्थानीय सत्ता बन कर स्थित है। यहाँ **अक्षर-ब्रह्म** की घेराव-शक्ति को ही पराशक्ति कहा जाता है।

विदित हो कि 'अक्षर-ब्रह्म' ही **'ब्रह्म-विकुंचन'** है, इसलिए इसकी जो 'केन्द्र-शक्ति' वही ब्रह्म की घेराव-शक्ति के 'परिच्छेद' की **बीज-शक्ति** है--**अहं बीजप्रदः पिता** (भगवद्गीता)

क्षर-ब्रह्म और अक्षर-ब्रह्म

आकाश अर्थात् ब्रह्म 'अव्यय' इसलिए है कि माप से परे होने के कारण हमारी अनुभूतियों में नहीं आ पता। यह भ्रम रखना कि वह निष्क्रिय है नितान्त अवैज्ञानिकता और भौतिकवादिता होगी। साथ ही वह महज 'सत्ता' नहीं बल्कि स्वयं शक्ति-स्वरूप भी है। वैदिक-ग्रन्थों में उसे 'सर्व-शक्तिमान' कहा गया है। 'आकर्षण-शक्ति' और 'विद्युत' आदि 'ऊर्जा' उसके ही सापेक्ष-स्वरूप हैं जिन्हें 'शक्तिरूप' में पहचाना जाता हैं। ये सारी शक्तियाँ इसी 'आकाश-तत्व' में अन्तर्निहित हैं।

'मौलिक वैज्ञानिकता' यह है कि अपनी सुविधा के लिए 'आकाश' और 'शून्य' का अध्ययन अलग-अलग करते हैं। इसी प्रकार, 'वाक्' और 'ब्रह्म' का भी अध्ययन अलग-अलग करते हैं, परन्तु मौलिक-तथ्य है कि ये सभी एक ही 'ब्रह्म' की भिन्न-भिन्न संज्ञाएँ हैं।

ब्रह्म के शक्ति-स्वरूप का पहला स्वरूप उसके 'स्वयंभू' स्वरूप में मिलता है। ब्रह्म-विकुंचन समंचन-प्रसारण की वृत्ति रखना है। 'पूर्ण-समंचित' स्वरूप में 'वह' विन्दू-रूप 'केन्द्र-शक्ति' है जो शक्ति का 'परम और सर्वशक्तिमान' स्वरूप है। यही फैल कर विश्वव्यापी हो जाता है, फिर भी ब्रह्म-विकुंचन के 'केन्द्र' पर सर्वदा उसकी केन्द्र-शक्ति रूप से स्थित रहता है।

'ब्रह्म' का अध्ययन ब्रह्म-परिमाण के रूप में भी किया जा सकता है, क्योंकि पूर्ण-प्रसारित अवस्था में

उसकी व्याप्ति विश्व-व्यापी (अनन्त विस्तार वाली) होती है। अब, यहाँ पर ब्रह्म की दो वृत्तियाँ प्रकट होती हैं—(१) प्रत्येक सृष्ट सत्ता के ठीक केन्द्र पर वही केन्द्र-शक्ति रूप से स्थित रहता है। इस स्वरूप को अनिरुद्ध-प्रजापति कहते हैं। (२) 'वह' प्रत्येक 'सृष्ट सत्ता' को चतुर्दिक घेर कर रखता है। ब्रह्म के इस 'घेराव' के कारण उस 'सृष्ट सत्ता' की वाह्य-परिधि या सत्ता की आकृति बनती है। ब्रह्म के इस स्वरूप को सर्व-प्रजापति कहते हैं। ध्यातव्य है कि 'ब्रह्म' का यह स्वरूप तब प्रकट होता है जब सृष्टि की स्थिति प्रकट होती है।

सृष्टि पूर्व की अवस्था में 'ब्रह्म' अपने ही एक विराट परिमाण को घेर कर उसके चतुर्दिक स्थित हो जाता है। ऐसी अवस्था में 'ब्रहम' का अनन्त परिमाण दो रूपों में विभाजित दृष्टिगोचर होता है। 'ब्रह्म' का जो परिमाण उसके ही 'घेरे' में होता है, उसे 'क्षर-ब्रह्म' और शेष ब्रह्म जिसने उसे घेर रखा है, अक्षर-ब्रह्म कहा जाता है। ध्यातव्य है कि सापेक्षता का क्रमिक विकास इसी 'क्षर-ब्रह्म' के अन्तर्गत होता है। इसी 'क्षर-ब्रह्म' के अन्तर्गत 'पंच-महाभूतों', उनकी 'तन्मात्राओं' की स्थिति बनती है, इन महाभूतों के पंचीकरण से पदार्थ की रचना होती है और सृष्टि का विकास क्रम चलता रहता है। इस 'क्षर-ब्रह्म' में ही सृष्टि के 'विकास और लय' की आवृत्तियाँ होती रहती है। इन 'आवृत्तियों' को ईश्वरीय-यज्ञ के रूप में वर्णित किया जाता है।

'ब्रह्म' के क्षर और अक्षर स्वरूपों का विवरण देते हुए विष्णुपुराण में कहा गया है—

'द्वै रूपे ब्रह्मस्तस्य मूर्त्तं चामूर्तमेव च।

क्षराक्षरस्वरूपे ते सर्वभूतेष्वस्थिते।।

(वि.पु. १/२२/५५)

अर्थात् 'ब्रह्म' के दो रूप हैं (द्वै रूपे ब्रह्मस्तस्य)— मूर्त और अमूर्त (मूर्त चामूर्तमेव च)। इनमें से जो 'मूर्त है उसे 'क्षर' कहते हैं और अमूर्त को 'अक्षर' कहते हैं (क्षराक्षरस्वरूपे)। भूतादि अर्थात् भौतिक संरचनाओं, जो क्षर (नाशवान है) की सृष्टि इसी 'मूर्त-ब्रह्म' में होती हैं, इसलिए मूर्त-ब्रह्म को ही क्षर-ब्रह्म कहा जाता है (ते सर्वभूतेष्वस्थिते)।

इस श्लोक से स्पष्ट है कि जितनी भी सांसारिक प्रक्रियाएँ हैं, वे मूर्त-ब्रह्म अर्थात् क्षर-ब्रह्म में सम्पन्न होती हैं। निरपेक्षता से सापेक्षता के विकास को ही सृजन कहा जाता है तथा सापेक्षता से क्रमशः निरपेक्षता में 'वापसी' को लय कहा गया है। विदित हो कि अक्षर-ब्रह्म इन सारे परिवर्तनों से निष्प्रभावी रह जाता है और यहाँ 'ब्रह्म-तत्त्व' सर्वदा अपने मौलिक-स्वरूप में रहता है। इसलिए, आगे के श्लोक में कहा गया है—'अक्षरं तत्परं ब्रह्म' (विष्णुपुराण)।

यहाँ वैज्ञानिक दृष्टिकोण से यह समझना आवश्यक है कि 'ब्रह्म' तो 'स्थान गुणक से परे' है, इस अनन्त-विस्तार में 'अक्षर-ब्रह्म' और 'क्षर-ब्रह्म' की क्या स्थिति

है! वैदिक-दर्शन (ज्ञान-विज्ञान) में बताया गया है कि ब्रह्म-परिमाण में 'घिरने' की शक्ति है और इसी 'शक्ति' को 'पराशक्ति' अर्थात् **माया** कहा जाता है—

परास्य शक्तिर्विविधैव श्रूयते।

ज्ञान बल क्रिया च।।

इस श्लोक का कथितार्थ यह है कि जो 'पर' (माप के सभी गुणकों से परे है) उस 'ब्रह्म' की शक्ति (परास्य शक्तिः) के सम्बन्ध में कई प्रकार से कहा-सुना जाता है (विविधैव श्रूयते)। वास्तविकता यह है कि उसके तीन स्वभाव हैं—ज्ञानात्मक, बलात्मक और क्रिया-प्रतिक्रियात्मक। ज्ञानात्मक-स्वभाव को **सत्व-गुण**, बलात्मक-स्वभाव को **रजोगुण** और क्रिया-प्रतिक्रियात्मक स्वभाव को तमोगुण कहा जाता है। इन तीन गुणों से सम्पन्न होने के कारण ही ब्रह्म की शक्ति अर्थात् पराशक्ति यानि माया को त्रिया कहा जाता है।

यहाँ 'माया' का अर्थ भी समझना आवश्यक है। 'मा' धातु का अर्थ है 'घेरना', इसलिए 'ब्रह्म' की घेराव-शक्ति को ही 'माया' कहते हैं। अस्तु, 'ब्रह्म' अपने ही किसी परिमाण को घेरकर उसके चतुर्विध स्थित हो जाता है, तब ब्रह्म का ही घिरा हुआ परिमाण 'मूर्त' या 'परिच्छिन्न' कहा जाता है। ब्रह्म का शेष परिमाण जिसने चारों ओर से घेर लिया है 'अमूर्त' या 'अक्षर' कहा जाता है। इस प्रकार 'विष्णुपुराण' के सिद्धान्त का सत्यापन हो जाता है। यह प्रमाणित होता है कि पुराणों

के कथ्यों के पीछे भी वैज्ञानिक-नियमों का आधार होता है।

अस्तु, विष्णुपुराण के उक्त श्लोक ('द्वै रूपे ब्रह्मस्तस्य........ क्षराक्षरस्वरूपे ते सर्वभूतेष्वस्थिते) से यह ज्ञात होता है, निष्कर्ष निकलता है कि जो विश्वव्यापी (अनादि-अनन्त) ब्रह्म विस्तार था (जिसे 'पराकाश' कह सकते हैं) में उसके एक 'परिमाण' को चतुर्दिक ब्रह्म परिमाण ने चारों ओर से 'घेर लिया'। यहाँ 'घेर लेने की स्थिति यह है कि वहाँ 'माया' (ब्रह्म के घेराव-शक्ति) प्रकट हुई। इस कारण, वह अनादि-अनन्त ब्रह्म-परिमाण का एक भाग घिरा हुआ 'मूर्त-स्वरूप' में आभासित हुआ तथा शेष उसके 'चतुर्विक' अक्षर-ब्रह्म के रूप में विस्तारित दृष्टिगोचर हुआ। इस घिरे हुए (मूर्त-ब्रह्म) में सृष्टि की प्रक्रियाओं का क्रमिक रूप से विकास हुआ। इस घिरे हुए (मूर्त-ब्रह्म) को ही **क्षर-ब्रहम** कहा गया है।

इस अध्ययन का कथितार्थ है कि ब्रह्म स्वयं एक 'परम-विकुंचन' (निरपेक्ष) है और इसके 'केन्द्र' गर्भ पर स्वयं **'स्वयंभू'** स्थित है, जो पूर्ण-संचित ब्रह्म-विकुंचन (परम-विकुंचन) है। यह सार्वभौम **शक्ति** है। इसके गिर्द जो **ब्रहम-तत्त्व** अनादि-अनन्त तक फैला है, वह 'वाक्'-संज्ञक ध्वनि-ऊर्जा है—वागुत्सृष्टा स्वयंभुवा। 'वाक्-सातत्य' को ही ब्रह्म-सातत्य और 'आकाश' भी कहा गया है। यह माप के गुणकों से परे है, इसलिए अनुभूति से परे है। अतः इसे अव्यय कहा गया है। यह

'वाक्' अनुभूति से परे अवश्य है तथापि इससे एक प्रकार की 'ध्वनि' उत्पन्न होती है जिसकी निकटतम अनुभूति 'ॐकार' की ध्वनि है।

ब्रह्म के विश्वव्यापी-सातत्य में जब सृष्टि की कामना उत्पन्न होती है तो 'पराशक्ति' रूप में ब्रह्म की ही घेराव-शक्ति प्रकट होती है। यह 'घेराव-शक्ति' ब्रह्म-सातत्य के ही एक विराट-अंश को घेर लेती है। इस प्रकार, 'घेराव-शक्ति से परिच्छिन्न ब्रह्म-सातत्य' को ही ब्रह्म का मूर्त-स्वरूप कहा जाता है तथा ब्रह्म के विश्वव्यापी-सातत्य का जो हिस्सा इस पराशक्ति के परिच्छेद से बाहर रह जाता है, उसे अमूर्त-ब्रह्म या **अक्षर-ब्रह्म** कहते हैं। 'मूर्त-ब्रह्म' के अन्तर्गत सम्पूर्ण दृश्य-अदृश्य जगत (संसार) का सृजन-तथा लय होता रहता है। इसकारण, 'मूर्त-ब्रह्म' के ही क्षर-ब्रह्म कहते हैं। इस क्षर-ब्रह्म में ही पंच-महाभूत के रूप में ब्रह्म-तत्त्व में निरपेक्षता से सापेक्षता का विकास होता है। इस कारण, 'आकाश-महाभूत' के दो स्वरूप प्रकट होते हैं—**'पराकाश'** जो सम्पूर्ण अनादि-अनन्त ब्रह्म-सातत्य के रूप में सतत् है और दूसरा **'आकाश-महाभूत'** जो समस्त 'क्षर-ब्रह्म' में सतत् है।

ब्रह्म और त्रयी-विद्या

विदित हो कि 'ब्रह्म-तत्त्व' को ही 'वाक्' कहते हैं—

'अनादिनिधना   नित्या   वागुत्सृष्टास्वयंभुवा'
(शतपथ ब्राह्मण, ५/१/३/११))।

इसी श्लोक के दूसरे पद में **वाक्** को ही वेदमयी कहा गया है (**वेदमयी**) कहा गया है। अस्तु, त्रयीविद्या के रूप में जिस ऋक्, साम और यजुः की बात की गई है, वह भी **वाक्** ही है। अन्तर मात्र इतना है कि जब **ब्रह्म-तत्त्व** के ही नाम से पुकारना चाहते हैं तो **ऋक्, साम** और **यजुः** कहते हैं।

परिस्थिति यह है कि **विश्व-व्यापी ब्रह्म-सातत्य** जब किसी 'ब्रह्म-सातत्य' को चारों ओर से घिर जाता है तो 'वह' घिरे हुए 'ब्रह्म-सातत्य' पर चारों ओर से दबावात्मक-बल भी निरूपित करता है। इसी 'दबाव-बल' को 'पराशक्ति' या 'माया' कहते हैं।

'परिच्छिन्न ब्रह्म' पर चारों ओर से पर रहे दबावात्मक-बल की दिशा 'परिच्छिन्न-ब्रह्म' के केन्द्र की ओर होती है। इसे **केन्द्राभिमुखी-बल** कहा जायेगा। इसकी प्रतिक्रिया-स्वरूप **केन्द्र** पर इस बल की विपरीत दिशा में **परिच्छेदामुखी-बल** प्रकट होता है।

यहाँ परिच्छिन्न-ब्रह्म में जो ब्रह्म-तत्त्व भरा पड़ा है, उसे **ऋक्** कहते हैं। **परिच्छेदामुखी-बल** के प्रभाव से 'ऋक्' उक्थ होता है अर्थात परिच्छेद की ओर गमन करता है। इस तरह **केन्द्र** से चतुर्विध परिच्छेद की दिशा में **ऋक्** का गमन आरम्भ होता है।

ध्यातव्य है कि **परिच्छिन्न-ब्रह्म** में रिक्तता सम्भव नहीं है। इसलिए, क्षति-पूर्ति के लिए परिच्छेद से बाहर **विश्व-व्यापी ब्रह्म-सातत्य** का ब्रह्म-तत्त्व परिच्छेद के

अन्दर आता है और उसकी दिशा केन्द्राभिमुखी होता है। इस अन्दर आने वाले 'ब्रह्म-तत्त्व' को 'साम' कहते हैं।

परिस्थिति यह होती है कि 'परिच्छिन्न-ब्रह्म' के **वाह्य-परिच्छेद** पर ऋक् के गमन और साम के आगमन की स्थिति लगातार बनी रहती है। इससे **वह्य-परिच्छेद** का स्वरूप प्रधान वर्तुल-लहरी जैसा हो जाता है। इसके इस स्वरूप को **यजुः** कहते हैं—

यदेतन्मण्डलं तपति, तन्महदुक्थम्, ता ऋचाः स ऋचां लोकः। अथ यदेतदर्चिर्दीप्यते, तन्महाव्रतम, तानि सामानि, स साम्नां लोकः। अथ य एषा एतस्मिन्मण्डले पुरुषः, सोऽग्निः, तानि यजूंषि, स यजुषां लोकः।।१।। (शतपथ-ब्राह्मण, १०५ का ब्रा० श्लोक १)।।

यहाँ परिच्छिन्न-ब्रह्म को ही **मंडल** कहा गया है (**यदेतन्मण्डलं**)। इस में **ऋक्** भरा हुआ है, इसलिए यह 'ऋचा-मंडल' है (**ऋचां लोकः**)। यहाँ से ऋक् के उक्थ होने को (ऊपर वाह्य-परिच्छेद की ओर गमन) हो रहा है (**तन्महदुक्थम्**)। और जो बाहर से आ रहा है (**यदेतदर्चिर्दीप्यते**) वह क्षति-पूर्ति करता है (**तन्महाव्रतम**)। वह जहाँ से आ रहा है (परिच्छेद से बाहर का क्षेत्र), वह 'साम' (**तानि सामानि**) वह लोक सामलोक है (**स साम्नां लोकः**)। उस मंडल (परिच्छिन्न-ब्रह्म) के चतुर्विध अग्निरूप से दहक रहा है (**अथ य एषा एतस्मिन्मण्डले**) वह 'पुरुष' है (**पुरुषः**) और वही 'अग्नि' है (**सोऽग्निः**)। वही 'यजुः' है (**तानि यजूंषि**)

उसके स्थान को ही यजुःलोक अर्थात **वर्तुल-लहरी** वह यजुर्लोक यानि अग्नि-लोक है (**स यजुषां लोकः**)।

इसी के अगले श्लोक में कहा गया है—

सैषा त्रय्येव विद्या तपति। तद्वैतदप्यविद्वांस आहुः–त्रयी वा एषा विद्या इति। वाग्धैव तत्पश्यन्ती वदति।।२।।(शतपथ-ब्रह्मण, १०५ का ब्रा० श्लोक २)।।

अर्थात् यह त्रयीविद्या ही तप रहे हैं (गति कर रहे हैं)। इस सम्बन्ध में वैदिक विद्वान कहते हैं (**तद्वैतदप्यविद्वांस आहुः**) कि इस त्रयीविद्या के रूप में मानों **वाक्** ही बोल रही हो।

इस प्रकार यहाँ जो मंडल है, वह **ऋचा-लोक** है, मंडल के चतुर्विध जो **विश्व-व्यापी ब्रह्म-सातत्य** है, वह **साम-लोक** है और मंडल के गिर्द अग्निमय-ज्वाला है, वह **यजुः-लोक** है। **वाक्** ही इन तीनों के रूप में प्रकट है, क्योंकि '**वाक्**' ही **ब्रह्म-तत्त्व** है।

ऊपर के ब्राह्मण में आगे बताया गया है कि **जूः** का अर्थ 'आकाश' (ब्रह्म-तत्त्व) है--'अयमेवाकाशो जूः' और यत् का अर्थ है गतिशील। इन दोनों से ही यजुः शब्द बना है। यह साफ बताया गया है कि ऋक् और साम यहाँ गति कर रहे हैं--'ऋक्सामे वहतः' जिससे यजुः की स्थिति उत्पन्न हो रही है।

इस विवरण में यह समझाया गया है कि **ब्रह्म-सातत्य** में जब कोई **वर्तुल-लहरी** (वर्तुल-तरंग) बनती है तो क्या स्थिति उत्पन्न होती है! भौतिक-सातत्य, यथा

जल-तल में भी लगभग यही स्थिति उत्पन्न होती है। फिर भी, अन्तर यह है कि 'ब्रह्म' या 'ब्रह्म-तत्त्व' अनुभूति से परे हैं, इसलिए उस प्रक्रिया को भौतिक-यंत्रों से नहीं समझा जा सकता। लेकिन, प्राकृतिक वास्तविकता यही है कि हर सातत्य की स्थिति ब्रह्म-सातत्य के अन्तर्गत है, इसलिए ब्रह्म-तत्त्व (वाक्) के आवेश में ही भौतिक-तत्त्व संक्षोभात्मक-प्रक्रियाएँ कर पाते हैं।

ब्रह्म ही प्रजापति है

पूर्व के अध्ययनों एवं विवेचनाओं से हम जान चुके हैं कि गत्यात्मक-प्रक्रियाओं का आरम्भ तब होता है जब **पराशक्ति** किसी 'मंडल' (पिण्ड) को चारों ओर से घेर लेती है। तब 'क्रियात्मक एवं प्रतिक्रियात्मक' उत्पन्न होता है। इसलिए, श्रुतियों में पराशक्ति के सम्बन्ध में कहा गया है—**'स्वाभाविकी ज्ञानबलक्रिया च'**। यहाँ 'बल' का तात्पर्य **घेराव-बल** से है। यह बल मंडल के उसकी केन्द्र कि दिशा में बलात्मक प्रभाव डालता है। स्मरणीय है कि 'केन्द्र' महज एक विन्दु नहीं होता, क्योंकि वहाँ स्वतः **स्वयंभू-ब्रह्म** केन्द्र-शक्ति रूप से प्रकट रहता है। अतः केन्द्र पर दबावात्मक बल के विपरीत प्रतिक्रियात्मक बल प्रकट हो जाता है जिसे वैदिक भाषा में 'आशनाया' कहा जाता है।

स्थिति यह है कि 'मण्डल' के चतुर्विध जो **ब्रह्म** है, वह 'घेराव-बल' प्रकट करता है और 'मंडल' के **केन्द्र** पर स्थिति **स्वयंभू** आशनाया-बल के प्रकट करता है।

यह सृष्टि इन्हीं दोनों 'बलों' उत्पन्न हुई है और कार्य करती है। तात्पर्य यह कि इस प्रकार के बलों को प्रकट करके ही **ब्रह्म** ने सृष्टि की रचना की है, इसलिए उसे **प्रजापति** कहा जाता है। यहाँ **'ब्रह्म'** दो प्रकार से प्रकट है—सातत्य (**वाक्**) और केन्द्रशक्ति (**स्वयंभू**)। इस प्रकार, प्रजापति के दो स्वरूप हैं—सर्व-प्रजापति और अनिरुक्त-प्रजापति। जो सातत्यरूप से है, वह **सर्वप्रजापति** कहा जात है और जो केन्द्रशक्ति रूप से है, वह अनिरुक्त प्रजापति कहा जाता है—

शुल्कयजुः संहिता के ही अगले श्लोक में बताया गया है कि प्रत्येक सृष्ट-सत्ता (प्रजा) के की जो आकृति है, वह ब्रह्म (प्रजापति) के केन्द्रशक्ति स्वरूप को ही अनिरुक्त-प्रजापति कहा गया है—

प्रजापतिश्चरति गर्भे अन्तरजायमानो बहुधा विजायते।

तस्य योनिं परिपश्यन्ति धीरास्तस्मिन् ह तस्तथुर्भुवनान विश्धा।।

(शुल्कयजुः संहिता, ३।१९)।।

अर्थात् हे प्रजापति तुम्हारी स्थिति हरेक प्रजा के ठीक केन्द्र पर है (प्रजापतिश्चरति गर्भे अन्तजायमानो) जहाँ अपनी शक्ति की भिन्नता के साथ स्थित होते हो (चरति) इसके कारण उनके अनेकानेक स्वरूपों की उत्पत्ति होती है (बहुधा विजायते)।

दूसरे पद में कहा गया है कि उसके स्थान की जानकारी (तस्य योनिं परिपश्यन्ति) को वैज्ञानिक तरीके से जाना जा सकता है (धीरास्तस्मिन्)। सम्पूर्ण विश्व एवं सत्ताओं की स्थिति इसी केन्द्रशक्ति पर आधारित है (ह तस्तथुभुवनान विश्वा)।

शुल्कयजुः संहिता के ही अगले श्लोक में बताया गया है कि प्रत्येक सृष्ट-सत्ता (प्रजा) के की जो आकृति है, वह ब्रह्म (प्रजापति) की ही घेराव-शक्ति (माया) को प्रतिबिम्बित करता है।

प्रजापते न त्वदेतान्यन्यो विश्वा जातानि
परिता बभूव।

यत्कामास्ते जुहुमस्स्तान्नो अस्तु वयं स्याम
पतयो रयिणाम ।।

अर्थात्, हे प्रजापति (प्रजापते), तुम्हारे सिवा कोई दूसरा नहीं है (त्वदेतान्यन्यो) विश्व में उत्पन्न समस्त सत्ताओं में से प्रत्येक को (विश्वा जातानि) चारों तरफ से घेर कर स्वयं उपस्थित रहता हो (परिता बभूव)।

दूसरे पद में ईश्वर (प्रजापति) की स्तुति करते हुए कहा गया है कि हम जिस कामना (इच्छा) से (यत्कामास्ते) आपको हवि अर्पित करते हैं उसकी पूर्ति हो (अस्तु वयं स्याम)। इस स्तुति के साथ ही 'ब्रह्म' को 'रयि' (धन की अधिष्ठात्री) का स्वामी कहकर सम्बोधित किया गया है। यहाँ पर सन्दर्भ 'परमाणु की न्यष्टि' का है। इस न्यष्टि के अन्तर्गत 'न्यूट्रोन-कणों' (विद्युत-ऊर्जा

की केन्द्र-शक्ति) तथा धन-आवेश) स्थित होते है। इन्हें 'ब्रह्म' ही शून्य के घेरे के रूप में चारों तरफ से बाँध कर रखता है जिससे 'न्यष्टि' भार-गुणक प्रकट हो जाता है। इस 'भार' के कारण ही न्यष्टि को वेदों में 'रयि' (धन अर्थात् भार की अधिष्ठात्री) कहा गया है। [न्यष्टि के गिर्द चारों ओर 'शून्य' का परिमाण है जिसके अन्दर न तो 'इलेक्ट्रन' आ सकते हैं और न प्रोटोन-कण इससे बाहर जा सकते हैं। शून्य के इस परिमाण को 'वैकुअम' (सत्ताहीन स्थान) मानना साईंस का अज्ञान और मिथक है। विदित हो कि जहाँ 'स्थान' है वहाँ 'ब्रह्म' ही स्थित है।] अस्तु, परमाणु की न्यष्टि हो कि 'रयि' कहा गया है।

जगत का मूल है ब्रह्म और माया

वैदिक-दर्शन के आधार पर हमने 'निरपेक्ष-सत्ता' (**ब्रह्म**) का विवरणात्मक अध्ययन किया। 'निरपेक्ष' शब्द का अर्थ है तुलनात्मकता से परे, इसलिए 'ब्रह्म' निरपेक्ष है। इसका कारण है कि समय और स्थान गुणकों से परे है। चूँकि वह ध्वनि-ऊर्जा का ही निरपेक्ष-स्वरूप है और साईंस के ज्ञात है कि ऊर्जा का मौलिक स्वरूप 'विकुंचन' है। 'विकुंचन' समंचन-प्रसारण करता है, इसलिए प्रत्येक आवृत्ति में वह एक बार **समंचित** होकर 'विन्दू-रूप' हो जाता है और फिर फैलकर अपने विस्तार में आ जाता है। इस प्रकार, ऊर्जारूप प्रत्येक 'विकुंचन' (ध्वनि भी) प्रत्येक 'आवृत्ति' में एक बार **पूर्ण-समंचित** अवस्था में

होता है और एक बार **पूर्ण-प्रसारित** अवस्था में होता है। ध्वनि-स्वरूप (वाक्) होने के कारण 'ब्रह्म' स्वयं एक 'विकुंचन' है जिसे **ब्रह्म-विकुंचन** भी कहा जा सकता है। इसलिए, प्रत्येक आवृत्ति में उसके भी **पूर्ण-समंचित** और **पूर्ण-प्रसारित** स्वरूप होते हैं। ध्यातव्य है कि 'विकुंचन' के पूर्ण-संचित अवस्था से पूर्ण-प्रसारित अवस्था में आने में अन्तराल प्रकट होता है, उसे 'समय' कहते हैं और पूर्ण-संचित अवस्था से पूर्ण-प्रसारित अवस्था में व्याप्ति का जो अन्तर आता है, उसे 'स्थान' कहते हैं।

ज्ञातव्य है कि वेदादि-ग्रन्थों में 'ब्रह्म' को परिभाषित करते हुए 'अनादि-अनन्त' कहा गया है। इस स्थिति को **'ब्रह्म-विकुंचन'** के रूप में देखें तो 'पूर्ण-प्रसारित' प्रसारित अवस्था में उसका विस्तार अनन्त तक फैला हुआ है। उसके इस स्वरूप को **महत्-ब्रह्म** कहा जाता है। परन्तु, यह सिकुड़ने-फैलने वाली सत्ता (विकुंचन) है। इसलिए, इसके 'समंचन-प्रसारण' की 'आवृत्ति-दर' भी **अनन्त** है। इस हिसाब से (गणित के अनुसार) उसकी एक आवृत्ति में लगा समय बराबर १/अनन्त अर्थात् 'शून्य'। अस्तु, उसे **पूर्ण-समंचित** से **पूर्ण-प्रसारित** अवस्था में आने में कोई 'समय' नहीं लगता, इसलिए वह 'समय-गुणक' से परे है। ऐसी अवस्था में उसका 'पूर्ण-समंचित' और पूर्ण-प्रसारित दोनों ही स्वरूप, सर्वदा प्रकट रहते हैं। विज्ञान (साईंस) भी बताता है कि 'विकुंचन' का पूर्ण-संचित स्वरूप चूँकि विन्दुरूप होता है, इसलिए वही विकुंचन की केन्द्र-शक्ति रूप से स्थित

रहता है। ऐसा प्रतीत होता है कि वह 'केन्द्रशक्ति' ही फैल रही है और सिकुड़कर पुनः आत्मस्वरूप में आ जाती है। ब्रह्म-विकुंचन के इस स्वरूप (पूर्ण-समंचित स्वरूप को) ही 'शतपथ' में 'स्वयंभू-ब्रह्म' कहा गया है (शतपथ ब्राह्मण, ५/१/३/११)।

इस स्थिति का ही व्यक्त करते हुए भगवान श्रीकृष्ण कहते हैं—

ममयोनिर्महदब्रह्म तस्मिनगर्भं दधाम्यहम्।

सम्भवः सर्वभूतानां ततो भवति भारत।।
(गीता, अ.14.श्लोक 3)

प्रथम पद में वे बताते हैं कि 'महद-ब्रह्म' ही मेरा (ब्रह्म का) सम्पूर्ण-शरीर (योनि) {ममयोनिर्महदब्रह्म} है जिसके ठीक गर्भ (केन्द्र) पर मैं (स्वयंभू) 'दहक' रहा हूँ {तस्मिनगर्भं दधाम्यहम्}। यहाँ 'दधाम्यहम्' का स्पष्ट तात्पर्य है कि वह महज केन्द्रविन्दु नहीं, बल्कि केन्द्रीय-शक्ति रूप से स्थित हैं। यह 'केन्द्रीय-शक्ति' स्वरूप ब्रह्म-विकुंचन के **पूर्ण-समंचित स्वरूप** का वर्णन है जिसे **'स्वयंभू'** भी कहा गया है जो 'परम-शक्ति' है।

श्लोक के 'दूसरे' पद में भगवान श्रीकृष्ण **'विज्ञान'** का स्वरूप करते हुए 'विज्ञान के व्याकरण' से होती है। यही 'विज्ञान के व्याकरण' का आरम्भिक मूल-सूत्र है। इस क्रम में वे बताते हैं कि सभी **भूतों** (सृष्ट रचनाओं) की **रचना** {सम्भवः सर्वभूतानां} 'ब्रह्म' के इन दोनों

'स्वरूपों' (**महत-ब्रह्म** और **स्वयंभू**) {ततो भवति} से ही होती है—'सम्भवः सर्वभूतानां ततो भवति।

तात्पर्य है कि यहाँ 'त्रिक' है 'केन्द्रशक्ति, पराशक्ति और मूलतत्त्व' का। इनमें से 'केन्द्रशक्ति' तो 'ब्रह्म-विकुंचन' का 'पूर्ण-समंचित' **स्वरूप** है जो सम्पूर्ण ब्रह्म-विकुंचन की केन्द्रीय-शक्ति रूप से स्थित है। [इसका व्याख्यात्मक विवरण ऊपर दे चुके हैं।] यही 'ब्रह्म' का 'मौलिक-स्वरूप' है जिसे ऋग्वेद में **'अपां गर्भः'** और यहाँ पर 'स्वयंभू' कहा गया है। **शतपथ** के पूर्वोक्त श्लोक में कहा गया है—'वागुत्सृष्टा स्वयंभुवा।'

यहाँ वैज्ञानिक स्थिति यह है कि 'ब्रह्म-विकुंचन' की **केन्द्रशक्ति** (स्वयंभू) ही 'फैलता है' और इस फैलते हुई 'तत्त्व' को 'वाक्' कहा गया है। इसलिए, 'वाक्' को **स्वयंभू** का उत्सृष्ट स्वरूप कहा गया है। इस प्रकार, ब्रह्म की केन्द्रीय-शक्ति 'स्वयंभू' ही फैलकर 'ब्रह्म-सातत्य' बना है जिसके तात्त्विक दृष्टि से 'वाक्' कहा गया। अर्थात, 'ब्रह्म' की सम्पूर्ण सत्ता (पूर्ण-प्रसारित अवस्था) को **महद-ब्रह्म** कहें तो वह 'वाक्' से बना है। कथितार्थ है कि 'तत्त्व' के दृष्टि से ब्रह्म ही वाक् (ध्वनि का परम-स्वरूप) है। अस्तु, **वाक्** ही 'ब्रह्म-तत्त्व' है। यहाँ 'ब्रह्म' को तत्त्व के रूप मूलतत्त्व के रूप में समझना ही 'विज्ञान' है या **विज्ञान के व्याकरण** का **प्राथमिक-सूत्र** का द्वितीय-अंग है जबकि 'स्वयं' को केन्द्रीय-शक्ति रूप में समझना उसका प्रथम-अंक है।

'स्वयंभू' के सम्बन्ध में विवरण हम दे चुके हैं कि यह 'ब्रह्म-विकुंचन' का 'पूर्ण-संचित स्वरूप' और वही ब्रह्म-विकुंचन की 'केन्द्रीय-शक्ति' है जिसका स्थान इस 'विकुंचन' के ठीक गर्भ (केन्द्र) पर है। इस 'ब्रह्म-विकुंचन' को ही **ऋग्वेद** में 'आपः' कहा गया है [क्योंकि कि ब्रह्म में सम-सम्यक रूप से सतत् होने का गुण है अर्थात् इसका सातत्य है], इस कारण उसकी ('ब्रह्म-विकुंचन' की) केन्द्रीय-शक्ति (स्वयंभू) को **'अपां गर्भः'** कहा गया है। इस सम्बन्ध में यह समझना चाहिए कि **'महद-ब्रह्म'** वाक्-तत्त्व (मूल-तत्त्व) का ही अनादि-अनन्त सागर है और उसके ठीक गर्भ पर 'स्वयंभू' (केन्द्रीय-शक्ति) है, इसलिए 'वह' **अपां गर्भः** है। यही 'ब्रह्म' का मौलिक-स्वरूप (स्वयंभू) है (जिसे किसी ने उत्पन्न नहीं किया बल्कि वह स्वयं ही उत्पन्न है, इसलिये स्वयंभू है)। यह केन्द्रीय-शक्ति विन्दू रूप होने के कारण 'ब्रह्म' का वह स्वरूप है जिससे छोटा कोई दूसरा नहीं है। यही समंचित होकर (फैलकर) **महद-ब्रह्म** हो जाता है जो 'ब्रह्म' महदरूप है। इतना दीर्घ है कि उससे बड़ा कोई दूसरा नहीं है।

यहाँ **विज्ञान के व्याकरण** के **प्राथमिक-सूत्र** का तीसरा अंग है परा-शक्ति (माया)। ध्यातव्य है कि केन्द्रीय-शक्ति स्वरूप **स्वयंभू** एक ही साथ **सत्ता** भी है और **शक्ति** भी। अस्तु, 'वह' प्रत्येक 'परिमाण' की **वाह्याकृति** (योनि) के रूप में 'घेराव-शक्ति' रूप **पराशक्ति** (माया) को प्रकट करता है। बनती है, उसका

कारण **'स्वयंभू'** अर्थात् 'केन्द्रीय-शक्ति' ही है। यही **ब्रह्म** और माया का स्वरूप है। अस्तु, वैदिक-विज्ञान का सूत्र है कि प्रत्येक 'आकृति' का कारण स्वयं **केन्द्र-शक्ति** है।

यही कारण है कि किसी भौतिक-सत्ता के ठीक केन्द्र पर आघात करने से उसकी आकृति विच्छिन्न हो जाती है। 'कैरम' के खेल में एक गोटी होती है जिसे 'क्वीन' कहा जाता है। उसे बीच में रखकर अन्य काली और सफेद गोटियों को गोलाकार सज्जित कर दिया जाता है। स्ट्राइकर से जब ठीक 'क्वीन' पर आघात किया जात है तो पूरी सज्जा बिखर जाती है। इससे 'केन्द्र-शक्ति' और 'वाह्याकृति' के सम्बन्ध और 'केन्द्र' की महत्ता को समझा जा सकता है।

वाह्य-आकृति स्वरूप 'माया' को ही **पराशक्ति** कहते हैं, क्योंकि इसे स्वयं 'स्वयंभू' संज्ञक ब्रह्म ही प्रकट करता है। यह ब्रह्म ही 'पर' है। इसे ही **'प्रकृति'** अर्थात् 'पर' की 'कृति' भी कहते हैं। ध्यातव्य है कि यहीं पर 'बुद्धि' की स्थिति उत्पन्न होती है, क्योंकि प्रकृति के नियम निश्चित और अकाट्य होते हैं। अस्तु, **ज्ञान** और बुद्धि की स्थिति का मौलिक 'कारक' स्वयं 'स्वयंभू-ब्रह्म' और 'वह' पराशक्ति (माया) को प्रकट कर इसे (**ज्ञान** और बुद्धि) को स्वरूप देता है।

श्रुति में पराशक्ति की व्याख्या करते हुए कहा गया है—

परास्य शक्तिर्विविधैव श्रूयते।

स्वाभाविकी ज्ञानबलक्रिया च।।(श्रुति)।।

इसमें कहा गया है कि पराशक्ति (माया) के सम्बन्ध में बहुत प्रकार से कहा जा सकता है लेकिन वास्तविकता यह है कि वह मूलतः ज्ञानात्मक, बलात्मक और क्रियात्मक होती है।

यह पराशक्ति (माया) जिस सत्ता को घेरती है उसकी वाह्याकृति के रूप में दृष्टिगत होती है। वह घिरी हुई सत्ता पर 'ज्ञानात्मक-बल' निरूपित करती है जो मनुष्यादि प्राणियों (जीव) में 'ज्ञान और बुद्धि' (चेतना) के रूप में प्रकट होता है। 'वह' (पराशक्ति) दबावात्मक-बल निरूपित कती है जिसके कारण परिच्छिन्न सत्ता के अन्तर्गत वाह्य-परिच्छेद से केन्द्र तक मूलतत्त्व का गमनागमन आरम्भ होता है जिसे क्रियात्मक-बल कहा जाता है। मूलतत्त्व के गमनागमन के कारण ही उस परिच्छेद के भीतर 'ऊर्जा' का रूपान्तरण पदार्थ और भौतिक-तत्त्वों के रूप में होता है।

इस अध्ययन से विज्ञान के 'व्याकरण' के प्राथमिक-सूत्र के रूप में

केन्द्रशक्ति स्वरूप **'स्वयंभू'**, मूलतत्व के रूप में 'वाक्' है और वाह्य-परिच्छेद के रूप में **पराशक्ति** की जानकारी हो जाती है। इससे भी जानकारी मिल जाती है कि बोलने के क्रम में कंठ स्थित 'स्वर-यंत्र' एवं मुख स्थित जिह्वा के स्वराघात को ज्ञानपूर्ण गति देने वाली

सत्ता स्वयं 'आत्मा' है जिसमें स्वयंभू-ब्रह्म केन्द्रशक्ति रूप से और 'वाक्' (ब्रह्म-तत्त्व) रूप से तथा पराशक्ति प्राणी-शरीर की वाह्याकृति रूप से स्थित है।

जीवन और ज्ञान मय है आत्मा

पूर्व में ब्रह्म-विकुंचन के प्रसंग में गीता के चौदहवें अध्याय के तीसरे श्लोक ('अ.14.श्लोक 3) का अध्ययन किया गया है। इसी अध्याय के चौथे श्लोक में ब्रह्म के संदर्भ में ही 'आत्मा' के सन्दर्भ में भगवान श्रीकृष्ण कहते हैं-

सर्वयोनिषु कौन्तेय मूर्तयः सम्भवन्ति याः।

तासां ब्रह्म महद्योनिरहं बीजप्रदेः पिता।।
(गीता, अ.१४, श्लोक ४)।।

इसमें 'जीवात्मा' के सम्बन्ध में यह बताया गया है कि जितने भी 'प्राणी' उनकी जीवाकृति (सर्वयोनिषु कौन्तेय मूर्तयः सम्भवन्ति याः) जो बनी है उसका कारण ब्रह्म का 'महद्' स्वरूप है (तासां ब्रह्म महद्योनिरहं) जिसकी बीज-शक्ति (केन्द्रशक्ति) रूप से स्वयं जो 'स्वयंभू' है, वह भी 'केन्द्र' रूप से प्रकट है, वही पितारूप से स्थित है। इस श्लोक में 'मूर्ति' शब्द के प्रयोग का तात्पर्य 'जीव' की आकृति से है। विदित हो कि पराशक्ति ही वाह्य-परिच्छेद रूप से स्थित होती है जो आकृति रूपमें व्यक्ति होती है। अस्तु, प्रत्येक प्राणी की जो आकृति है, उस रूप में स्वयं पराशक्ति (माया)

ही व्यक्त रूप से स्थित है। वह ईश्वरीय-शक्ति है, इसलिए प्राणी शिशु हो, युवा हो या वृद्ध; शरीर बढ़ता है, पुष्ट या क्षीण होता रहता है, परन्तु जीवाकृति में परिवर्तन नहीं होता। तात्पर्य है कि 'जीवात्मा' ब्रह्म और उसकी घेराव-शक्ति (माया) सहित होता है। पूर्व के विवरण में बताया गया है कि यह 'माया' (पराशक्ति) ही 'ज्ञान, बल और क्रिया' का **कारणस्वरूप** है। इसलिए, सभी आत्मा में ही 'ज्ञान' से सम्पन्न होती है और ज्ञानात्मक क्रियाओं का 'अधीक्षक' भी होती है। प्राणी में ज्ञानात्मक प्रक्रियाओं का होना ही 'आत्मा' के अस्तित्व का प्रमाण है। ध्यातव्य है कि कुछ प्राणी गगन में उड़ता है, कुछ जल में विचरते हैं तो कुछ भूचर हैं। इन प्रक्रियाओं में जो 'ज्ञान' है, वह 'आत्मा' में ही निहित है। भावना को बोलकर प्रकट करने के अन्तर्गत भी 'ज्ञानात्मक' प्रक्रियाएँ होती हैं। इसलिए 'आत्मा' वह आन्तरिक-शक्ति है जबकि ऊर्जा के अन्यान्य-स्वरूप वाह्य-शक्तियाँ हैं।

इसी **आत्मा** (जीवात्मा) के सम्बन्ध ऋग्वेद में बताया गया है--

'इदं ज्योतिरमृतं मर्त्येषु' (ऋग्वेद ६/९/४)।

इस श्लोक में कहा गया है कि यह (इदं) **अमृत** रूप **ज्योति** है (ज्योतिरमृतं) [ज्येतिः+अमृतम्], अपरमाण्विक-सत्ता है जो अविनाशी है। साईंस के अनुसार ऊर्जा भी अविनाशी है लेकिन वह अपने ही एक स्वरूप से दूसरे स्वरूपों में रूपान्तरित होता रहता है।

परन्तु, 'आत्मा' ऐसी अपरमाण्विक-सत्ता है जो न केवल 'अविनाशी' है, बल्कि 'रूपान्तरण' से भी परे है।

ऊर्जा के अन्यान्य स्वरूप भौतिक-सत्ता को प्रकाशमान, तप्त आदि तो कर सकते हैं, परन्तु 'जीवित' नहीं हो सकती। ऊपर वर्णित श्लोक में 'आत्मा' के ही सम्बन्ध में कहा गया है कि यह प्राणी-शरीर (मर्त्येषु) में अमृत-स्वरूप ज्योति है (ज्योतिरमृतं)। इस आत्मा की ही अनुभूति हमें 'चेतना' के रूप में होती है।

इस वैदिक-दर्शन (ज्ञान-विज्ञान) का संक्षिप्त कथितार्थ है कि (१) सम्पूर्ण विश्व में कहीं भी सत्ताहीनता नहीं है और जो भी **स्थान** और **समय** दीख रहा है, वहाँ **निरपेक्ष-सत्ता** (ब्रह्म) की ही व्याप्ति है; क्योंकि 'स्थान और समय' के रूप में उसकी ही अनुभूति होती है। उसकी ये अनुभूतियाँ भी सापेक्ष हैं-उनका परस्पर अन्योन्याश्रित सम्बन्ध है। (२) 'निरपेक्ष' होने के कारण वह किसी प्रकार की तुलनात्मकता से परे अर्थात् उसे इकाई मात्राओं में विभाजित नहीं किया जा सकता। फिर भी वह सर्वत्र सतत् है। यही वह तथ्य है जो साईंसविदों के भौतिकवादी विचार के पल्ले नहीं पड़ता। अस्तु उसी जानकारी की विधा को 'विज्ञान' नहीं **'ज्ञान'** कहते हैं। **स्थान** उसकी ही अनुभूति का एक हिस्सा है, इसलिए जहाँ भी 'स्थान' है, वहाँ 'ब्रह्म' है। इसी प्रकार, **समय** भी उसकी ही अनुभूति का एक हिस्सा है, इसलिए जब भी 'समय' प्रतीत होता है, वह 'ब्रह्म' की ही प्रतीति है। परन्तु, समय और स्थान भिन्न नहीं हैं,

एक की प्रतीति दूसरे के सापेक्ष ही होती है। (३) ब्रह्म का सातत्य विश्वव्यापी है, फिर भी इकाई-स्थान और इकाई समय में वही स्थित है, उसके इस स्वरूप को ही 'तत्त्व' (ब्रह्म-तत्त्व) कहते हैं। ऋषियों के परीक्षणों से प्रमाणित हुआ है कि समय और स्थान की प्रत्येक इकाई में जो 'ब्रह्म-तत्त्व' वह ध्वनि-ऊर्जा का ही निरपेक्ष-स्वरूप है अर्थात् इस ध्वनि-विकुंचन के समंचन-प्रसारण (सिकुड़ने-फैलने) की आवृत्ति दर अनन्त है। इसे ही 'वाक्' कहा गया है। अस्तु, 'वाक्' को ही 'ब्रह्म-तत्त्व' है। 'वाक्' एक प्रत्यक्ष-आस्तित्व है जिसकी अनुभूति हम सभी बोलने के क्रम में 'अवाक' स्थिति के रूप में इसे अनुभव करते हैं। हर अक्षर (पूर्ण-ध्वनि) के उच्चारण के ठीक पूर्व (ठीक पहले) इसकी स्थिति अनिवार्य है। इस अनुत्तरित-ध्वनि के बिना किसी भी पूर्ण-ध्वनि को नहीं बोला जा सकता। इस प्रकार, यह 'वाक्' (अवाक) ही ध्वनि-प्रवाह में प्रतिरोध-शक्ति रूप से प्रकट रहती है। विदित हो कि हमारी 'आत्मा' इसी 'तत्त्व' का एक मंडल है।

व्याकरण में 'वाक्'

विदित हो कि वैदिक-दर्शन में 'वाक्' का बारम्बार उपयोग किया गया है। अस्तु, व्याकरण में इसकी स्थिति पर विचार करना आवश्यक हो जाता है। व्यावहारिक मानव-जीवन में दो प्रमुख अवस्था होती है जिसमें व्यक्ति कुछ बोल नहीं पाता है—मौन-अवस्था और अवाक-अवस्था।

ध्यातव्य है कि 'मौन-अवस्था' (मौनावस्था) में व्यक्ति चुप रहने की मनोदशा में होता है, भाव को भी दबाकर रखता है। न तो स्वर-यंत्र, मुख, जिह्वा सभी बोलने की चेष्टा का त्याग करते हैं।

'व्याकरण' के अनुसार 'अवाक' के 'अव' धातु के उपसर्ग 'अ' का लोप हो जाता है जिस कारण उसे 'वाक्' बोला जाता है। अस्तु, व्याकरण बताता है कि उच्चरित ध्वनि सदैव सापेक्ष होती है, परन्तु 'वाक्' ध्वनि का निरपेक्ष-स्वरूप होता, इसलिए उच्चरित नहीं हो पाता।

यहाँ यह भी बताया गया है कि जितने भी दो अक्षरों को एक स्वर में नहीं बोला जा सकता, क्योंकि प्रत्येक अक्षर को बोलने के पहले 'अवाक' की स्थिति अनिवार्य होती है। उदाहरण के लिए हम 'राम' बोलना चाहते हैं तो बोलने की स्थिति इस प्रकार होगी— अवाक+रा+अवाक+म। इस प्रकार, हर अक्षर के उच्चारण के ठीक पूर्व समय का ऐसा सूक्ष्म अन्तराल अवश्य होता है। उस अन्तराल में अवाक (वाक्) प्रकट होती है जो ध्वनि के सापेक्ष-स्वरूप में रूपान्तरित होती है। अतः अवाक (वाक्) अनुत्तरित ध्वनि इसलिए है कि वह ध्वनि का ही निरपेक्ष-स्वरूप है।

वास्तविकता यह है कि 'अवाक' ध्वनि-प्रवाह में **प्रतिरोध** (resistance) संज्ञक शक्ति का काम करती है। विदित हो कि बिजली के तारों में प्रतिरोध-शक्ति की व्यवस्था करके (उसे पतला करके) 'विद्युत-ऊर्जा' को अग्नि, प्रकाश आदि रूपों में बदला जाता है। इस

तकनिक में न केवल शब्दों के उच्चारण का महत्व है, बल्कि इसमें शब्दों के उच्चारण में 'लय और सुर' की भी सहत्ता है। अस्तु, 'मन्त्र-विद्या' एक 'ध्वनि-प्रवाह' में 'अवाक' का प्रयोग पर कोई जोग- टोटका इसी प्रकार, भिन्न-भिन्न प्रकार के 'प्रतिरोध-शक्ति' का उपयोग करके ध्वनि-ऊर्जा को ऊर्जा के विभिन्न स्वरूपों में परिणत किया जाता है।

अवाक (वाक्) भी ध्वनि-प्रवाह में **प्रतिरोध-शक्ति** का काम करती है और यह प्रत्येक अक्षर के पूर्व अनिवार्य रूप से 'उपस्थित' रहती है। 'अवाक' इस क्षमता (प्रक्रिया) के आधार पर ऋषियों-मुनियों ने एक विशेष-तकनिक की खोज की जिस **'मन्त्र-विद्या'** के नाम से जाना गया है। जिन लोगों को 'ऊर्जा' की मूल-प्रकृति, ध्वनि-ऊर्जा के निरपेक्ष-स्वरूप (वाक्) और मानव-शरीर की क्षमता (योग-विद्या) का ज्ञान नहीं है, वे इसे 'जोग-टोटमा-जादू' समझते हैं। इनमें यह भ्रान्ति है कि 'विज्ञान' की साधना केवल कृत्रिम भौतिक-यंत्रों से ही सम्भव है।

मूल-तत्त्व (वाक्)

ध्यातव्य है कि **तत्त्व** उस मूल-सत्ता को कहते हैं जिसका 'तान' अर्थात् विस्तार होता हो। इसका श्रेष्ठ उदाहरण है 'बीज' जो होता तो 'अति-लघु' होता है लेकिन उससे ही पेड़-पौधों प्रस्फुटित होते हैं। मानवादि-प्राणियों के 'बीज' को 'वीर्य' कहते हैं। विदित 'बीज' और 'वीर्य'

एक दूसरे के प्रतिरूप हैं। लगभग इसी भावार्थ में शब्द का भी प्रयोग किया जाता है, लेकिन यहाँ दायरा विशाल है। बीज या वीर्य का उपयोग 'सजीव' के लिए किया जाता है, लेकिन **तत्त्व** में सजीव और निर्जीव सभी आ जाते हैं। यहाँ मूल-तत्व का सम्बन्ध सजीव-निर्जीव और पदार्थ-ऊर्जा सभी के साथ है।

कथितार्थ है कि भिन्न-भिन्न प्रकार के प्राणी हैं-वस्तुएँ हैं। उनकी रचना अनायास नहीं हुआ है, उसके एक नियम है और क्रम है [जिसे **प्रकृति** कहा गया है]। अनेकानेक 'वस्तु' हैं, वे पदार्थ से बने हैं। इन पदार्थों में कुछ निश्चित पदार्थ यथा लोहा, ताम्बा, कार्बन आदि हैं जिनसे समस्त वस्तुएँ बनी हैं। इन निश्चित पदार्थों को 'तत्त्व' कहते हैं। इस प्राकृतिक व्यवस्था को 'परमाणु की संरचना' के आधार पर समझना आसान है। विदित हो कि परमाणु के तीन अवयवी कण है—इलेकट्रन, प्रोटोन और न्यूट्रोन। इनमें प्रोटोन और न्यूट्रोन कणों की स्थिति परमाणु की न्यष्टि के अन्तर्गत होती है। इलेकट्रन-कण परमाणु के वाह्य तलीय कण हैं। परमाणु में 'प्रोटोन-कणों की संख्या में भिन्नता' के कारण ही तत्त्वों में भिन्नता होती है।

[हमें यह जानना चाहिए कि वैदिक-दर्शन में **'परमाणु की न्यष्टि'** को **'रयि'** की संज्ञा दी गई है। इस क्रम में प्रजापति (ब्रह्म) को **'पतयो रयिणाम'** (रयि का स्वामी) कहा गया है।]

यह तो 'भौतिक-तत्त्वों' की स्थिति है जो अन्ततः अभौतिक-सत्ता से जुड़ जाता है। तात्पर्य यह है कि पदार्थ और ऊर्जा के मध्य की कड़ी 'परमाणु' है। यहाँ ऊर्जा **(विकुंचन)** पदार्थरूप में 'परिणत' (रूपान्तरित) हुई है। निश्चय ही, पदार्थ तक 'तत्त्व' का अवलोकन हम कुछ भिन्न दृष्टि से कर रहे थे, ऊर्जा (विकुंचन) की संरचना के अन्तर्गत दृष्टि में अनुकूल परिवर्तन होगा।

'विकुंचन' (प्राण) की संरचना के सम्बन्ध में प्रसिद्ध श्लोक है--'अन्तश्चरति रोचनास्य प्राणदपानती'। इसका अर्थ है कि विकुंचन के केन्द्र से परस्पर विपरीत पार्श्वों में प्राण और अपान संज्ञक अवयवों का गमनागमन होता रहता है। ये दोनों मूलतः एक ही 'तत्त्व' है जिनकी भिन्नता का करण दोनों की परस्पर विपरीत दिशा है। गति और दूरी (पार्श्व-विस्तार) में किसी प्रकार की भिन्नता नहीं है। दोनों का ही प्रकटीकरण केन्द्रविन्दु से होता है और आगमन भी केन्द्रविन्दु पर ही होता है। अस्तु, यही मूलतः मूल-तत्त्व है। विकुंचन के अन्तर्गत यही 'मूल-तत्त्व' अन्तश्चरण (गमनागमन) करता है। और, यही मूल-तत्त्व समंचन-प्रसारण की आवृत्तियाँ प्रकट करता हुआ 'विकुंचन' रूप में व्यक्त हो जाता है। तात्पर्य यह कि विकुंचन की रोजना (संरचना) इसी मूल-तत्त्व से बनी है।

'विकुंचन' के ऐसे स्वरूप को सापेक्ष-विकुंचन के नाम से समझा जाना चाहिए। परन्तु, इसमें भी जिस 'मूल-तत्त्व' की उपस्थिति प्रकट होती है, वह वस्तुतः

ब्रह्म-तत्त्व का ही एक स्वरूप है जो सृष्टि के 'मौलिक-तत्त्व' के रूप में उपस्थित है। इसे ही 'वाक्' के नाम से सम्बोधित किया गया है। इससे ही समस्त सापेक्ष-विकुंचन की संरचना की रचना हुई है, इसलिए इसे तत्त्व कहा जाता है और उसे विशेषता देने के लिए उसे मूल-तत्त्व कहा गया है।

यहाँ विशेष जानकारी का तथ्य यह है कि **मूल-तत्त्व** स्वयं विकुंचन नहीं है, विकुंचन की निर्मात्री-सत्ता है, इसलिए 'मूल-तत्त्व' है। तात्पर्य स्पष्ट है कि 'विकुंचन की संरचना' ही 'मूल-तत्त्व' से बनी हुई है। अस्तु, यह प्रश्न अवश्य किया जाना चाहिए कि यह कौन-सी सत्ता है? उत्तर देते हुए वैदिक-ज्ञान बताता है कि वह 'वाक्' है--आदौ वेदमयी नित्या यतः सर्वाः प्रवृत्तयः (शतपथ ब्राह्मण, ५/१/३/११)। अर्थात् वही सबका आरम्भिक स्वरूप है (आदौ)। वेदमयी अर्थात् स्थिर तथा गति की क्षमता से युक्त है (वेदमयी)। नित्य अर्थात् अविनाशी है (नित्या)। वही सारी प्रवृत्तियों (गतियों) का जनक है (यतः सर्वाः प्रवृत्तयः)। [इसे ध्वनि-ऊर्जा का आदिम-स्वरूप बताया जाता है, क्योंकि अवाक-ध्वनि को ही वाक् कहा गया है।] विदित हो कि इसे ही ॐकार का ध्वन्यात्मक-स्वरूप (वाच्य) कहा गया है। इसप्रकार, यह स्वीकार किया गया है कि ब्रह्म की इकाई-मात्रा यदि है तो वह **वाक्** है और वही मौलिक **तत्त्व** है। आधुनिक वैज्ञानिक जिस **'डार्क-मैटर'** की परिकल्पना करते हैं, वह सम्भवतः यही (वाक्) है।

पंच-तत्त्व

महाभूत और तत्त्व

तुलसीदास के रामायण की एक पंक्ति है—'क्षिति जल पावक गगन समीरा। पंच रचित यह अधम शरीरा।' इसके आधार पर कई विद्वान यह समझाने का प्रयास करते हैं कि आकाश (गगन), वायु (समीर), अग्नि (पावक), जल और क्षिति (मिट्टी) ये पंच-तत्त्व हैं जिनसे यह अधम (भौतिक) शरीर बना है।

तुलसीदासजी ने **तत्त्वों** के रूप में जिन सत्ताओं के नाम लिये हैं, सांसारिक-दृष्टि से ये भौतिक सत्ताएँ प्रतीत होती हैं अथवा हमारी अभिव्यक्ति के अन्तर्गत आती हैं। इस सम्बन्ध में ध्यान देने की बात यह है कि मानव एक भौतिक-प्राणी है। अथवा, कहें कि हमारी दुनिया सापेक्ष है और हम सभी तुलनात्मक जानकारियाँ ही

प्राप्त कर सकते हैं। अस्तु, जिस चीज को हम सामान्य बुद्धि से नहीं समझ सकते, उसे देखी-जानी गई वस्तुओं की तुलना में ही समझ सकते हैं। अस्तु, वैदिक-दर्शन में जो प्रत्यक्ष है उसकी तुलना में परोक्ष-आस्तित्व को समझाने की 'युक्ति' स्थापित की गई है। अस्तु, इन पंच-तत्त्वों की भी स्थिति ऐसी ही है। स्थिति को समझाने के लिए ऋषियों ने इन 'तत्त्वों' के स्पष्ट करने के लिए उनकी तन्मात्राओं का भी उल्लेख किया है।

इन तन्मात्राओं पर युक्तिसंगत विचार करने से ज्ञात होता है कि इन पाँचों में से कोई भौतिक वस्तु नहीं हैं—दिव्य हैं। पाँचवें तत्त्व की ही बात करें तो यह 'क्षिति' है। इसकी मूल तन्मात्रा का तात्पर्य है 'अभिव्यास' करना। यह ऊर्जा (विकुंचन) का गुण है। इस प्रकार, ये सभी 'तत्त्व' मूलरूप से **'ऊर्जा'** से सम्बन्धित है। तत्त्व का तात्पर्य उस सत्ता से है जिसका विस्तार अन्यान्य स्वरूपों में होता है। जैसे, लोहा (iron) तत्व है। यह 'तत्त्व' कई खाद्य और अखाद्य वस्तुओं में भी है।

हम भौतिक-सत्ताओं के तत्त्वों से परिचित हैं, परन्तु कभी हमारी कल्पना में यह नहीं आता कि 'ऊर्जा की सत्ता' में भी **तत्त्व** की महत्व है। पंच-तत्त्वों के रूप में ऊर्जायी-सत्ताओं के 'तत्त्वों' की विवरणात्मक व्याख्या वैदिक-विज्ञान देता है। ऊर्जा के इन तत्त्वात्म स्वरूपों को ही 'महाभूत' कहा गया है, क्योंकि भौतिक (परमाण्विक) नहीं हैं—दिव्य हैं।

साथ ही, इस क्रम में आगे बताता गया है कि इनके 'पंचीकरण' से पदार्थ (भूत) की रचना होती है। इसमें निहित वैज्ञानिक प्रक्रिया को समझने की आवश्यकता है। महाभूतों के रूप में जो 'नामकरण' किया गया है— जिन शब्दों को उनका प्रतीक बनाया गया है, उन शब्दों के भौतिक-अर्थ को ही महत्ता देने से यह भ्रम उत्पन्न होता है। यहाँ 'प्रत्यक्ष-अर्थ' (भौतिक-अर्थ) के स्थान पर 'परोक्ष-अर्थ' का महत्त्व सर्वोपरि है। इसके निर्धारण के लिए तुलनात्मक अध्ययन के लिए महाभूतों की **तन्मात्राओं** का भी उल्लेख शामिल किया गया है। इनके आधार पर महाभूतों के नामों की वास्तविक स्थिति का ज्ञान सहजता पूर्वक प्राप्त किया जा सकता है।

सर्वप्रथम हमें इस प्रश्न पर विचार करना चाहिए कि 'ऊर्जा' के लिए 'महाभूत' शब्द का प्रयोग क्यों किया गया है? विदित हो कि दर्शन में पदार्थ को स्पष्ट रूप से 'भूत' (मर्त्य) कहा गया है। इसलिए, 'महाभूत' का अर्थ हुआ 'भूत' (पदार्थ) का **महान-स्वरूप** अर्थात् 'ऊर्जा'। स्पष्ट है कि जिसकी उत्पत्ति ऊर्जा से हुई हो, उसका महान-स्वरूप ऊर्जा ही हो सकती है। अस्तु, ऊर्जा का ही पर्यायवाची शब्द है 'महाभूत'।

महाभूत का वर्गीकरण

वैदिक-विज्ञान के अन्तर्गत महाभूत प्रकरण के अन्तर्गत ऊर्जा का कोटिवार वर्गीकरण किया गया है। ऊर्जा के इस वर्गीकृत रूप को 'महाभूत' की संज्ञा दी गई है।

इस वर्गीकरण के तीन आधार हैं—१. माप के गुणक, २. सम-सम्यकता (सातत्य) और ३. अभिव्यास।

माप के गुणकों के आधार पर ऊर्जा के तीन प्रकार हैं—निरपेक्ष, अर्ध-निरपेक्ष और सापेक्ष। प्रथम महाभूत **'आकाश'** निरपेक्ष-महाभूत है। इसकी तन्मात्रा वाक् (शब्द) है। द्वितीय महाभूत **'वात (वायु)'** अर्ध-निरपेक्ष महाभूत है। इसकी प्रधान तन्मात्रा 'स्पर्श' है लेकिन इसकी (वायु की) की उत्पत्ति आकाश से होती है, इसलिए 'वाक्-तन्मात्रा' स्वाभाविक रूपसे शामिल होती है। तथा तीसरा महाभूत 'अग्नि' सापेक्ष महाभूत है। इसकी प्रधान तन्मात्रा 'रूप' है। लेकिन इसकी उत्पत्ति वायु-महाभूत से होती है, इसलिए इसमें 'वाक्' और 'स्पर्श' की तन्मात्राएँ स्वाभाविक रूपसे शामिल होती हैं।

'अग्नि-महाभूत' महाभूत तक सापेक्षता की दृष्टि से **ऊर्जा** में 'त्रि-स्तरीय विकास' हो चुका होता है। यहाँ अग्नि का तात्पर्य 'सापेक्ष-विकुंचन' से है। इसकी संख्या जब असीम रूप से बढ़ जाती है तो अगले विकास क्रम में उसमें 'सम-सम्यकता तथा सम-साम्यता' का विकास होता है। इस क्षमता को प्राप्त करने पर इसे ही **आप-महाभूत** या **जल-महाभूत** कहा जाता है। विदित हो कि इसी विकास क्रम में **वर्तुल-तरंगों** की उत्पत्ति शामिल है। अगले विकास क्रम में ऊर्जा यानि 'विकुंचन' में किसी सत्ता को अभिव्यास करने की क्षमता का सृजन होना है। इसी क्षमता को क्षिति (धारण करना) कहा जाता है। ध्यातव्य है कि मिट्टी में धारण करने की क्षमता होती

है, इसलिए क्षिति को दूसरा प्रतिरूप मिट्टी को माना जाता है। ऊर्जा के इस स्वरूप को क्षिति-महाभूत कहा जाता है जिसकी प्रधान तन्मात्रा है 'गंध'। इसकी उत्पत्ति 'जल-महाभूत' से हुई है, इसलिए इसमें वाक, स्पर्श, रूप और रस भी स्वाभाविक रूप से शामिल होते हैं।

इनमें से प्रत्येक महाभूत का व्याख्यात्मक अध्ययन पृथक-पृथक करेंगे—

आकाश-तत्त्व

विराट 'आकाश' को नंगी आँखों से भी देखकर पहचाना जा सकता है। इसी विराट आकाश में हमारी धरती, ग्रह-उपग्रह, तारे और नक्षत्र आदि 'स्थित' हैं। अस्तु, आकाश कोई कपोल-कल्पित 'सत्ता' नहीं है। कई पाश्चात्यवादी विद्वान 'इसे' मानने से ही इन्कार करते हैं और इसे 'वैकुअम' मानने पर जोड़ दे रहे थे। वैकुअम का अर्थ है 'सत्ता-विहीन स्थान का विस्तार'। उनकी तर्क-बुद्धि काम नहीं कर रही थी कि जिसकी कोई-सत्ता नहीं, वह स्थान कैसे छेक सकता है? 'वैकुअम' की परिकल्पना का त्याग करना पड़ा। भारत के दार्शनिक-ग्रन्थों में भगवान शिव को **'व्योमकेश'** कहा गया है। शतपथ ब्राह्मण में कहा गया है कि आकाश में ही स्थिति-शक्ति है-- **अयमेवाकाशो ज्ूः। यदिद मन्तरिक्षम्।** (शतपथ ब्राह्मण, का० १०, अ० ३ का ब्रा० ५)।

'निरपेक्ष-सत्ता' को ही **ब्रह्म** कहा जाता है और वही 'आकाश' रूपसे सर्वत्र-सतत् है। इसलिए, **आकाश-**

महाभूत का तात्पर्य ‘ब्रह्म’ से है, क्योंकि ब्रह्म-सत्ता के विस्तार को ही आकाश के नाम से जान गया है। चूँकि, यह (आकाश) ब्रह्म ही है, इसलिए इसकी तन्मात्रा (पहचान का लक्षण) भी स्वयं ब्रह्म अर्थात् वाक् है। विदित हो कि वाक् ही ॐकार-वाच्य है जिसे ‘शब्द’ कहा गया है। इसलिए, यहाँ ‘शब्द-तन्मात्रा’ **वाक्** का ही प्रतिकथन है।

यहाँ पर ‘ब्रह्म’ और ‘वाक्’ शब्दों से भ्रम की स्थिति इस कारण उत्पन्न हो सकती है कि सामान्य-जन को वैदिक-ग्रन्थों का जानकारी अत्यन्त-अल्प होती है। इसके लिए मूल-तत्त्व के प्रकरण में स्थिति को स्पष्ट करने का प्रयास किया गया है। फिर भी, स्थिति को वैज्ञानिक ढंग से समझाने के लिए संक्षिप्त विवरण दिया जा सकता है।

विदित हो कि ब्रह्म स्वयं भी विकुंचन है, परन्तु निरपेक्ष-विकुंचन है। इसलिए, प्रक्रिया में समानता होती है। विकुंचन समंचन-प्रसारण करता है, इसलिए उसका एक विन्दुरूप ‘केन्द्र’ होता है जहाँ सिमट कर स्वयं केन्द्र रूप हो जाता है। फैलने (प्रसारित होने) के क्रम में परस्पर विपरीत पार्श्वों में जो सत्ता फैलती है उसे मूल-तत्त्व कहते हैं। यहाँ मूल-तत्त्व का तात्पर्य ब्रह्म-तत्त्व से है। इसी ब्रह्म-तत्त्व (मूल-तत्त्व) को वाक् कहा गया है। विकुंचन की स्थिति में जिसे अवयवी प्राण और अपान कहा गया है, वह वाक् के ही परस्पर विपरीत रूप हैं। अस्तु, वाक् ही विकुंचन के केन्द्र से परस्पर विपरीत

दिशाओं में पार्श्वान्तों तक गमनागमन करती है। यह स्थिति सभी विकुंचनों में समान होती है। इसलिए, वाक् ही **मूल-तत्त्व** (ब्रह्म-तत्त्व) है।

इसी 'वाक्' (मूल-तत्त्व) को आकाश-महाभूत की 'तन्मात्रा' के रूप में वर्णित किया जाता है। विदित हो कि यह 'वाक्' कोई परिकल्पित-सत्ता नहीं, वास्तविक सत्ता है जिसकी अनुभूति मनुष्य प्रायः करता है। कभी-कभी ऐसी स्थिति होती है कि हम कुछ बोलना चाहते हैं, मुंह खुला का खुला रह जाता है और बोल नहीं फूटते। इसे अवाक-अवस्था कहते हैं। यह ऐसी ध्वनि है जो वाक्-यंत्र के सचेष्ट रहने पर अनुत्तरित रह जाती है। व्याकरण के नियमों के अनुसार 'अवाक' अव-धातु के 'अ' का लोप हो जाता है। इसलिए, 'वाक्' को ही **वाक्** कहा जाता है। यह अनुत्तरित इसलिए है कि इसकी कम्पन-दर माप (गणना) से परे होती है। इस प्रकार, ध्वनि के निरपेक्ष-स्वरूप को ही **वाक्** कहा गया है। ध्यातव्य है कि इसी 'वाक्' को 'ॐकार' की ध्वनि (वाच्य) कहा गया है। अस्तु, **आकाश** (ब्रह्म) की तन्मात्रा स्वयं ब्रह्म ('ॐकार') है। कारण यह है कि 'ब्रह्म अद्वितीय है' इसलिए अपना प्रमाण या पहचान वह स्वयं है।

आकाश-तत्त्व के गुण

ऐसी स्थिति में यह तथ्य कि पहला महाभूत 'आकाश' है जिसकी तन्मात्रा 'वाक्' है, कई प्रकार के वैज्ञानिक

रहस्यों का अनावरण करता है। इनमें मुख्य निम्नांकित हैं—

१.अव्यय

'ब्रह्म' निरपेक्ष है अर्थात् समय और स्थान से परे है। इस कारण उसकी अनुभूति नहीं होती। फिर भी वह सर्वत्र उपस्थित है। उपस्थिति के इस स्वरूप को ही 'आकाश' कहा गया है। वह कैसा है इसे बताने के लिए 'अव्यय' शब्द (और इसकी धारणा) का उपयोग किया जाता है। अस्तु, कहा जाना चाहिए कि 'आकाश' अव्यय है। यही बात 'ब्रह्म' और 'वाक्' के लिए भी प्रयुक्त होता है। विदित हो कि भगवद्गीता में भी श्रीकृष्ण ब्रह्म के लिए अव्यय शब्द का प्रयोग करते हैं--

वैदिक-दर्शन का सिद्धान्त कि शतपथ ब्राह्मण में कहा गया है--अनादिनिधना नित्या वागुत्सृष्टा स्वयंभुवा (शतपथ ब्रह्मण, ५/१/३/११)। यहाँ ब्रह्म-विकुंचन की केन्द्र-विन्दु को 'सर्वशक्तिमान' और 'सर्वसमर्थ' 'ईश्वर' के रूप में वर्णित करते हुए उसे **'स्वयंभू'** कहा गया है (स्वयंभुवा)। आगे बताया गया है कि इसी केन्द्र-शक्ति स्वरूप स्वयंभू-ब्रह्म ने **'वाक्'** का उत्सर्जन किया है (वागुत्सृष्टा)। यह उत्सर्जित (उत्सृष्ट) वाक् ही केन्द्रीय-विन्दू से चतुर्विध अनन्त तक सतत् है (अनादिनिधना)। स्पष्ट है कि न इसका कहीं आरम्भ है और न कहीं इसका अन्त है। यह 'वाक्'

अनश्वर (नित्या) है। ध्यातव्य है कि 'नित्य' का तात्पर्य है कि इसका न कभी आरम्भ हुआ है और न इसका कभी अन्त ही होगा। स्मरण कराते चलें कि इसी 'वाक्' की व्याख्या पूर्व में मूल-तत्त्व के रूप में की गई है। साथ ही, इसी **वाक्** को ॐकार-वाच्य या अक्षर-ब्रह्म कहा गया है। इस **वाक्** के अनादि और अनन्त विस्तार को आकाश-महाभूत कहा गया है। इसकी तन्मात्रा वाक् (शब्द) है, क्योंकि वाक्-सातत्य का ही नाम **आकाश** है।

भगवद्गीता में इसी 'आकाश-तत्त्व' की पहचान अव्यय या शून्य (भावमव्ययमीक्षते) के रूप में करते हैं—'सर्वभूतेषु येनैकं भावमव्ययमीक्षते।' अर्थात् (सर्वभूतेषु) सभी पदार्थ (भूत) में स्वयं ब्रह्म ही 'अव्यय' रूप से स्थित है (भावमव्ययमीक्षते)।

२. तत्त्व

'आकाश' को 'तत्त्व' कहा गया है। वास्तविकता यह है कि वैदिक विज्ञान बताता है कि 'ब्रह्म' स्रष्टा (रचयिता) और स्वामी (मालिक यानि नियंत्रक) है। प्रश्न यह है कि इस रचना के लिए वह किस सामग्री का उपयोग करता है। इसका उत्तर है 'ब्रह्म स्वयं ही निर्माण की सामग्री' है। उसके इस स्वरूप को 'ब्रह्म-तत्त्व' या 'मूल-तत्त्व' कहते हैं। स्मृति में रखने योग्य वैज्ञानिक-ज्ञान यह है कि 'वाक्' ही मूल-तत्त्व है।

प्रकृति में इस मूल-तत्त्व की अनिवार्यता 'विकुंचन' की संरचना में प्रकट होती है। 'साईंस' के उपकरणों से विकुंचन की संरचना का ज्ञान प्राप्त किया जाता है। यह जानकारी भारतीय ग्रन्थों की जानकारी से भिन्न नहीं है। इनमें विकुंचन को 'प्राण' की संज्ञा दी गई है—प्राणो वै समंचनंप्रसारणं (शतपथ)।

ध्यातव्य है कि विकुंचन का एक केन्द्र होता है जिसके परस्पर विपरीत पार्श्वों में अन्तश्चरण की प्रक्रिया चलती रहती है। प्रश्न यह है कि वह कौन-सी 'सत्ता' है जो इस प्रकार गमनागमन कर रही है। इस सम्बन्ध में 'साईंस' निरुत्तर है। वास्तविकता यह है कि यही वह **मूल-तत्त्व** है जो हर 'विकुंचन' के 'तत्त्व' रूप से स्थित है।

यहाँ विकुंचन के मामले में इसकी व्याख्या 'शतपथ' में करते हुए कहा गया है--अन्तश्चरति रोचनास्य प्राणदपानती (शतपथ)। अर्थात् अवयवी 'प्राण' और 'अपान' ही अन्तश्चरण कर रहे हैं-गमनागमन कर रहे हैं। यहाँ **मूल-तत्त्व** को ही ये नाम दिये गये हैं। विदित हो कि दोनों एक ही सत्ता है जिनमें जो अन्तर दीख रहा है, वह दिशा-भेद के कारण है। वस्तुतः यहाँ 'वाक्' ही इन दोनों स्वरूपों में दीख रही है। स्पष्ट है कि वाक् ही **मूल-तत्त्व** है जिससे 'विकुंचन' की संरचना बनी है।

३. अनादि-अनन्त और सर्वव्यापी

यह 'आकाश' का विस्तार 'अनादि-अनन्त' है। यद्यपि यह अखंड, अछेद और अभेद है, फिर भी इसकी 'इकाई' की पहचान 'मूल-तत्त्व' अर्थात् 'वाक्' के रूप में की जाती है जो 'ऊर्जा' का मौलिक-स्वरूप है। यह स्पष्ट उल्लेख किया गया है कि 'आकाश' की तन्मात्रा अर्थात् पहचान स्वयं 'वाक्' और इन दोनों में कोई भेद नहीं है। 'वाक्' ऊर्जा का ही मौलिक-स्वरूप है और 'मानवी' संज्ञान में आ जाता है, अतएव भारतीय ग्रन्थों में इसपर 'वैज्ञानिक-जानकारी' की बहुलता है। यही कारण है कि अव्यय कहे जान वाले 'आकाश' को 'वाक्' के सन्दर्भ में भली-भांति समझा जा सकता है। अतएव, 'वाक्' के स्वरूप एवं विस्तार के आधार पर आकाश के विस्तार एवं प्रकृति की जानकारी प्राप्त हो सकती है। 'शतपथ' में ब्रह्म-विकुंचन के 'पूर्ण समंचित स्वरूप' अर्थात् 'केन्द्र-शक्ति' रूप को प्रधानता दी गई है जिसे 'स्वयंभू' (स्वतः उत्पन्न) कहा गया है। साथ ही, अनन्त तक फैले ब्रह्म-सातत्य को वाक् (ध्वनि-ऊर्जा) का विस्तार बताया है। परन्तु, मूल कथन है कि इसका विस्तार अनादि-अनन्त है।

'वाक्' का विस्तृत विवरण देते हुए शतपथ में कहा गया है—

अनादिनिधना नित्या वागुत्सृष्टा स्वयंभुवा।

आदौ वेदमयी नित्या यतः सर्वाः प्रवृत्तयः।।

(श०प० ५/१/३/११)।।

इस श्लोक का प्राथमिक कथ्य 'ब्रह्म' के 'स्वयंभू' स्वरूप का ज्ञान देना है। जब ब्रह्म के विकुंचन-स्वरूप का अध्ययन करते हैं तो पाते हैं कि विकुंचन के ठीक केन्द्र पर जो विन्दूरूप शक्ति (केन्द्र-शक्ति) है, वही स्वयंभू-ब्रह्म है। पूर्ण समंचित अवस्था में ब्रह्म-विकुंचन का जो स्वरूप है, वही 'स्वयंभू' है—स्वयंभुवा।

अब, वाक् के स्वरूप का विवरण दिया जाता है। बताया गया है कि 'वाक्' स्थान-गुणक से परे (अनादिनिधना) एवं समय-गुणक से परे (नित्या) है। [इस आधार पर निष्कर्ष निकलता है कि आकाश भी अनादि-अनन्त रूप से सर्वत्र सतत् है।]

श्लोक के दूसरे पद में वह (वाक्) सबकुछ का आदिम स्वरूप है (आदौ), 'वह' वेदमयी है (वेदमयी)। विदित हो कि 'वेद' के तीन स्वरूप हैं--ऋक्, यजुः और साम। इन्हें ही 'त्रयीविद्या' कहा गया है। प्रायः समझा जाता है कि 'ब्रह्म-तत्त्व' पूर्णतः विरामावस्था में स्थित रहता है। परन्तु, उसमें गति की भी क्षमता होती है जो 'त्रयीविद्या' स्वरूप से प्रकट होता है। हमने

विकुंचन के विवरण में मूल-तत्त्व को प्राण और अपान स्वरूप में अन्तःश्चरण करते पाया है। इसलिए, इस श्लोक के दूसरे पद में आगे कहा गया है इस श्लोक में कहा गया है कि वाक् से ही सब प्रकार की वृत्तियों उत्पन्न होती हैं (यतः सर्वाः प्रवृत्तयः)। वस्तुओं में सभी प्रकार की प्रवृत्ति (स्थिरता, गति, सौम्यता आदि) का करण यही 'वाक्' है।

इस वैदिक-कथन से वैज्ञानिक-ज्ञान के तीन प्रमुख सिद्धान्त मिलते हैं--(१) केन्द्र-शक्ति (पूर्ण-समंचित ब्रह्म-विकुंचन) ही ब्रह्म का मौलिक-स्वरूप है जिसे **'स्वयंभू'** कहा गया है, (२) इस **स्वयंभू** ने ही 'वाक्' (ध्वनि-ऊर्जा के निरपेक्ष-स्वरूप) को उत्सर्जित कर 'ब्रह्म' को विश्व-व्यापी बनाया है और (३) ब्रह्म-तत्त्व (वाक्) में न केवल 'स्थिरता व सम-सम्यकता' का गुण है, बल्कि 'परस्पर विपरीत दिशा में गमनागमन की क्षमता' भी है (जिससे सब प्रकार की वृत्तियों की उत्पत्ति होती है)। अन्ततः, निष्कर्ष यह है कि वाक्-तत्त्व का विस्तार ही 'आकाश' महाभूत है। विदित हो कि यहाँ ऊर्जा के अन्यान्य अनुभूति-योग्य स्वरूप (प्रकाश, ताप, आकर्षण आदि) का सृजन तक नहीं है। 'साईंस' ने विराट-विश्व के अनजान स्थलों पर जिस 'Black Matter' की परिकल्पना

की है, वह 'वाक्' का ही 'ऋक्' (स्थिर-स्वरूप) है।

४. स्थिति-शक्ति

वैदिक-ग्रन्थों में स्पष्ट किया गया है कि 'आकाश' में ही **'स्थिति-शक्ति'** है। किसी 'सत्ता' को स्थिति देना ही 'स्थिति-शक्ति' है। इसमें स्थान तथा मौजूदगी के लिए 'आवश्यक अवसर प्रदान करने की क्षमता' शामिल है। [उदाहरण के लिए 'शुक्र' (प्रजनन-बीज) की बात करें। उसकी स्थिति 'वीर्य' में ही सम्भव है।] 'शतपथ-ब्राह्मण' में बताया गया है—'अयमेवाकाशो जूः। एतं ह्याकाशमनुजयेवते (शतपथ, का० १०, अ० ३ का ब्रा० १, २)।' अर्थात् 'आकाश' में ही स्थिर-शक्ति है। इसमें सम-साम्य का गुण है, इसलिए वह 'जूः' है--'अयमेवाकाशो जूः। ध्यातव्य है कि इसी 'आकाश' की निरपेक्षता, स्थिति-शक्ति एवं सम-साम्यता के कारण इसे 'शून्य' या 'अव्यय' भी कहा गया है, जो 'अंकगणित' से द्रष्टव्य है।

५. चैतन्य-शक्ति

सनातन-परम्परा की सामान्य-समझ बताती है कि जहाँ 'चेतना' है, वहाँ ईश्वर (ब्रह्म) की उपस्थिति है। इसके पीछे 'वैदिक-ज्ञान' अन्तर्निहित है। आधुनिक-विद्वत् समाज भौतिकवादी पाश्चात्यवाद का अनुसरण करता है, इसलिए समझ में

यह आता है कि जहाँ जीवन (प्राण) है, वहीं 'चेतना' की स्थिति है। वैदिक-दर्शन बताता है कि 'आकाश' (ब्रह्म-तत्त्व) में उपरोक्त शक्तियों के अतिरिक्त 'चैतन्य-शक्ति' भी है। विदित हो कि ब्रह्म-तत्त्व को ही महाभूत के रूप में 'आकाश' की संज्ञा दी गई है। इसलिए, कई उपनिषदों में ब्रह्म (आकाश) को 'देवता' (देवत्व का मौलिक-स्वरूप) बताया गया है। 'श्वेताश्वतर उपनिषद' में चैतन्य-शक्ति और ब्रह्म-तत्त्व के सम्बन्ध में बताया गया है--

एको देवः सर्वभूतेषु गूढः सर्वव्यापी सर्वभूतान्तरात्मा ।

कर्माध्यक्षः सर्वभूताधिवासः कर्माध्यक्षः साक्षीः चेतनाः केवलो निर्गुणश्च ।।(श्वेताश्वतर उपनिषद)।।

यहाँ स्पष्ट किया गया है कि 'ब्रह्म-तत्त्व' ही देवता का आदि-स्वरूप है, इसलिए उसे ही यहाँ 'एको देवः' कहा गया है जो कण-कण में मौजूद है (सर्वभूतेषु गूढः), सर्वव्यापी है (सर्वव्यापी) और परमाणु की न्यष्टि को घेर कर रखने वाला 'अन्तरात्मा' (सर्वभूतान्तरात्मा) है। वही प्रत्येक क्रिया-प्रति क्रियाओं का अध्यक्ष (कर्माध्यक्षः), साक्षी (जो हो रहा है या होगा उसे जानने वाला) साक्षीः और चेतना का कारक (चेतनाः) है। फिर भी, स्वयं अव्यय रूप से स्थित (केवलो निर्गुणश्च) रहता है। कथितार्थ है कि 'आकाश-तत्त्व' सभी भौतिक सजीव-निर्जीव वस्तुओं में कारण रूप से मौजूद है। फिर भी,

सबकुछ का कर्माध्यक्ष और साक्षी है तथा चेतना-शक्ति से युक्त है।

आकाश महाभूत का सार-संक्षेप

'आकाश' नाम से जिस 'महाभूत' का विवरण वैदिक-ग्रन्थों में दिया गया है, वह मूलतः **'ऊर्जा'** के ही निरपेक्ष-स्वरूप का विवरण है। ऊर्जा के इस स्वरूप को आधुनिक विज्ञान (साईंस) की दृष्ट से 'मौलिक-ऊर्जा' का नाम दिया जा सकता है। ध्यातव्य है कि 'ध्वनि', 'आकर्षण-शक्ति' (चुम्बकत्व), और 'विद्युत' आदि ऊर्जा के विकुंचन-स्वरूप हैं। हम आगे के अध्ययन में यह प्रमाणित करेंगे कि प्रकाश, ताप, आदि 'ऊर्जा' की भिन्न-भिन्न प्रकार की वर्तुल-लहरियाँ ही हैं।

साईंस प्रमाणित करता है कि 'ऊर्जा' मूलतः 'अनश्वर' है। इसके कई स्वरूप हैं और वह एक स्वरूप से दूसरे स्वरूप में परिवर्तित होती रहती है। वस्तुतः, सभी मौलिक-ऊर्जा से ही सापेक्ष-स्वरूप में परिणत होती हैं और फिर मौलिक-ऊर्जा रूप में आ जाती है।

वैदिक-विज्ञान में 'ऊर्जा के इस मौलिक-स्वरूप' को ही 'वाक्', 'ॐकार-वाच्य', 'शून्य', 'मूल-तत्त्व' आदि कई नामों जाना जाता है। यही वह 'ब्रह्म' है जिसकी स्तुति में वेदादि-ग्रन्थों की रचना की गई है। भगवान श्रीकृष्ण स्व-रचित भगवद्गीता में बताते हैं कि इसकी अनुभूति 'अव्यय' के रूप में होती है--'सर्वभूतेषु येनैकं भावमव्ययमीक्षते।'

अव्यय-स्वरूप यह ब्रह्म ही 'आकाश' (आकाश-महाभूत) रूप से सर्वत्र व्याप्त है। ऊर्जा के जितने भी स्वरूप से आज का 'साईंस' परिचित है, उनका आस्तित्व इसी 'आकाश-तत्त्व' से बना है और वे आकाश के ही सापेक्ष-स्वरूप हैं। वे 'आकाश' से उत्पन्न होते हैं और सापेक्षता का त्याग कर पुनः आकाश के व्यापक-सातत्य में मिल जाते हैं। कारण ऊपर बताया जा चुका है कि आकाश स्वयं ही 'वाक्' अर्थात् ध्वनि-ऊर्जा है। 'आकाश' में एक प्रकार का 'कम्पन' होता है जो 'माप से परे' है, फिर भी यह 'ध्वनि-प्रकम्पन' है। इसे ग्रहण करने की कोई तकनिक विकसित की जा सके तो यह ध्वनि 'ॐ' की ध्वनि-जैसी होगी। इस 'ॐ' की ध्वनि को 'शब्द' कहा जाता है और ध्वनि-ऊर्जा के इस स्वरूप को 'वाक्' कहा जाता है।

'आकाश' के निम्नांकित गुणों (विशेषताओं) की चर्चा ऊपर कर चुके हैं--१.अव्यय, २. तत्त्व, ३. अनादि-अनन्त और सर्वव्यापी, ४. स्थिति-शक्ति और ५.चैतन्य-शक्ति है।

जब हम 'आकाश-महाभूत' की चर्चा करते हैं पहला विषय आता है उस 'निरपेक्ष-सत्ता' ब्रह्म की संरचना का। संरचना की दृष्टि से वह 'विकुंचन' है। अब 'ब्रह्म-विकुंचन' की स्थिति यह है कि वह निरपेक्ष है, इसलिए 'समय और स्थान' से परे है। इस कारण, पूर्ण-प्रसारित अवस्था में वह विश्वव्यापी है—(विन्दू-१)। उसमें समंचन-प्रसारण

की वृत्ति होती है। वह समय-गुणक से परे है, इसलिए उसकी आवृत्ति-दर अनन्त होती है। फलस्वरूप उसे एक आवृत्ति को पूरा करने में शून्य-समय लगता है (कोई समय नहीं लगता, क्योंकि वह समय-गुणक से भी परे है—(विन्दू-२)। इसका मतलब है कि 'वह' हर समय 'पूर्ण-समंचित अवस्था में भी रहता है' और 'पूर्ण-प्रसारित अवस्था में भी' रहता है। पूर्ण-समंचित अवस्था में उसके स्वरूप को **'स्वयंभू'** कहते हैं। यह उसका **केन्द्र-शक्ति** स्वरूप है—(विन्दू-३)। [विदित हो कि यही 'ब्रह्म' हर वस्तु तथा कणों में केन्द्र-शक्ति रूप से प्रकट है।]

ब्रह्म-विकुंचन की आवृत्ति-दर अनन्त है, वह अपने समंचन-प्रसारण की हर आवृत्ति शून्य समय में पूरा करता है, इसलिए वह हर समय दोनों ही अवस्था में—पूर्ण-समंचित और पूर्ण-प्रसारित अवस्था में रहता है। ऐसी अवस्था में उसके पूर्ण-प्रसारित स्वरूप के **महद-ब्रह्म** कहते हैं जिसके गर्भ अर्थात् ठीक केन्द्र पर 'पूर्ण-समंचित' स्वरूप ही **'स्वयंभू'** रूप से स्थित रहता है।

ऋग्वेद काण्ड-१० में महद-ब्रह्म को 'अप' (सम-सम्यक और सम-साम्य सातत्य) कहा गया है और स्वयंभू-ब्रह्म की स्तुति 'अपां गर्भः' कहकर की गई है।

उसके पूर्ण-प्रसारित स्वरूप को ही आकाश-महाभूत के नाम से जाना गया है।

वात-महाभूत

ध्यातव्य है कि क्षर-ब्रह्म ब्रह्म का ही वह सातत्य है जो 'शेष-ब्रह्म' अर्थात् अक्षर-ब्रह्म से घिरा हुआ यानि 'परिच्छिन्न' है। 'परिच्छेद' के कारण इसका वाह्य-अकार बनता है जिस कारण क्षर-ब्रह्म को ब्रह्म का 'मूर्त-स्वरूप' माना जाता है। इसके विपरीत 'अक्षर-ब्रह्म' ऐसे किसी परिच्छेद से परे है, इस कारण वह 'ब्रह्म' का अमूर्त-स्वरूप है, 'पर-ब्रह्म' है—**अक्षरं तत्परंब्रह्म** (विष्णुपुराण)। और, 'क्षर-ब्रह्म' को 'ब्रह्म' का 'अपर-स्वरूप' कहा जाता है। इस प्रकार 'ब्रह्म' के ही 'पर' और 'अपर' दो स्वरूप हो जाते हैं--**द्वै रूपे ब्रह्मस्तस्य** (विष्णुपुराण)।

ध्यातव्य है कि 'अक्षर' और 'क्षर' ब्रह्म में इस अन्तर का कारण है 'पराशक्ति' (ब्रह्म की घेराव-शक्ति), क्योंकि इसके प्रकट होने के पूर्व तक दोनों एक ही विश्वव्यापी ब्रह्म-सातत्य स्वरूप थे। इस कारण, पराशक्ति को 'माया' कहा जाता है। सामान्य बोल-चाल में 'माया' शब्द से 'छद्म', 'जादू', 'दृष्टि-भ्रम' या 'धोखा' का भाव उठता है। परन्तु, वास्तविकता यह है कि 'मा' धातु का अर्थ है 'घेरा', इसलिए 'माया' का अर्थ 'पर' (परब्रह्म) की घेराव-शक्ति है।

'ब्रह्म' के पर-स्वरूप और अपर-स्वरूप में अन्तर यह है कि परब्रह्म 'समय और स्थान, दोनों ही गुणकों से परे' है लेकिन अपर-ब्रह्म (क्षर-ब्रह्म) समय-गुणक से परे अवश्य है, परन्तु 'परिच्छेद के कारण' स्थान गुणक के अन्तर्गत आ गया है--परमत्व भंग हो चुका है। परिणाम

यह है कि ऊर्जा का वाक्-स्वरूप में स्थान-गुणक की 'सापेक्षता' का सृजन हो चुका है। यहाँ वैदिक-दर्शन स्पष्ट बताता है कि मूल-तल (तह) के रूप में 'वाक्' अनश्वर रूप से स्थित रहता है, परन्तु उस 'तल' में ही दूसरे तल के रूप में 'वात-तल' का सृजन हुआ है। इस **'वात'** को आकर्षण-शक्ति के रूप में समझा जा सकता है। विदित हो कि सम्पूर्ण 'क्षर-ब्रह्म' ही इस 'वात-ऊर्जा' का विस्तार है जबकि सम्पूर्ण विश्वव्यापी 'ब्रह्म-सातत्य' **वाक्-ऊर्जा** (परा-ध्वनि) का विस्तार है।

'वात-ऊर्जा' में 'आकर्षण-शक्ति' है, इसका उल्लेख विष्णुपुराण के निम्न श्लोक से मिलता है—

सूर्याचन्द्रमसौ तारा नक्षत्राणि ग्रहैः सह।

वातानीकमयैर्बन्धैर्ध्रुवे बद्धानि तानि वै।।

(वि.पु., अंश २, अध्याय ९, श्लोक ३)

इस श्लोक में स्पष्ट बताया गया है कि सूर्य, चन्द्रमा, तारे, नक्षत्र (तारा-मंडल), ग्रह आदि ध्रुव-तारे की आकर्षण-शक्ति (वात) से आबद्ध होकर अपने-अपने परिक्रमा-पथ पर चक्राकार परिक्रमा करते रहते हैं।

तात्पर्य यह है कि ध्रुव-तारा में प्रबल आकर्षण-शक्ति (वात-ऊर्जा) है जिसके प्रभाव से ये सभी तारे, तारा-मंडल (नक्षत्र), सूर्य, चन्द्रमा और ग्रहादि चक्राकार परिक्रमा करते रहते हैं।

अस्तु, 'वात' शब्द का तात्पर्य आकर्षण-शक्ति (चुम्बकत्व) से है। इसके लिए 'वायु' शब्द का भी

प्रयोग किया जाता है जो एक परोक्ष-संज्ञा है। वर्तमान 'वैज्ञानिक-युग' में इसे 'हवा' समझा जाता है। वह भौतिक गैसों यथा, आक्सीजन, कार्बन-डाय-आक्साईड, नाइट्रोजन आदि गैसों का मिश्रण है। फिर भी, हवा अदृश्य होती है, परन्तु जब हवाएँ बहती हैं तो उसके 'स्पर्श' से उसका की आभास होती है। चुम्बकत्व (आकर्षण-शक्ति) भी अदृश्य होती है और खिंचाव (स्पर्श) से उसकी अनुभूति होती है। 'स्पर्श' वस्तुतः व्यासि (स्थान-गुणक) का घोतक है जो आकर्षण-ऊर्जा का गुण है। इसलिए, वात-ऊर्जा को 'वायु' भी कह दिया गया है तथा 'स्पर्श' को इसकी तन्मात्रा बताया गया है।

अस्तु, 'आकर्षण-ऊर्जा' को ही **वात-महाभूत** कहा गया है। इस रूप में ऊर्जा के निरपेक्ष-स्वरूप से अर्ध-निरपेक्ष स्वरूप का विकास हुआ है। ऊर्जा के इस स्वरूप में 'समय-गुणक' तो निरपेक्ष (माप के परे) है, लेकिन 'स्थान-गुणक' के अन्तर्गत है। तात्पर्य है कि वात-विकुंचन के समंचन-प्रसारण की दर तो 'अनन्त' है, परन्तु उसके पार्श्वों का विस्तार माप के अन्तर्गत है। यद्यपि यह तथ्य अलग है कि इस पार्श्व-विस्तार की माप की क्षमता अभी भी वर्तमान-साईंस की क्षमता से परे है। यह विस्तार अनन्त तो नहीं, अनन्त होने के निकटतम है। यही कारण है कि 'क्षर-ब्रह्म' की व्यासि अनन्त तो नहीं है, अनन्त-सम (अनन्त-जैसा) है।

स्थिति यह है कि 'वाक्-विकुंचन' (ब्रह्म) निरपेक्ष (समय और स्थान से परे) है जबकि 'वात-विकुंचन'

(आकर्षण-शक्ति) अर्ध-निरपेक्ष (समय से परे परन्तु स्थान-गुणक के अन्तर्गत के अन्तर्गत) है। ध्यातव्य है कि 'वाक्-विकुंचन' को ही 'ब्रह्म' के नाम से ही 'परमेश्वर' और 'वात-विकुंचन' को 'विष्णु' (परम-पुरुष) भी कहा जाता है। विदित हो कि 'ब्रह्म-सातत्य' को ही 'आकाश' (अव्यय) कहा जाता है और यही 'मूल-तत्व' (ब्रह्म-तत्त्व) है जो हरेक विकुंचन के अन्तर्गत अवयवी प्राण और अपान के रूप में अन्तश्चरण करता है जिसके कारण विकुंचन समंचन-प्रसारण करने वाली 'रोचना' (संरचना) के रूप में व्यास होता है।

इस प्रकार, 'वात-विकुंचन' (आकर्षण-विकुंचन) के अवयवी प्राण और अपान भी अन्तश्चरण करते हैं, परन्तु उनके अन्तश्चरण की दर अनन्त (समय-गुणक से परे) होती है और पार्श्व-विस्तार स्थान-गुणक के अन्तर्गत होता है। अर्थात्, 'यह' अर्ध-निरपेक्ष-विकुंचन है।

ध्यातव्य है कि इसकी स्थिति आकाश-सातत्य (ब्रह्म-सातत्य) के अन्तर्गत होती है और इसकी संरचना 'आकाश-तत्त्व' (मूल-तत्त्व) से ही बनी होती है। इस कारण, 'आकाश-सातत्य' ही विश्व का मौलिक-तल अर्थात् आधारभूत तल (लेयर) है अस्तु इसे ही **कारण-तल** कहते हैं। प्राणियों का भौतिक-शरीर का कारण-शरीर भी यही 'आकाश-तल' जिसे **'आत्मा'** के नाम से जाना जाता है।

'वात-महाभूत' को ही 'वायु-महाभूत' भी कहा जाता है। इसका कारण यह नहीं कि वह भौतिक- गैस अर्थात्

वायु है। इसे वायु कहने का कारण यह है कि यह वायु (हवा) की तरह अदृश्य है फिर भी 'स्पर्श' से अनुभूति के अन्तर्गत आ जाता है। आकर्षण-शक्ति भी आकर्षण (खिंचाव) या विकर्षण के कारण अनुभूति के अन्तर्गत आ जाता है। इसी 'आकर्षण-विकर्षण' ही 'स्पर्श' के नाम से जाना जाता है। इस स्पर्श से इस 'ऊर्जा' के फैलाव (स्थान-गुणक) का बोध होता है। अस्तु, स्थान-गुणक के बोध के रूप में 'स्पर्श' को वात-महाभूत की 'प्रधान तन्मात्रा' कहा गया है।

विदित हो कि 'छड़-चुम्बक' एक भौतिक-पदार्थ है। लेकिन, उसमें चुम्बकत्व का गुण आकर्षण-शक्ति के कारण आया है। आकर्षण-विकुंचन चुम्बक-रूप वस्तु को जब अभिव्यास करता है तो उसमें चुम्बकीय गुण आ जाते हैं।

विद्यालयों के प्रयोगशालाओं में छड़-चुम्बक पर शीशे का बड़ा सा प्लेट रखा जाता है और प्लेट पर लोहे के बुरादे छिड़क दिये जाते हैं। चुम्बकत्व के प्रभाव से लोहे के बुरादे स्वतः निश्चित सज्जा में आ जाते हैं लेकिन उन कणों पर **कम्पनावृत्ति** नहीं होती। यह लौह-कणों की सज्जा से स्पष्ट प्रतीत होता है कि उत्तरी-ध्रुव पर अर्ध-वृत्त बनाते हुए चुम्बक के केन्द्र की ओर और फिर वहाँ से चुम्बक के दक्षिणी सिरे की और अर्ध-वृत्त बनाते हुए ऊर्जा फिर केन्द्र पर आई है। अर्थात, दोनों पार्श्वों का विस्तार तो पता चलता है लेकिन गमनागमन की दर माप से परे है। यह बताता है कि आकर्षण-ऊर्जा में

विस्तार तो है, लेकिन वह समय से परे है। विस्तार की इस अनुभूति को ही स्पर्श-तन्मात्रा कहा गया है। विदित **स्पर्श** स्थान (व्याप्ति) का सूचक है। और, आकर्षण ऊर्जा में स्पर्श (व्याप्ति) तो है लेकिन समय से परे है, इसलिए दर का बोध नहीं करा पाती।

अस्तु, आकाश-महाभूत समय और स्थान से परे है, इसलिए उससे न तो **स्थान** का बोध होता है और न **समय** का। लेकिन, जब पराशक्ति के कारण **स्थान** की सीमा में बँध जाता है तो वह आकर्ष-ऊर्जा में रूपान्तरित हो जाता है।

इस स्थिति को शास्त्रों में **क्षर-ब्रह्म** के उदाहरण से दिखाया गया है जो स्पष्ट है कि 'अक्षर-ब्रह्म' के घेरे के कारण व्याप्ति की सीमा में आ गया है। तात्पर्य कि **ब्रह्म** ही घेरे में आकर आकर्षण-ऊर्जा (वात) में परिणत हो जाता है।

इस कारण, ब्रह्म के इस परिणाम में स्थान-गुणक को सर्जन हो चुका है। ब्रह्म के इस स्वरूप को 'वात' (वायु) कहते हैं। केन्द्र से वाह्य-परिच्छेद जो सतत् है, उसमें स्पर्श-तन्मात्रा आ गई है। अर्थात्, कहीं न कहीं इसका अन्तिम सिरा भी है। इस परिच्छेद के अन्तर्गत 'ब्रह्म-तत्त्व' (वाक्) ही सतत् है, इसलिए इसकी प्रारम्भिक तन्मात्रा 'वाक्' (शब्द यानि ॐकार वाच्य) ही है जबकि विशेष तन्मात्रा स्पर्श (अर्थात् व्याप्ति) है। विदित हो कि स्पर्श से ही व्याप्ति का बोध होता है, इसलिए व्याप्ति-बोध

(स्थान-गुणक) को ही 'वात-महाभूत' की स्पर्श-तन्मात्रा कहते हैं।

वैदिक-दर्शन में दो प्रमुख शब्द हैं—वाक् और वात। विदित हो कि 'वाक्' शब्द के नाम से मानव-कंठ स्थित एक झिल्लीनुमा संरचना होती है जिसे 'वाक-यंत्र' कहते हैं। 'वाणी' की धारा इसी यंत्र से प्रस्फुटित होती है। यहाँ पर आवाज के स्थान पर 'वाणी' का उपयोग उचित है, क्योंकि किसी चीज के टकड़ाने से भी आवाज निकलती है जिसका कारण 'प्रकम्पन' है। इसके विपरीत 'वाणी' में 'इच्छा-शक्ति' (मनः शक्ति) का 'प्रकम्पन' के अन्तर्निहत होना अनिवार्य है। वाणी की इच्छा-शक्ति उत्पन्न होने पर यह वाक्-यंत्र सक्रिय हो जाता है। वैदिक-विज्ञान में बताया गया है कि वाणी के प्रस्फुटित होने के क्रम में पहले 'वाक्-ध्वनि' (निरपेक्ष-ध्वनि) प्रकट होती है जो सापेक्षता ग्रहण करके 'वाणी' में रूपान्तरित होती है। मानव-जीवन में कभी-कभी ऐसा भी हो जाता है कि बोलने की 'इच्छा' और 'वाक्-यंत्र' के सचेष्ट होने के बावजूद बोल नहीं फूटते--आवाज नहीं निकलती। इस स्थिति को 'अवाक्' कहते हैं। यही 'निरपेक्ष-ध्वनि' है [इसे ही वास्तविक ॐकार-वाच्य बताया गया है। यह निरपेक्ष है, अतः अनुभूति से परे है। इसकी यदि कोई निकटतम (अनुभूति-योग्य) प्रतीति सम्भव है तो वह ओ३म् (ॐ) है]। व्याकरण का नियम है कि दो पूर्ण-अक्षरों के उच्चारण को बीच में वाक यन्त्र की सक्रियता के बावजूद ध्वनि-हीनता का 'सूक्ष्म-अन्तराल' होता

है। इस अन्तराल की वास्तविकता तो स्वयं ॐकार-वाच्य प्रकट होना है। यह 'ॐकार-वाच्य' ध्वनि-प्रवाह में 'अवरोध' (resistance) के रूप में रेखांकित किया जा सकता है जो 'ऊर्जा के रूपान्तरण' का कारक होता है। विद्युत-ऊर्जा के ऊर्जा के दूसरे रूप में रूप में रूपान्तरित इसी resistance (अवरोध) से सम्भव हो पाता है। ध्वनि-प्रवाह में 'अवरोध' के फलस्वरूप एक पूर्णाक्षर दूसरे पूर्णाक्षर में परिवर्तित होता है। यहाँ पुनः स्मारित कर दें कि ध्वनि-प्रवाह में अवरोध के रूप में स्वयं 'ॐकार-वाच्य' प्रकट होता है। अस्तु, 'ॐकार-वाच्य' कोई काल्पनिक सत्ता न होकर एक वास्तविकता (परम-सत्य) है। इसे काल्पनिक अवधारणा बताने वाले वस्तुतः वैज्ञानिक-ज्ञान से हीन लोग हैं।

क्रम से द्वितीय महाभूत अर्थात् वात-महाभूत (आकर्षण-ऊर्जा) तो साईंस द्वारा प्रमाणित ऊर्जा है क्योंकि यह अनुभूति के अन्तर्गत आ जाता है। अतः, इसकी विशेष व्याख्या की अब आवश्यकता नहीं है।

पूर्व में विवरणात्मक व्याख्या प्रस्तुत कर दी गई है कि क्रम में 'द्वितीय महाभूत' को 'वात' या 'वायु' की संज्ञा प्रतीकात्मक है, वास्तव में **'आकर्षण-ऊर्जा'** (चुम्बकत्व) को ही वात-महाभूत के नाम से जाना गया है। हम यह भी बता चुके हैं 'आकर्षण-ऊर्जा' के विराटतम-स्वरूप को ही 'परम-पुरुष' भगवान विष्णु के नाम से जाना गया है जिसका उल्लेख संकल्प-मंत्र

में **'नमः परमात्मे पुराणपुराण पुरुषोत्म्स्य'** कह कर उल्लेखित किया गया है।

पाश्चात्यवादी विचारधारा के कारण कई प्रबुद्ध भारतीय भी वैदिक-कथ्यों को अवैज्ञानिक और मनोकल्पित मानने को विवश हैं। उन्हें भी यह आभास नहीं होता कि कोई सत्ता निरपेक्ष और अर्ध-निरपेक्ष हो सकती है। परन्तु स्वयं आधुनिक वैज्ञानिक (साईंस) के प्रयोगात्मक-परीक्षणों से प्रमाणित किया जा चुका है कि 'आकर्षण-ऊर्जा' स्वाभाविक रूप से 'अर्ध-निरपेक्ष' है—

प्रयोगात्मक विवरण

इस प्रयोग में एक 'छड़-चुम्बक' पर किया जाता है। प्रयोगशाला में किसी छड़-चुम्बक पर 'शीशे का बड़ा-सा प्लेट' रख कर और उस प्लेट पर लोहे के बुरादों को छिड़कर यह परीक्षण किया जाता है। आरम्भिक अवस्था में लौह-कणों का बिखराव अनियमित-सा होता है। परन्तु, शीघ्र ही यह बिखराव आकर्षण-ऊर्जा के कारण नियमित हो जाता है। बुरादों की इस सज्जा से एक आकृति-सी बनती है मानों, कोई अंडाकार सत्ता ठीक 'बीचों-बीच' से विन्दूरूप (केन्द्र-विन्दु) से सिमट गई हो। इससे ज्ञात होता है कि कोई अदृश्य सत्ता 'केन्द्रीय-विन्दू' से परस्पर विपरीत दिशा में दोनों पार्श्वान्तों तक गमन कर रही हो तथा अपने-अपने पार्श्वान्तों से पुनः केन्द्र-विन्दू पर आगमन कर रही हो। ध्यातव्य है कि यही विकुंचन का स्वरूप है। यह विकुंचन का वह

स्वरूप है जिसमें केन्द्र से अवयवी प्राण और अपान का परस्पर विपरीत पार्श्वान्तों तक गमनागमन (अन्तश्चरण) होता रहता है। यहाँ परीक्षणों से ज्ञात होता है कि इस अन्तश्चरण की दर 'माप से परे है' जिसे लौह-कण ग्रहण करने 'अक्षम' हैं, इसलिए केवल गति की दिशा को व्यक्त कर पा रहे हैं, परन्तु 'कम्पन-दर' को नहीं दिखा पा रहे हैं। अर्थात् अन्तश्चरण की दर अनन्त (समय-गुणक) से परे है। साथ ही प्रमाणित होता है कि पार्श्वान्तों के विस्तार की सापेक्ष-सीमा है अर्थात् यहाँ स्थान-गुणक सापेक्ष है। इससे स्पष्ट प्रमाणित होता है कि 'आकर्षण-ऊर्जा' **अर्ध-निरपेक्ष** है—समय-गुणक से परे (out of time factor) लेकिन स्थान- गुणक के अन्तर्गत (within space factor) है। यह इस 'तथ्य' का प्रमाण है कि 'आकर्षण-विकुंचन' (आकर्षण-ऊर्जा) 'ऊर्जा' का अर्ध-निरपेक्ष स्वरूप है। इसके सिरों को ध्रुव कहते हैं जहाँ आकर्षण-शक्ति का स्वरूप प्रत्यक्ष होता है। परन्तु, जैसे-जैसे केन्द्र पर पहुँचते जाते हैं ऊर्जायी-शक्ति का प्रभाव घटता जाता है और ठीक केन्द्र पर यह प्रभाव शून्य (न्यूट्रल) हो जाता है। शक्ति का पूर्ण-भाव दोनों ही सिरों पर होता है जिसे 'ध्रुव' कहते हैं। उत्तर-सिरे को उत्तरी-ध्रुव और दक्षिणी-सिरे को दक्षिणी-ध्रुव कहते हैं।

ध्यातव्य है कि जिस पृथ्वी पर यह भौतिक-जगत आश्रित है, मानव-सरीखे बुद्धिमान प्राणी तथा अन्यान्य जीव-जन्तु निवास करते हैं, वह पृथ्वी स्वयं एक 'चुम्बक' है। इसकी संरचना 'अंडाकार' है इसलिए इसके दो

ध्रुवीय सिरे हैं जो क्रम से उत्तरी-ध्रुव और दक्षिणी-ध्रुव कहलाते हैं। उत्तरी-ध्रुव विराट आकाश स्थित ध्रुव-तारा के ठीक सम्मुख है। आकाश में ध्रुव-तारा **उत्तर-दिशा** का नियामक है, इसलिए उसकी और स्थित पृथ्वी के सिरे को उत्तरी-ध्रुव कहते हैं। वैज्ञानिक प्रमाणित करते हैं कि जितने भी छड़-चुम्बक हैं, स्वतंत्ररूप से लटकाये जाने पर उनका 'उत्तरी-ध्रुव' ध्रुव-तारे की ओर मुड़ जाते हैं। इस आधार पर 'दिशा-सूचक यंत्र' का प्रयोग चुम्बक से किया जाता है। इससे आकर्षण-शक्ति का विश्वव्यापी प्रभात दृष्टिगत होता है।

ऊपर के वैज्ञानिक-प्रयोग से यह प्रमाणित होता है कि 'चुम्बक' वास्तव में ऐसी भौतिक-संरचना है जिसे 'आकर्षण-विकुंचन' अपनी 'केन्द्र-स्थानीय सत्ता' के रूप में स्थिति देता है और स्वयं उसके गिर्द विस्तारित होता है। इसे वैदिक-विज्ञान में विकुंचन का अभिव्यास करने का गुण बताया गया है। इसका तात्पर्य यह है कि 'पृथ्वी' को आकर्षण-ऊर्जा (विकुंचन) ने **अभिव्याप्त** कर आकाश में स्थिति प्रदान करता है।

'आकर्षण-शक्ति' **ऊर्जा** का वह स्वरूप है जो 'समय-गुणक से परे', लेकिन स्थान-गुणक के अन्तर्गत है अर्थात् **अर्ध-निरपेक्ष** 'ऊर्जा' है। अस्तु, 'आकर्षण-ऊर्जा' को ही **'वात-महाभूत'** कहते हैं। यहाँ यह भी स्पष्ट से स्मृति में रखना चाहिए कि 'वाक्-सातत्य' (आकाश-महाभूत) के अन्तर्गत, या कहें कि आकाश-तत्त्व के तलीय-विस्तार में और आकाश-तत्त्व ('वाक्-तत्त्व') का

ही रूपान्तरण **'वात-महाभूत'** (आकर्षण-ऊर्जा) में होता है। [यह भी स्मृति में रखने योग्य वैज्ञानिक-तथ्य है कि पहला और 'मौलिक' **तल** वाक्-सातत्य (ब्रह्म-सातत्य) अर्थात 'आकाश' स्वयं है। इसे वैदिक-दर्शन में 'कारण-तल' के नाम से जाना जाता है। इसके आधार पर 'दूसरा तल' के रूप में 'वात' अर्थात् 'आकर्षण-ऊर्जा' की स्थिति है।]

स्मरणीय तथ्य यह भी है कि विष्णुपुराणोक्त 'क्षर-ब्रह्म' में ही हर प्रकार की सृष्टि की रचना, विकास और लय होता रहता है। यह 'क्षर-ब्रह्म' स्वयं भी 'वात-महाभूत' अर्थात् आकर्षण-ऊर्जा का विराटतम-स्वरूप है। कारण यह है कि 'वह' (क्षर-ब्रह्म) 'ब्रह्म' (अक्षर-ब्रह्म) की पराशक्ति (माया अर्थात् घेराव-शक्ति) से परिच्छिन्न (घिरा हुआ) है, इसकारण 'पुरुष' (जो पुर में शयन करें अर्थात् घेरे में दिखाई दे) कहा जाता है। चूँकि यह घेरा ब्रह्म का घेरा है, इसलिए ग्रन्थों में इसे 'पुरुषोत्तम' अर्थात् महाविष्णु भी कहा गया है। सृष्टि में जितने भी **ब्रह्मांड** हैं इसके ही छोटे-छोटे स्वरूप हैं। हमारी पृथ्वी, सूर्य, चन्द्र, नक्षत्र, और सूर्योद्भूत ग्रह, स्वर्ग और पाताल इत्यादि इसी **'ब्रह्मांड'** में स्थित हैं। यह ब्रह्मांड भी अंडाकार है। यह स्वयं क्षर-ब्रह्म का ही 'लघु-संस्करण' है (विन्दू-१) और मूलतः आकर्षण-ऊर्जा (वात-महाभूत) से निर्मित अंडाकार-संरचना है (विन्दू-२)। इससे स्पष्ट है कि क्षर-ब्रह्म के अन्तर्गत इसी प्रकार के कई अन्य ब्रह्मांड

हैं। ये सभी ब्रह्मांड हमारे ब्रह्मांड की तरह वात-महाभूत से निर्मित हैं।

विष्णुपुराण में कहा गया है---

एते सप्त मया लोका मैत्रेय कथितास्तव।

पातालानि च सप्तैव ब्रह्मांडस्यैष विस्तरः।।(वि.पु. २/७/२१)।।

इस श्लोक में बताया गया है कि सात (७) लोक (सप्त मया लोका मैत्रेय कथितास्तव) हैं और सात (७) पाताल (पातालानि च सप्तैव) हैं।

एतदण्डकटाहेन तिर्यक् चोर्ध्वमधस्तथा।

कपित्थस्य यथा बीजं सर्वतो वै समावृतम्।।((वि. पु. २/७/२२)।।

इस श्लोक में बताया गया है कि यह ब्रह्मांड कपित्थ (कैथे) के बीज की भाँति (कपित्थस्य यथा बीजं) कठोर अंडकटाह से (एतदण्डकटाहेन तिर्यक्) ऊपर-नीचे सब और से (चोर्ध्वमधस्तथा) पूरी तरह से (सर्वतो वै) घिरा हुआ है (समावृतम्)। कथितार्थ यह है कि जिस प्रकार कैथे का बीज कठोर आवरण से इस प्रकार आवृत्त रहता है कि उसमें अन्दर से कुछ भी बाहर नहीं निकल सकता और बाहर से भी कुछ भी अन्दर नहीं आ सकता, उसी प्रकार यह ब्रह्माण्ड भी माया (पराशक्ति) के आवरण से इस प्रकार कठोरतापूर्वक परिच्छिन्न है कि बाहर से कुछ भी अन्दर नहीं आ सकता और न अन्दर से कुछ भी बाहर निकल सकता है। माया का यह आवरण

अभौतिक होते हुए भी असीम-रूप से कठोर है। अर्थात् किसी ब्रह्मांड की वाह्य-परिधि को ताप, प्रकाश, विद्युत आदि कोई ऊर्जा भी पार नहीं कर सकती। [ध्यातव्य है कि यह दावा किया जा रहा है कि **वाईजर-अन्तरिक्षयान** एक ब्रह्मांड पार करके दूसरे ब्रह्मांड तक पहुँच चुका है। यह वैदिक-सिद्धान्त के आधार पर अस्वीकार्य है।]

विष्णुपुराण के दूसरे अंश के इस सातवें अध्याय में यह स्पष्ट किया गया है कि हमारी ब्रह्मांड अखिल विश्व का पहला और अंतिम ब्रह्मांड नहीं है, बल्कि ऐसे-ऐसे हजारों, लाखों तथा सैकड़ों करोड़ ब्रह्मांड हैं।

अग्नि-महाभूत

अग्नि-महाभूत क्रम से तीसरा महाभूत है। विदित हो कि सांसारिक-दृष्टि से 'निरपेक्षता से सापेक्षता के क्रम को **'विकास'** और 'सापेक्षता से निरपेक्षता के क्रम को **'लय'** कहा जाता है। [परन्तु, आध्यात्मिक-दृष्टि से सापेक्षता से निरपेक्षता के क्रम को आध्यात्मिक-उन्नति कहा जाता है।] अस्तु, निरपेक्षता से सापेक्षता के विकास-क्रम में ऊर्जा का तीसरा विकास वात-सातत्य (आकर्षण-ऊर्जा के सातत्य के अन्तर्गत ही वात-महाभूत का रूपान्तरण 'अग्नि-महाभूत' में होता है। विदित हो कि वात-महाभूत (आकर्षण-ऊर्जा) अर्ध-निरपेक्ष है, परन्तु अग्नि-महाभूत ऊर्जा का सापेक्ष-स्वरूप है। अर्थात् 'अग्नि-महाभूत' समय और स्थान दोनों ही गुणक के अन्तर्गत है।

हम जानते हैं कि शतपथ में विकुंचन (प्राण) को परिभाषित करते हुए कहा गया है—अन्तश्चरति रोचनास्य प्राणदपानती (शतपथ)। अर्थात इसकी संरचना (रोचना) के अन्तर्गत अवयवी प्राण और अपान अन्तश्चरण करते रहते हैं। तात्पर्य है कि विकुंचन के केन्द्र से परस्पर विपरीत पार्श्वों में ये अवयवी प्राण और अपान अन्तश्चरण (गमनागमन) करते रहते हैं। ऐसी परिस्थिति में सापेक्ष विकुंचन में इन परस्पर विपरीत **'पार्श्वों का विस्तार'** माप के अन्तर्गत होगा तथा उनके **'गमनागमन की दर'** भी माप के अन्तर्गत होगी।२

इस प्रकार, **अग्नि-महाभूत** प्रधानतः सापेक्ष-विकुंचन है। यहाँ अग्नि शब्द से आग का भाव समझना उचित नहीं होगा। कारण यह है कि 'आग' की संरचना भौतिक होती है, लेकिन 'महाभूतों' की उत्पत्ति तक अभी भौतिकता का सृजन नहीं हुआ है। भौतिकता का सृजन पाँचों महाभूतों की उत्पत्ति के पश्चात् उनके पंचीकरण के फलस्वरूप होती है। अस्तु, **अग्नि-महाभूत** ऊर्जा का एक स्वरूप है। इसे 'ज्योति' (दिव्य-सत्ता) के रूप में जाना-समझा जाता है।

'अग्नि-महाभूत' के दो स्वरूप की चर्चा है—(१) प्राण और (२) विद्युत। 'अग्नि-महाभूत' सापेक्ष हैं अतएव इनके प्रमाण भौतिक-जगत में भी मिल जाते हैं। विदित हो कि प्राणी जगत में 'जीवकोश' (cells अर्थात् कोशिका) से सभी परिचित हैं। 'जीवन' में एक प्रकार का स्पन्दन होता है। यह वास्तव में एक प्रकार का संक्षोभ अर्थात्

विकुंचन है जिसे प्राणात्मक-स्पन्दन कहा जाता है। वैदिक-ग्रन्थों में इसके ही सम्बन्ध में कहा गया है-- इदं ज्योतिरमृतं मर्त्येषु' (ऋग्वेद ६/९/४)। वैज्ञानिक दृष्टि से विचार करने पर स्पष्ट लक्षित होता है कि इस श्लोक में सन्दर्भ जीवकोश (कोशिका) तथा उसे जीवन देने वाली शक्ति 'प्राणात्मक-स्पन्दन' (**अग्नि-महाभूत**) का ही है। सापेक्ष-विकुंचन (**अग्नि-महाभूत**) ही यहाँ प्रत्येक जीवकोश में प्राणात्मक-स्पन्दन रूप से व्यक्त है। इसे ही इंगित करते हुए **ऋग्वैदिक-ऋचा** में इसे ज्योतिरूप अमृत (ज्योतिरमृतं) कहा गया है। आगे बताया गया है कि मर्त्य-सजीव पदार्थ में जीवन का कारण वही है-- इदं ज्योतिरमृतं मर्त्येषु'। इसे वैदिक-सिद्धान्त ही कहेंगे जिससे **'विज्ञान का व्याकरण'** बनता है। यहाँ यह समझना आवश्यक है कि महाभूतों के रूप में 'ऊर्जा' के क्रमिक विकास के दौर में भौतिक-सृष्टि की रचना नहीं हुई थी, इस भौतिक-रचना के लिए आवश्यक 'तत्त्वों' का निर्माण हो रहा था। इनमें प्रथम-स्थान आता है सापेक्ष-विकुंचन (अग्नि-महाभूत) का। यह **'अग्नि'** आग नहीं थी, यह ज्योतिरूप अमृत थी जो 'अनश्वर और अविभाज्य' (ज्योति) है। अस्तु, ज्योति एवं आग के भेद को समझना अनिवार्य है। जीवकोश की रचना तो पंच-महाभूतों के रूप में **ऊर्जा** के विकास के बाद की घटना है। इसकी रचना महाभूतों के पंचीकरण के फलस्वरूप हुई थी। अभी तो उसके लिए आवश्यक 'तत्त्वों' की रचना हो रही है। 'अग्नि' इस क्रम में **तीसरा तत्त्व** है।

ऊपर बता चुके हैं कि इस 'अग्नि-तत्त्व' (महाभूत) के दो स्वरूप हैं। पहला स्वरूप 'प्राण' संज्ञक 'सापेक्ष-विकुंचन' है।

'**अग्नि-तत्त्व**' का दूसरा स्वरूप '**विद्युत-विकुंचन**' है। साईंस स्वयं प्रमाणित करता है कि विद्युत-ऊर्जा की मूलतः एक प्रकार का संरचना है। यह 'विद्युत-विकुंचन' भी 'अग्नि-महाभूत' है। विकुंचन रूप में इसके अन्तर्गत दो परस्पर-विपरीत पार्श्व हैं जिसमें विकुंचन के 'केन्द्र-विन्दू' से परस्पर विपरीत पार्श्वान्तों तक अवयवी प्राण और अपान ('मूल-तत्त्व') का अन्तश्चरण होता रहता-अन्तश्चरति रोचनास्य प्राणदपानती (शतपथ)। विद्युत के सन्दर्भ में इन्हें 'धनात्मक-आवेश' एवं 'ऋणात्मक-आवेश' कहा जाता है। इनके ही अन्तश्चरण के कारण पूरी रोजना (संरचना) सिकुड़ती-फैलती अर्थात् समंचन-प्रसारण करती व्यक्त होती है, इसलिए विद्युत-ऊर्जा विकुंचन है। परन्तु, विकुंचन का केन्द्र-विन्दू स्वयं केन्द्रीय-शक्तिरूप है जो दोनों ही आवेशों का कारण-स्वरूप है। इसे 'आवेश-हीन' समझना अज्ञान होगा, क्योंकि यही सभी आवेशों का 'कारण' है। साईंस की भाषा में इसे 'न्यूट्रल' कहा जाता है। वैदिक भाषा में यह मूल-तत्त्व (ब्रह्म-तत्त्व) है। वही केन्द्र पर केन्द्रशक्ति होते हुए भी 'अव्यय' (न्यूट्रल) है।

[सन्दर्भवश यह बताते चलें कि विद्युत-शक्ति के ये तीनों ब्रह्म-तत्त्व (मूल-तत्त्व) ही परमाणु (Atom) के अवयवी कण—इलेकट्रन (ऋण आवेश), प्रोटोन (धन

आवेश) और न्यूट्रन (अव्यय यानि न्यूट्रल) के रूप में व्यक्त होते हैं।]

अग्नि-महाभूत की 'प्रधान तन्मात्रा' का अध्ययन करते हैं के ऊर्जा की नई प्रकृति की जानकारी मिलती है। यह 'रूप-तन्मात्रा' है जिसका तात्पर्य 'आकृति' है। अर्थात् जब ऊर्जा सापेक्ष हो जाती है तो उसकी आवृत्ति-दर माप के अन्तर्गत आ जाती है। इससे हिलोर अर्थात् प्रकम्पन की अनुभूति होती है। इस प्रकम्पन की अनुभूति ध्वनि-रूप में भी होती है। इस प्रकम्पन से आकृति भी व्यक्त होती है। तात्पर्य यह है कि अग्नि-महाभूत से 'कम्पन-ध्वनि-आकृति' का त्रिक उत्पन्न होता है।

यहाँ यह समझना अनिवार्य है कि आकाश-महाभूत की तन्मात्रा **'वाक्'** है। यह **'वाक्'** ही **'मूल-तत्त्व'** है जिससे सबकी उत्पत्ति हुई है। यही विकुंचन के अन्तर्गत अवयवी प्राण और अपान रूप से व्यक्त होता है। वात-महाभूत में यही मूल-तत्त्व परस्पर विपरीत ध्रुवों (स्पर्श) के रूप से अन्तःश्चरण करता है। इसलिए वात-महाभूत की दो तन्मात्राएँ हैं—**वाक्** और **स्पर्श** (स्थान की अनुभूति)। वात-महाभूत से ही अग्नि-महाभूत की उत्पत्ति हुई है, इसलिए उसमें 'वात-महाभूत' की दोनों तन्मात्राएँ आधार-रूप से व्यक्त होती हैं जो **वाक्** और **स्पर्श** हैं। इसकी विशेष तन्मात्रा है **रूप** अर्थात् **आकृति**। इन्हीं तीनों तन्मात्राओं की अभिव्यक्ति अग्नि-महाभूत में **'कम्पन-ध्वनि-आकृति'** के त्रिक के रूप में होती है।

परा और अपरा वाक्

अग्नि-महाभूत अर्थात् 'सापेक्ष-विकुंचन' से 'ध्वनि' की अनुभूति स्थिति प्रकट होती है। विदित हो कि जबतक 'ध्वनि-ऊर्जा अनुभूति से परे थी', उसे **'वाक्'** कहा जाता था। अब, अग्नि-महाभूत के साथ ही वह भी 'सापेक्ष' हो जाती है। इस स्थिति में निरपेक्ष-वाक् को **परा-वाक्** कहा जात है और 'सापेक्ष-वाक्' को **अपरा-वाक्** या 'वाणी' कहा जाता है। वेदों में 'सापेक्ष-वाक्' को ही 'अपरा-वाक्' कहा गया है और इसे ही 'वैखरी-वाणी' भी कहा गया है--

देवीं वाचमजनयन्त देवास्तां विश्वरूपाः पशवो वदन्ति।

सा नो मन्देषमूर्जं दुहाना धेनुआवागस्मानुप सुष्टितैतु।।

(अथर्वसंहित, देव्यथर्वशीर्ष, मंत्र १०)

इस श्लोक में **वैखरी-वाक्** की स्तुति करते हुए बताया गया है जो 'परावाक्' पहले निरपेक्ष थी, उसे प्राणरूप देवों ने उत्पन्न किया है (देवीं वाचमजनयन्त देवास्तां) [यहाँ अग्नि (महाभूत) को ही प्राण कहा गया है।] इसे अनेक प्रकार के प्राणी बोलते हैं (पशवो वदन्ति)। वह देवी जो कामधेनु तुल्य आनन्द दायक और अन्न तथा बल देने वाली हैं, वाक् रूपी वह देवी हमारे समीप आये (सा नो मन्देषमूर्जं दुहाना धेनुआवागस्मानुप सुष्टितैतु)। विदित हो कि इस वाणी में इच्छित कमाई और सुख-सुविधा

पूर्ण व्यवसाय प्रदान करने की क्षमता है, इसलिए इसकी तुलना कामधेनु-गौ से की गई है।

अग्नि-महाभूत के इन विवरणों से ज्ञात होता है कि इस महाभूत के मुख्य दो स्वरूप हैं—प्राण और विद्युत। तथापि वास्तविकता यह भी है कि यहीं ध्वनि-ऊर्जा का सापेक्ष-स्वरूप समस्त अग्नि-महाभूत के साथ अन्तर्निहित है। इसके कारण अग्नि-महाभूत का त्रिक बनता है—कम्पन-ध्वनि-आकृति। यहाँ 'कम्पन' समंचन-प्रसारण की आवृत्ति-दर का भी द्योतक है। अर्थात् प्रत्येक आवृत्ति-दर की ध्वनि होती है। इस 'ध्वनि' को मंत्र कहा जाता है। साथ ही, प्रत्येक आवृत्ति-दर से आकृति की भी निष्पत्ति होती है जिसे ग्रन्थों में 'देवता की योनि' का बोध होता है। अस्तु, वास्तविक त्रिक है---आवृत्ति-दर (देव का सूक्ष्म-शरीर)--मंत्र (ध्वनि)--आकृति (देव-योनि)।

आपः महाभूत (जल-महाभूत)

अधिकांश भारतीय विद्वान एवं ग्रन्थ कार इस 'चतुर्थ महाभूत' के नाम से प्रचारित करते हैं। यह 'ऊर्जा' का ही चतुर्थ परावर्तन या विकास है और सापेक्षता की दृष्टि से तीसरा-विकास है। पहला या परावर्तन है। पहला महाभूत आकाश तो ऊर्जा का मौलिक निरपेक्ष स्वरूप है जिसे 'ब्रह्म' के नाम से विभूषित किया जाता है। यह समय और स्थान से परे है, इसकी व्याप्ति की सीमा अनन्त है। इसी के एक विराट परिमाण को जब 'वह' स्वयं

चारों ओर से घेर लेता है तो घिरा हुआ परिमाण ही क्षर-ब्रह्म कहा जाता है और शेष अनन्त तक फैला हुआ 'ब्रह्म-परिमाण' अक्षर-ब्रह्म कहा जाता है। यह अक्षर-ब्रह्म ही परम-ब्रह्म है—अक्षरं तत् परं ब्रह्म (श्रुति)।

क्षर-ब्रह्म वाक् अर्थात् 'ब्रह्म' का परिच्छिन्न-स्वरूप है, अतएव इसमें स्थान-गुणक सापेक्ष-स्वरूप में आ गया है। इस कारण 'वाक्-विकुंचन' (ब्रह्म) ही 'क्षर-ब्रह्म' के स्वरूप में पहला **वात-महाभूत** (आकर्षण-विकुंचन) में प्रवर्तित हो चुका है। यह ऊर्जा का पहला रूपान्तरण है। इसी क्षर-ब्रह्म में तथा अनेकानेक ब्रह्मांडों के अन्तर्गत **वात-महाभूत** का रूपान्तरण **अग्नि-महाभूत** में होता है। अग्नि-महाभूत मूलतः सापेक्ष-विकुंचन हैं जो समय और स्थान गुणकों के अन्तर्गत होते हैं। इन सभी विकुंचनों से 'ध्वनि' प्रकट होती है। ये विकुंचन हैं, इसलिए इनमें प्रकम्पन अर्थात् आवृत्ति-दर होती है। अग्नि-महाभूत की विशेष तन्मात्रा है 'रूप' अर्थात 'आकृति' तन्मात्रा। इस प्रकार तन्मात्राओं का त्रिक प्रकट होता है—कम्पन (आवृत्ति-दर)-ध्वनि-आकृति (रूप)। इस त्रिक का वैदिक-दर्शन में व्यापक महत्त्व है।

अग्नि-महाभूत के दो प्रकार हैं—प्राण-विकुंचन और विद्युत-विकुंचन। इनमें विद्युत-विकुंचन ऐसे विकुंचन हैं जनमें 'सापेक्षता के विकास के फल स्वरूप **'रस'** तन्मात्रा का सृजन होता है। 'रस' के साथ दो भाव एक साथ अन्तर्निहित होते हैं—**आनन्द** और **सम-सम्यकता**। ये दोनों गुण विद्युत-विकुंचनों में होते हैं। शास्त्रों में बताया

गया है कि भौतिक-जल में भी **आनन्द** और **सम-सम्यकता** के गुण होते हैं। इसलिए 'आपः' का प्रतिरूप 'जल' है। इसकारण जल को 'आपः' का प्रतीकात्मक शब्द मान कर आपः के स्थान पर 'जल' शब्द का भी प्रयोग कर लिया जाता है।

[यहाँ यह स्पष्ट करना आवश्यक है कि हर तरल पदार्थ में सम-सम्यकता हो सकती है, परन्तु 'आनन्द' नहीं हो सकता। स्वाद में जो 'आनन्द' जल में है वह तैलीय-पदार्थ में नहीं है। इसलिए जल को ही 'आपः' कहा जाता है, अन्य तरल पदार्थों को नहीं। विदित हो कि वास्तविक आपः तो 'विद्युत-विकुंचन' और भौतिक-जल की उत्पत्ति तभी सम्भव है जब विद्युत-विकुंचन की अभिव्यासि के अन्तर्गत हाईड्रोजन और आक्सीजन गैस का संयोग हो। इसलिए, विद्युत-विकुंचन के कारण ही जल में 'आपः' का गुण उत्पन्न होता है।]

जिस 'सत्ता' का 'सातत्य' बनता है, उस सत्ता को वैदिक-दर्शन में 'आपः' कहा जाता है। 'प्रथम-महाभूत' (आकाश) के विवरण में हम पाते हैं 'ब्रह्म' का सातत्य विश्वव्यापी है, अस्तु ब्रह्म को 'आपः' कहा गया है। इसकी व्याख्या सस-व्यवहृति-सहित गायत्री मंत्र के 'अन्तिम पद' में दी गई है—ॐ आपो ज्योति रसोऽमृतं ब्रह्म भूर्भुवः स्वरोऽम्। अर्थात्, ॐ (ब्रह्म) ज्योतिस्वरूप (दिव्य अर्थात् अभौतिक) आपः है (ॐ आपो ज्योति) जिसकी इकाई मात्रा (मूल-तत्त्व) अमृत अर्थात् अविनाशी है (रसोऽमृतं), वह ब्रह्म क्योंकि 'आपः' भू से लेकर स्वर्ग तक सर्वत्र

सतत् है (ब्रह्म भूर्भुवः स्वरोऽम्)। इसलिए कर्मकाण्ड को एक मन्त्र में स्वीकार किया गया है कि 'ब्रह्म दिव्य आपः कहते हैं--ॐ या दिव्या आपः पयसा सम्बभूवुर्या (कर्मकाण्ड)। यह तो आकाश महाभूत की बात है।

अग्नि-महाभूत के बाद अगले विकास-क्रम में एक दूसरे 'आपः' की स्थिति बनती है। उसे 'सोम' के नाम से प्रसिद्धि मिली है। ध्यातव्य है 'विद्युत-विकुंचन' को ही सोम की संज्ञा दी गई है। विदित हो कि अग्नि-महाभूत के रूप में प्राण-विकुंचन और विद्युत-विकुंचन के रूप में ऊर्जा रूपान्तरित हुई। सम्पूर्ण वात-विकुंचन रूप 'ब्रह्मांड' के अन्तर्गत इन दोनों विकुंचनों (प्राण-विकुंचन और विद्युत-विकुंचन) की अनगिनत संख्या व्याप्त होती चली गई। इनमें से 'विद्युत-विकुंचनों' में सम-साम्य और सम-सम्यक रूप से सतत् होने का **गुण** था जिसे **रस-तन्मात्रा** कहा गया है। इससे विद्युत-ऊर्जा का विराट-सा सातत्य बन गया। इसी **सातत्य** को 'आपः महाभूत' या 'जल-महाभूत कहा गया है। ऊपर स्पष्ट किया गया है कि जिस सत्ता का 'सातत्य' बनता है उस 'सत्ता' को आपः कहते हैं। विद्युत-विकुंचन का सातत्य बनता है, इसलिए 'विद्युत-विकुंचन' को ही 'सोम' की संज्ञा देकर उसे 'आपः' कहा गया। तात्पर्य यह है कि **'सोम'** को ही 'आपः महाभूत' या **'जल-महाभूत'** के नाम से जाना गया है।

ध्यातव्य है कि ठीक इस व्याख्या के पूर्व हम बता चुके हैं कि **'ब्रह्म को दिव्य आपः'** कहा गया है,

इसलिए इस चतुर्थ-महाभूत को **'जल-महाभूत'** के नाम से प्रसिद्धि मिली। स्मरण रखना चाहिए कि स्वयं ब्रह्म को ही ऋचाओं में सर्वत्र **'आपः'** कहा गया है, इसलिए भ्रम से बचने के लिए 'सोम' को **जल-महाभूत** के नाम से जाना गया है।

क्षिति-महाभूत

सम-साम्यता और सम-सम्यकता के बाद 'ऊर्जा' के विकास का अगला क्रम है—अभिव्यस करना। इस क्षमता या गुण को ही गन्ध-तन्मात्रा कहते हैं। इस गुण से युक्त हो जाने के कारण ऊर्जा का जो स्वरूप बनता है, उसे **क्षिति-महाभूत** कहा जाता है।

'गन्ध' वह गुण है जो किसी संरचना के अन्तर्गत किसी सत्ता की उपस्थिति का बोध कराता है। ऐसा प्रतीत होता है कि 'गन्ध' उस संरचना के केन्द्र से निकल कर संरचना के अन्तर्गत चारों ओर ही नहीं, उस संरचना के बाहर भी उसके चतुर्विध फैल रही है। आधुनिक भाषा या वैज्ञानिक-भाषा में इसे 'अभिव्यासि' कहते हैं। यह ऊर्जा के एक गुण का क्रमिक विकास है। ऊर्जा जब किसी संरचना को अभिव्यास करती है तो उसे अपनी केन्द्रस्थानीय-सत्ता बना कर रखती है और उसके चतुर्विध भी विस्तृत रहती है। अर्थात् 'ऊर्जा' का विस्तार उस संरचना के विस्तार से अधिक होता है। इसी स्थिति को ऊर्जा की अभिव्यासि कहते है।

इसी अभिव्यासि की क्षमता को गन्ध-तन्मात्रा कहते हैं। तथा, ऐसी क्षमता वाली 'ऊर्जा' को क्षिति-महाभूत कहते हैं।

यहाँ स्पष्ट कथ्य है कि क्षिति-महाभूत की 'प्रधान-तन्मात्रा' गन्ध-तन्मात्रा है। लेकिन इसके साथ चार तन्मात्राएँ अन्यान्य तन्मात्राएँ—'वाक्', 'स्पर्श', 'आकृति', 'जल' (सम-सम्यकता) भी शामिल होती हैं। इस कथन का तात्पर्य यह है कि आकाश-तल में 'वात-महाभूत' (चुम्बकत्व) की उत्पत्ति होती है, वात-तल में 'अग्नि-महाभूत' की उत्पत्ति होती है, 'अग्नि' (सापेक्ष-विकुंचन) का ही विकास जल-महाभूत (सम-सम्यक गुण वाले ऊर्जा) में होती है और 'जल' का विकास क्षिति-महाभूत (अभिव्यासि-गुण वाले ऊर्जा) में होता है।

ध्यातव्य है कि आकाश (ब्रह्म-सातत्य) ही 'मौलिक-तल' जिसे कारण-तल कहा जाता है। इसी **कारण-तल** में क्रमिक-रूप से चुम्बकत्व-ऊर्जा, चुम्बकत्व-ऊर्जा से सापेक्ष-विकुंचन, सापेक्ष-विकुंचन से सम-सम्यक विकुंचनों के 'तल' (सोम-सातत्य) और 'सोम-तल' में अभिव्यासि को गुण विकास होता है। इन पाँचों गुणों तन्मात्राओं से युक्त ऊर्जा-विकुंचनों से भौतिक-सृष्टि का विकास होता है जिसे पंच-महाभूतों का पंचीकरण कहा जाता है।

महाभूत और तन्मात्रा का अभिप्राय

वैदिक-दर्शन यह भी बताता है कि निरपेक्ष-विकुंचन वास्तव में 'ध्वनि-ऊर्जा' का ही निरपेक्ष-स्वरूप अर्थात् **'वाक्'** है। दर्शन में में यह भी बताया गया है कि 'वह' रूपान्तरित होता है अर्थात् बृंहण करता है, इसलिए उसे **'ब्रह्म'** कहते हैं। उसे 'मूल-तत्त्व' कहा है, क्योंकि 'हर इकाई मात्रा में' वही व्याप्त है और उससे ही सब कुछ का निर्माण हुआ है। इस दृष्टि से उसे **'आकाश-तत्त्व'** (आकाश-महाभूत) कहा जाता है।

इसके साथ स्थिति यह है कि 'वह' अपने निरपेक्ष-स्वरूप में अनादि-अनन्त है और सम-सम्यक तथा सम-साम्य रूप से सर्वत्र 'सतत' है। अपने इस सातत्य के अन्तर्गत ही वह भिन्न-भिन्न रूप में रूपान्तरित होता है। इससे निरपेक्षता से सापेक्षता का विकास होता है। इस विकास क्रम में ऊर्जा के भिन्न-भिन्न स्वरूपों को ही 'महाभूत' की संज्ञा दी गई है। फलतः विकास क्रम में ऊर्जा के पाँच स्वरूप प्रकट होते है जिन्हें **पंच-महाभूत** कहा जाता है। इनके लक्षणों या गुणों को **तन्मात्रा** कहा जाता है।

विदित हो कि **'निरपेक्ष-ऊर्जा'** (ब्रह्म) के 'गुण' ही सापेक्ष-स्वरूप में **तन्मात्राओं** के नाम से जाने गये हैं। तात्पर्य यह है कि महाभूतों में नये गुणों का विकास नहीं होता, बल्कि ये 'ब्रह्म' के ही गुणों का 'सापेक्ष-विभाजित' स्वरूप हैं। **वात-महाभूत** या **वायु-महाभूत** कहा गया है। इसकी 'प्रधान-तन्मात्रा' (पहचान) है 'स्थान-गुणक' का

सापेक्ष हो जाना, परन्तु समय-गुणक का निरपेक्ष रह जाता।

विदित हो कि ब्रह्म स्वयं निरपेक्ष-विकुंचन है जबकि 'अग्नि-महाभूत' 'सापेक्ष प्राण' है। इस गुण को **रूप-तन्मात्रा** कहते हैं जिसमें समय और स्थान दोनों ही सापेक्ष हैं।

यह 'ध्वनि' है, इसकारण संरचना की दृष्टि से **'विकुंचन'** है। अर्थात्, इसमें परस्पर विपरीत 'पार्श्व-विस्तार' है जिसके अन्तर्गत अन्तश्चरण (गमनागमन) की आवृत्तियाँ होती हैं। **वाक्** निरपेक्ष है, अतः इसका 'पार्श्व-विस्तार' स्थान-गुणक से परे होता है। साथ ही 'गमनागमन' (अन्तश्चरण) की प्रत्येक आवृत्ति में लगा समय 'समय-गुणक से परे' होता है। इससे जो 'ध्वनि' उत्पन्न होती है उसकी निकटतम ही 'ॐ' है। इस ध्वनि को 'शब्द' कहा गया है जो पूर्ण और परम है। यह 'निरपेक्ष-विकुंचन' ही 'वाक्' संज्ञक परा-वाक् है। यही 'पर-ब्रह्म' ('पर' का अर्थ है निरपेक्ष) है। इसे ही **आकाश** (पराकाश) कहा जाता है। **ब्रह्म** (निरपेक्ष-सत्ता) अतुलनीय है, इसलिए वह स्वयं ही 'आकाश-महाभूत' (सत्ता) भी है और स्वयं ही उसकी पहचान या गुण अर्थात् **'शब्द'** या **'वाक्'** तन्मात्रा भी है।

आकाश (ब्रह्म) निरपेक्ष है, इसकारण उसका 'सातत्य' अनादि-अनन्त है। इसी अनादि-अनन्त ब्रह्म-सातत्य (वाक् सातत्य) के अन्तर्गत अर्ध-निरपेक्ष 'विकुंचन' की उत्पत्ति होती है जिसे चुम्बकत्व-ऊर्जा

अर्थात् आकर्षण-शक्ति कहते हैं। विदित हो कि **'क्षर-ब्रह्म'** स्वयं ही विराट 'आकर्षण-ऊर्जा' है।

इसे ही 'वात' कहा गया है। यह निरपेक्ष-ऊर्जा का एक रूपान्तरण है, अतएव इसे वात-महाभूत कहते हैं। यह 'अर्ध-निरपेक्ष ऊर्जा' से सापेक्ष-ऊर्जा का रूपान्तरण 'सापेक्ष-विकुंचनों' के रूप में होता है। ऊर्जा अपने इस स्वरूप में पूर्णरूप रो सापेक्ष हो जाती है। ऊर्जा के इस स्वरूप को **अग्नि-महाभूत** कहते हैं। यह सापेक्ष है, इसलिए समय और स्थान दोनों ही गुणकों के अन्तर्गत होता है। इसी लक्षण को **रूप-तन्मात्रा** कहते हैं।

जिस विकुंचन (ऊर्जा) की अभिव्याप्ति के अन्तर्गत 'जलाणु' (WATER) की रचना होती है, उस 'विकुंचन' को विद्युत-विकुंचन कहते हैं।

स्मरणीय है कि 'अग्नि-महाभूत' निरपेक्ष-ऊर्जा (ब्रह्म) का सापेक्ष-रूपान्तरण है। यहाँ तक 'ऊर्जा' की तीन तन्मात्राओं का ज्ञान हो जाता है। वे हैं वाक् (निरपेक्ष), स्पर्श (अर्ध-निरपेक्ष) और रूप (सापेक्ष)।

यहाँ विशिष्टता यह है कि वाक्-तन्मात्र 'निरपेक्षता' का द्योतक है। वैदिक-दर्शन स्पष्ट करता है कि जो निरपेक्ष है, वह परम और पूर्ण है। इस तथ्य को निम्न श्लोक में स्पष्ट किया गया है—

पूर्णमदः पूर्णमिदं पूर्णात् पूर्णमुदच्यते।

पूर्णस्य पूर्णमादाय पूर्णमेवाऽवशिष्यते।। (श्रुति)

इस श्लोक का कथ्य यह है कि 'पूर्ण से पूर्ण की ही निष्पत्ति होती है' अर्थात् जो निकला वह भी 'पूर्ण' है और जिससे निकला वह तो घटा नहीं, सम्पूर्ण ही रह गया। इसके ठीक उल्टा पूर्ण में पूर्ण जोड़ने से भी परिणाम 'पूर्ण' ही होता है—यह द्विगुणित या बहुगुणित नहीं होता। अंकगणित में इसी आधार पर 'शून्य' की व्याख्या की गई है। इस धारणा को समझना ही वास्तविक विज्ञान है। इसी गुण को 'वाक्-तन्मात्रा' कहा गया है।

तात्पर्य यह है कि मौलिक-सत्ता 'निरपेक्ष' है और वह परम और पूर्ण है। इसके विस्तार का न कोई आरम्भ है और न अन्त ही। अतएव वह समय और स्थान दोनों ही दृष्टि से अनादि-अनन्त है। इसकारण 'निरपेक्ष-सत्ता' जिसे वेदों में ब्रह्म या वाक् कहा गया है, उसका 'सातत्य' अनादि-अनन्त है। सातत्य का अर्थ है सत्ता में 'सम-सम्यकता तथा सम-साम्यता' के **गुण** का **क्षमता** का प्रकट रहना। इस गुण को वेदों में **'रस'** गुण कहा गया है। अस्तु, **ब्रह्म** रस-गुण से परिपूर्ण है। वस्तुस्थिति यह है कि **'ब्रह्म'** (निरपेक्ष-सत्ता) परम और पूर्ण है इसलिए जितनी भी तन्मात्राओं (लक्षणों या गुणों) की चर्चा तन्मात्राओं के रूप में की गई हैं, वे सभी इस **'ब्रह्म'** में विद्यमान हैं। इसका पहला उदाहरण तो **'रस'** गुण का है। हम प्रायः **स्थिति-शक्ति** की बात करते हैं। इसे सामान्य भाषा में 'धारण करने का गुण' कह सकते हैं। इसी की वैज्ञानिक व्याख्या 'अभिव्याप्ति'

के रूप में कर सकते हैं। इसी क्षमता को **गन्ध-तन्मात्रा** कहते हैं। **'ब्रह्म'** (आकाश) में अभिव्यास करने अर्थात् अपनी केन्द्रस्थानीय सत्ता के रूप में स्थिति देने का गुण है। यानि **'ब्रह्म'** तो **गन्ध-तन्मात्रा** से भी परिपूर्ण है। विदित हो कि 'ब्रह्म' स्वयं 'वाक्' (ध्वनि) है, इसलिए 'विकुंचन-स्वरूप' है। फलतः उसमें भी समंचन-प्रसारण की आवृत्ति-दर होती है (भले ही वह समय और स्थान गुणकों से परे हो)। समंचन-प्रसारण की 'आवृत्ति' क्षमता को **रूप-तन्मात्रा** कहा जाता है। अस्तु, **'ब्रह्म'** तो **रूप-तन्मात्रा** से भी परिपूर्ण है। इस प्रकार, सभी पाँचों 'तन्मात्राएँ' से **'ब्रह्म'** परिपूर्ण है, क्योंकि 'वह' परम और पूर्ण है। स्थिति महज इतनी है कि ये सभी तन्मात्राएँ **ब्रह्म** के अन्तर्गत निरपेक्ष भाव से स्थित हैं।

इस स्थिति में प्रश्न उठता है कि **निरपेक्ष-सत्ता** का 'सापेक्ष-सत्ता' में 'रूपान्तरण' की स्थिति क्या है? इस स्पष्ट उत्तर है कि **निरपेक्ष-सत्ता** का 'सापेक्ष-सत्ता' में 'रूपान्तरण' वास्तव में **ब्रह्म** की **'घेराव-शक्ति'** की प्रक्रिया मात्र है जिसे वैदिक-विज्ञान के अन्तर्गत **प्रपञ्च** मात्र है। **प्रपञ्च** का उस आभास अर्थात् 'अनुभूति' को कहते हैं जो वास्तविकता से भिन्न होता है। स्थिति यह है कि ब्रह्म निरपेक्ष अर्थात् तुलनात्मकता से परे है, परन्तु 'अनुभूति' होती है। यह 'तुलनात्मक दृष्टिकोण' जिस भ्रम को उत्पन्न करता है, उसे ही **प्रपञ्च** कहा जाता है।

ब्रह्म निरपेक्ष है और उसी की सापेक्ष अनुभूति 'समय' और 'स्थान' के रूप में होती है। चूंकि ये दोनों (समय और स्थान) एक ही **सत्ता** की अनुभूतियाँ हैं, इसलिए परस्पर भिन्न नहीं हो सकतीं। इन दोनों की स्थिति भी परस्पर सापेक्ष है। तात्पर्य यह है कि स्थान और समय की अलग-अलग कोई पृथक सत्ता नहीं है, क्योंकि ये महज अनुभूतियाँ (अहसास) हैं। स्थिति की विशेषता यह है कि ये दोनों अनुभूति के रूप में 'अलग-अलग' महसूस होती हैं, परन्तु हैं नहीं। ध्यातव्य है कि 'स्थान' के आधार पर 'समय' का अहसास होता है और 'समय' के आधार पर 'स्थान' का। स्पष्ट है कि इन दोनों का परस्पर अन्योन्याक्षय सम्बन्ध है। यही कारण है कि वैदिक-विज्ञान में 'समय और स्थान' को समन्वित रूप से **'प्रपञ्च'** की संज्ञा दी गई है--'प्रपञ्चोऽन्यत्तु विज्ञानमज्ञानं तत्र सत्यधीः' (ज्ञानेश्वरी-गीता)। इस **'प्रपञ्च'** की प्रमाणिक जानकारी को ही 'विज्ञान' कहा गया है तथा समय और स्थान जिस **सत्ता** (ब्रह्म) की सापेक्ष अनुभूतियाँ है, वह **सत्ता** (ब्रह्म) ही वास्तविक सत्य है (तत्र सत्यधीः)। विदित हो कि परम सत्य की जानकारी ही 'ज्ञान' है।

इस स्थिति के सम्बन्ध में वैदिक-विज्ञान स्पष्ट करता है कि 'ब्रह्म' (निरपेक्ष-सत्ता) सृष्टि की रचना के लिए अपने ही अनादि-अनन्त सातत्य के किसी भाग को चारों ओर से घेर लेता है। फलस्वरूप उसकी घेराव-शक्ति हो जाती है। **ब्रह्म** की इस **'घेराव-शक्ति'** को ही

'**माया**' कहा जाता है। इसी '**माया**' के कारण निरपेक्षता से सापेक्षता का विकास होता है। अर्थात् ब्रह्म की 'घेराव-शक्ति' (माया) ही सापेक्षता का 'कारक' है। ब्रह्म की इस घेराव-शक्ति (माया) का उल्लेख 'आकाश महाभूत' की चर्चा के क्रम में क्षर-ब्रह्म का उल्लेख किया जा चुका है।

वैदिक ज्ञान-विज्ञान (दर्शन) के अन्तर्गत स्पष्ट बताया गया है कि आज के वैज्ञानिक जिस 'सत्ता' को **ऊर्जा** अर्थात् **अतुलनीय** है--'एकोऽहं द्वितीयो नास्ति।' 'ऊर्जा' के जिन स्वरूपों को हम 'साईंस' के माध्यम से तथा प्रत्यक्ष अनुभूति के आधार पर जानते हैं, उनमें से 'ध्वनि' (वाक्), [जिसे मनुष्यादि प्राणी बोलकर प्रकट करते हैं] ही ऊर्जा का मौलिक-स्वरूप है। वैदिक-दर्शन में ध्वनि-ऊर्जा के इस मौलिक-स्वरूप को जो निरपेक्ष है, **वाक्** की संज्ञा दी गई है। उसे ही 'ब्रह्म' कहा गया है। ध्यातव्य है ब्रह्म के कुछ प्रमुख लक्षण हैं। पहला (१) यह कि उसमें सम-सम्यक और सम-साम्य रूप से सतत् होने की गुण है। इस क्षमता को ही 'महाभूतों' के सन्दर्भ में 'रस-तन्मात्रा' के नाम से जाना गया है। दूसरा (२) यह कि 'ब्रह्म' में प्रत्येक सृष्ट सत्ता को अभिव्यास करने का गुण है। इस गुण के कारण 'वह' वह प्रत्येक रचना के ठीक 'केन्द्र' पर केन्द्रशक्ति रूप से उपस्थित रहता है तथा उसकी व्यासि के गिर्द चारों ओर से व्यास रहता है। [इसी गुण के कारण उसे **प्रजापति** कहा जाता है।] इस लक्षण को महाभूतों के सन्दर्भ में 'गन्ध-तन्मात्रा' कहा जाता है। तीसरा (३) यह कि 'ब्रह्म' स्वयं एक प्रकार

का 'विकुंचन' है अर्थात् अनवरत समंचन-प्रसारण करता रहता है। इस लक्षण को महाभूतों के सन्दर्भ में 'रूप-तन्मात्रा' कहा जाता है। चौथा (४) यह कि 'ब्रह्म' में एक प्रकार की 'आकर्षण' का गुण है जिस कारण सम्पूर्ण सृष्टि को अपने नियन्त्रण में रखता है। इसे दैवी या दिव्य-आकर्षण की संज्ञा दी जा सकती है जो मानवादि प्राणियों में प्रेम, श्रद्धा आदि के रूप में अनुभूत किया जा सकता है। यही 'आकर्षण' भौतिक रूप से आकर्षण-शक्ति (चुम्बकत्व) में व्यक्त होता है। इस लक्षण को महाभूतों (आकर्षण-शक्ति) के सन्दर्भ में 'स्पर्श-तन्मात्रा' कहा जाता है। पाँचवाँ (५) यह कि 'ब्रह्म' निरपेक्ष अर्थात् तुलनात्मकता से परे यानि स्थान और समय गुणकों से परे है। इस लक्षण को 'शब्द' या 'वाक्' कहते हैं। यह निरपेक्ष-ऊर्जा का गुण या लक्षण है। यहाँ स्मरण रखने का तथ्य यह है कि यह निरपेक्ष-ऊर्जा (ब्रह्म) की व्यासि अनादि-अनन्त है, इसलिए ऊर्जा के अन्य सभी स्वरूपों की स्थिति वाक्-सातत्य के अन्तर्गत ही है। अन्ततः स्थिति यह है कि 'ऊर्जा' का जो रूपान्तरण शेष चार महाभूतों के रूप में होता है, उन महाभूतों की प्रधान तन्मात्राओं के रूप में 'ब्रह्म' के ही उपरोक्त 'गुणों' का क्रमिक प्रकटीकरण होता है।

पंच-तत्त्वों का 'पंचीकरण'

पंचीकरण क्या है

आइन्स्टीन के सिद्धान्तों पर किये गये परीक्षणों से यह प्रमाणित हुआ कि 'टाईम एंड स्पेस' के **सातत्य** में ऊर्जा की स्थिति विकुंचनरूप में है। लगभग यही स्थिति वैदिक-विज्ञान के अन्तर्गत भी है। विकुंचन की संरचना की दृष्टि से 'ब्रह्म' निरपेक्ष-विकुंचन है और इसके ही सातत्य में सारी सृष्टि रचित है। इसके सातत्य से परे न तो कोई 'स्थान' है और न कोई समय, क्योंकि समय और स्थान **ब्रह्म** की सापेक्ष अनुभूतियाँ मात्र हैं।

इस प्रकार, पहला 'सातत्य' स्वयं 'ब्रह्म' का है। इसका तात्पर्य यह है कि ध्वनि-शक्ति ही 'वाक्' स्वरूप में (निरपेक्ष-ध्वनि) के रूप में अखिल-विश्व में सम-सम्यक रूप से सतत् है। दूसरा 'सातत्य' 'सोम' का है

और तीसरा स्वयं भौतिक-सातत्य है। विकुंचनरूप ऊर्जा ब्रह्म-सातत्य में स्थिति प्राप्त करते हैं। ऊर्जा के इन स्वरूपों का भौतिक-सातत्य में प्रकट होना ही पंचीकरण है। इसके लिए पहले उन्हें सोम-सातत्य में स्थिति प्राप्त करनी होगी, क्योंकि भौतिकता की सृष्टि सोम-सातत्य के अन्तर्गत ही होती है। इसके लिए, ब्रह्म ने अपने ही विभिन्न गुणों को तन्मात्राओं के रूप में प्रकट किया। यह प्रक्रिया किस क्रम में हुई, हम पंच-तत्त्वों के विवरण से समझ चुके हैं।

क्रम से दूसरा 'तत्त्व' **वात** अर्थात् आकर्षण-ऊर्जा है। इसकी तरंगें केवल ब्रह्म-सातत्य में ही गमन करती हैं। जब 'वात' की स्थिति अन्यान्य सातत्यों में होने लगी तो उसे आकर्षण-ऊर्जा कहा जान लगा। इसके लिए उसमें 'अभिव्याप्ति' का गण आया। यही पंचीकरण का स्वरूप है।

भ्वाकर्षण-शक्ति

भौतिक-जगत की स्थिति का प्रभाव अपनी धरती (पृथ्वी) पर दिखाई देता है। पृथ्वी हमें धारण करती है, इसलिए उसे 'धरती' कहते हैं। धारण करने का तात्पर्य है कि धरती के भौतिक वस्तुओं को खींच कर अपने साथ रखती है और उन्हें 'अन्तरिक्ष' में गिरने नहीं देती। धरती की यह क्षमता उसकी भ्वाकर्षण-शक्ति के कारण है। 'साईंस' (आधुनिक विज्ञान) बताता है 'पृथ्वी' (धरती) स्वयं में एक चुम्बक है जिस कारण

उसके उत्तरी-सिरे को 'उत्तरी ध्रुव' तथा दक्षिणी-सिरे को 'दक्षिणी ध्रुव' कहते हैं।

वैदिक-विज्ञान एवं आधुनिक-विज्ञान भी यह बताता है कि 'विकुंचनरूप ऊर्जा' में अभिव्यास करने का गुण होता है। आकर्षण-ऊर्जा (चुम्बकत्व) भी विकुंचन है। अस्तु, वह पृथ्वी को अभिव्यास करती है। ऐसी स्थिति में 'आकर्षण-विकुंचन' ने पृथ्वी को अपनी केन्द्रस्थानीय सत्ता बनाकर स्थित कर रखा है। विदित हो कि 'विकुंचन' की व्याप्ति उस सत्ता की अपेक्षा विशाल होती है जिसे उसने अभिव्यास कर रखा है। अस्तु, पृथ्वी के गिर्द चतुर्विध अन्तरिक्ष में 'आकर्षण-विकुंचन' का विस्तार होता है। पृथ्वी को इस प्रकार अभिव्यास करने वाले 'आकर्षण-विकुंचन' को ही साईंस के अन्तर्गत 'भ्वाकर्षण-शक्ति' कहा जाता हैं।

अब प्रश्न उठता है कि 'धरती की संरचना' बनने के बाद 'आकर्षण-शक्ति' ने धरती को अभिव्यास किया या 'धरती की संरचना' ही 'आकर्षण-शक्ति' के अन्तर्गत हुई है। वैज्ञानिक आधार पर विचार करने से स्पष्ट होता है कि 'आकर्षण-शक्ति' की अभिव्यासि के अन्तर्गत ही 'धरती' की रचना हुई है। ध्यातव्य है कि 'चुम्बकत्व' ऊर्जा है और धरती पदार्थ। वैदिक-दर्शन के अनुसार ऊर्जा के जिन पाँच रूपान्तरण का विवरण पंच-महाभूतों के रूप में दिया गया है, उनमें से किसी 'एक' से पदार्थ अर्थात् 'भूत' या भौतिक-जगत की रचना नहीं हुई है, बल्कि इन 'पाँचों के पंचीकरण' के परिणामस्वरूप

इसकी रचना हुई है। अस्तु, यह समझना गलत होगा कि केवल 'चुम्बकत्व-ऊर्जा' से ही पदार्थ (या परमाणु) के संरचना हुई है।

यहाँ 'भ्वाकर्षण-शक्ति' (आकर्षण-ऊर्जा) की स्थिति पर विचार करें। आकर्षण-ऊर्जा ने 'धरती' को अभिव्यास कर रखा है। परन्तु, अभिव्यासि के गुण को 'गंध-तन्मात्रा' बताया गया है जबकि आकर्षण-शक्ति की मौलिक तन्मात्रा 'स्पर्श' है। इससे स्पष्ट होता है कि यहाँ **पंचीकरण** की प्रक्रिया हुई है जिसके कारण वात-महाभूत (आकर्षण-ऊर्जा) में गंध-तन्मात्रा भी आई है।

सातत्य (आपः)

वैदिक-दर्शन में तीन प्रकार के आपः हैं—ब्रह्म, सोम और भौतिक-जल-- ॐ या दिव्या आपः पयसा सम्बभूवु-- यां आन्तरिक्षा यत पार्थिवीर्याः।

इसमें बताया गया है कि स्वयं 'ब्रह्म' दिव्य 'आपः' है-- ॐ या दिव्या आपः पयसा। यहाँ 'पयसा' का अर्थ है दुग्ध की तरह परम-शुद्ध। निरपेक्ष होने के कारण यह सर्व शुद्ध 'आपः' है। अस्तु, **ब्रह्म** ही आपः का मूल स्वरूप है-- उसके ही विश्वव्यापी सातत्य को **आकाश** दिव्य-आपः है। उसे जब ऊर्जा के रूप में देखते हैं उसे ही वाक् कहते हैं। यह ध्वनि-ऊर्जा का ही निरपेक्ष-स्वरूप है। इसलिए, अनुभूति से परे है। इस श्लोक में जिसे अन्तरिक्ष का आप कहा गया है, उसे ही अन्यत्र 'सोम'

कहा गया है। विदित हो कि ध्वनि-विकुंचन के ही **'सोम'** कहा गया है।

स्मरण कराते चलें कि जिस सत्ता में 'सम-सम्यकता तथा सम-साम्यता' का गुण होते हैं वह 'आपः' है। इसी गुण के कारण ब्रह्म 'आपः' है।

इसी निरपेक्ष-आकाश में 'वाक्' (निरपेक्ष-ध्वनि) का रूपान्तरण 'वात' (अर्ध-निरपेक्ष ऊर्जा यानि आकर्षण-शक्ति) में रूपान्तरण होता है। यहाँ 'वाक्' को 'निरपेक्ष-विकुंचन' कहना वैज्ञानिक-दृष्टि से युक्तियुक्त होगा। इसी **आकाश-सातत्य** में 'वाक्' का रूपान्तरण 'अर्ध-निरपेक्ष विकुंचन' अर्थात् **वात** में होता है और अगले क्रम में 'अर्ध-निरपेक्ष विकुंचन' **वात** का रूपान्तरण ऊर्जा के सापेक्ष-स्वरूप 'अग्नि-महाभूत' अर्थात् सापेक्ष-विकुंचन में होता है।

ध्यातव्य है कि 'सापेक्ष-विकुंचन' ('अग्नि-महाभूत') महाभूत है। यह 'निरपेक्ष-विकुंचन' का सापेक्ष रूपान्तरण है। इसमें 'विकुंचन' के समंचन-प्रसारण का 'पार्श्व-विपरीत' (स्थान-बोध) भी 'सापेक्ष' हो चुका होता है और समंचन-प्रसारण में लगा 'समय' भी अर्थात् समंचन-प्रसारण की आवृत्ति-दर भी सापेक्ष हो चुका होता है—अनुभूति योग्य हो चुकी होती है। आधुनिक वैज्ञानिक उपकरणों से जिन ऊर्जा-विकुंचनों की पहचान हम कर पाते हैं, वे 'अग्नि-महाभूत' हैं। इनमें पहला है **'प्राण'** और दूसरा है **विद्युत-विकुंचन।** निरपेक्ष-विकुंचन (ब्रह्म) के सातत्य में निरपेक्ष-विकुंचनों को संख्याओं

में विभाजित नहीं किया जा सकता, लेकिन सापेक्ष-विकुंचनों को संख्याओं में विभाजित काया जा सकता है—यही निरपेक्ष और सापेक्ष का भेद है। अर्थात् ब्रह्म-सातत्य समष्टि रूप से और व्यष्टि रूप से भी स्वयं एक और इकाई है (पूर्णमदः पूर्णमिदं पूर्णात् पूर्णमुदच्यते) जबकि 'अग्नि-विकुंचनों' की संख्या अनेकानेक हैं।

ध्यातव्य है कि 'अग्नि-विकुंचनों' के दो प्रकार है—**प्राण-विकुंचन** और **विद्युत-विकुंचन**। 'विद्युत-विकुंचनों' अर्थात् विद्युत-शक्ति की दो अवस्था होती है—'सौम्य' और 'रुद्र'। इसके 'सौम्य-स्वरूप' को ही वैदिक-ग्रन्थों में **'सोम'** कहा गया है।

वैदिक-दर्शन बताता है कि विद्युत-शक्ति जब अपने 'विकुंचन-स्वरूप में होती है तो अत्यन्त सौम्य (अमृत के समान मृदुल और मधुर) होती है। विदित हो कि मृदुल और मधुर का तात्पर्य मीठा होना नहीं है। मृदुल का तात्पर्य स्पर्श में आनंददायक (संतोषप्रद) या मुलायम होना है। इसी प्रकार, मधुर का अर्थ 'मीठा' नहीं है, बल्कि स्वाद में आनंददायक (संतोषप्रद) होना है। इसी कारण इसे अमृत कहा गया है। इस गुण को भी 'रस' कहा गया है।

'विद्युत-विकुंचन' जब किसी घेराव के अन्तर्गत आ जाता है तो ज्यों-ज्यों घेराव-शक्ति बढ़ती जाती है उसके समंचन-प्रसारण की दर में वृद्धि होती जाती है। इस वृद्धि की एक सीमा होती है जिसके बाद इसका स्वरूप अत्यन्त उग्र हो जाता है। बादलों में 'विद्युत'

और 'ठनके' की स्थिति यही होती है। विद्युत-शक्ति के इस उग्र-स्वरूप को ही विद्युत कहा जाता है। स्पष्ट है कि ऋणात्मक और धनात्मक आवेश प्रकट करने वाली 'विद्युत-ऊर्जा' के ही दो रूप हैं--**सोम** और **विद्युत।**

इस **सोम** में सम-सम्यकता तथा सम-साम्यता का गुण (रस-तन्मात्रा) होती है, अस्तु **सोम** ही जल-महाभूत (चतुर्थ महाभूत) है। ध्यातव्य है कि अभी तक हम ब्रह्म-सातत्य (आकाश) को ही जान रहे थे (जो निरपेक्ष-सातत्य) है। इसी ब्रह्म-सातत्य के अन्तर्गत सापेक्ष-सातत्य के रूप प्रकट होता है जो **सोम-सातत्य** है। स्मरणीय है कि यह 'विकुंचनरूप' **विद्युत-ऊर्जा** का सातत्य है। इस तथ्य को **'विज्ञान के व्याकरण'** के महत्वपूर्ण सिद्धान्त के रूप में समझा जाना चाहिए।

जिसे पुराणादि ग्रन्थों पंच-महाभूतों का 'पंचीकरण' कहा गया है वह **'सोम-सातत्य'** ('विकुंचनरूप' **विद्युत-ऊर्जा** के सातत्य) के अन्तर्गत ही होता है। यही कारण है कि वेदों में 'ब्रह्म-सातत्य' तथा 'सोम-सातत्य' को अत्यधिक महत्ता दी गई है। ऋग्वेद में कहा गया है—'सोमेनादित्या बलना।'

यह 'सोम-सातत्य' लगभग 'ब्रह्म-सातत्य' जैसे कार्य करता है। जो 'आकर्षण-शक्ति' ब्रह्म-सातत्य में प्रकट होती थी, वह 'सोम-सातत्य' में भी प्रकट होती है, यही पंच-महाभूतों का पंचीकरण है। सोम-सातत्य की व्याप्ति को ही दृश्य-जगत कहते हैं। इसमें ही 'सूर्य-सरीखे' तारों और सितारे की उत्पत्ति होती है। श्रुतियों में

बताया गया है कि 'प्रकाश' एक प्रकार की वर्तुल-लहरी है जो 'सोम-सातत्य' में ही गमन कर सकती हैं। इस प्रकार, जहाँ तक प्रकाश गमन कर सकता है, वह सारा क्षेत्र 'सोम-सातत्य' अर्थात् आन्तरिक्षा है।

विदृत-विकुंचन और भौतिक-संरचना

[वैदिक-दर्शन (ज्ञान-विज्ञान) में वैज्ञानित कथ्यों में प्रधान बात यह है कि इसकी शैली प्रतीकात्मक है। भौतिक जगत में कई वस्तुएँ ऐसी हैं जिनके गुण दिव्य (अभौतिक-सत्ताओं) के गुणों के बहुत कुछ समरूप हैं। उदाहरण के लिए 'वायु' के लें। यह आँखों से दिखाई नहीं देता, शांत रहता है तो स्पर्श से किया जा सकता फिर भी इसका विस्तार बहुत दूर तक है और अनुभव योग्य है। यही स्थिति 'चुम्बकत्व-ऊर्जा' की है। उसमें 'आकर्षण' का एक फैलाव है जिसका अनुभव किया जा सकता है। अतएव, चुम्बकत्व-ऊर्जा को वात (वायु) 'शब्द' से बोधित किया गया है। इसी तरह 'अग्नि', 'जल' और 'क्षिति' (मिट्टी) की स्थिति है। पंच-महाभूत में लिए इन शब्दों का उपयोग किया गया है, परन्तु यह स्मृति में रखने वाली वास्तविकता है कि 'महाभूत' विशुद्ध रूप से 'ऊर्जा' है। इन्हें भौतिक-सत्ता समझ लेना भीषण भूल है। अतएव, वैदिक-विज्ञान में निहित 'प्रतीकात्मक' को समझना अनिवार्य है।]

कर्मकांड के इस मंत्र 'ॐ या दिव्या आपः पयसा सम्बभूवु--र्या आन्तरिक्षा यत पार्थिवीर्याः' का व्याख्या

करते हुए विवरण दिया जा चुका है कि 'आकाश' रूप से **ब्रह्म** (निरपेक्ष-सत्ता) का सातत्य सतत् है और 'आन्तरिक्षा' रूप से 'सोम' का सातत्य सतत् है। 'ब्रह्म' ऊर्जा का निरपेक्ष-स्वरूप है जबकि 'सोम' ऊर्जा का सापेक्ष-स्वरूप है। ध्यातव्य है कि 'विद्युत-विकुंचन' विद्युत-ऊर्जा का सौम्य-स्वरूप (विकुंचन) है, अस्तु इसे 'सोम' कहते हैं। **सोम** (विद्युयत-विकुंचनों) में 'सम-साम्यता और सम-सम्यकता' का गुण है, इसलिए इसे अन्तरिक्ष का आपः कहा जाता है। इसी सन्दर्भ में विवरण दिया गया है कि **सोम** की स्थिति ब्रह्म-विकुंचन (आकाश) की अभिव्यासि के अन्तर्गत है। इसी मंत्र में यह रहस्योद्घाटन किया गया है कि 'भौतिक-जल' की उत्पत्ति तथा स्थिति **सोम** अर्थात् विद्युत-विकुंचन की अभिव्यासि के अन्तर्गत होती है। तात्पर्य यह है कि 'जल' की स्थिति 'विद्युत-विकुंचन' की केन्द्र-स्थानीय 'सत्ता' के रूप में है। सोम (विद्युत-विकुंचन) की अभिव्यासि के अन्तर्गत होने के कारण ही 'जल' में सम-सम्यकता और सम-साम्यता का गुण है।

आधुनिक विज्ञान (साईंस) प्रमाणित करता है कि 'जल' दो प्रकार के गैसीय 'तत्त्वों' -- हाईड्रोजन और आक्सीजन से बना है। जल के इकाई कण में हाईड्रोजन और आक्सीजन के दो-दो 'अणुओं' का समायोजन होता है ($2H_2O$)। प्रश्न है कि 'जल' की 'रचना' किस स्थिति में उत्पन्न होती है? इसका उत्तर हमें तब मिलता है जब 'जल' का विद्युत-विश्लेषण किया जाता है। प्रयोगशाला

में पाया गया है कि यहाँ 'जल' से हाईड्रोजन और आक्सीजन गैसें मुक्त होती हैं साथ ही विद्युत का धन और ऋण आवेश भी मुक्त होता है। अस्तु, 'जल' की रचना में इन दो गैसों के अतिरिक्त विद्युत-शक्ति का भी स्थिति रहती है।

विदित हो कि 'विद्युत-शक्ति' ऊर्जा है, इसलिए इसका भी 'विकुंचन' रूप अवश्य है। विकुंचन के स्वरूप को परिभाषित करते हुए वैदिक-ग्रन्थों में कहा गया है— अन्तश्चरति रोचनास्य प्राणदपानती (शतपथ)। ध्यातव्य है कि 'विद्युत-विकुंचन' में धन-आवेश और ऋण-आवेश ही अवयवी प्राण-अपान हैं। हम जानते हैं कि 'विकुंचन' की प्रवृत्ति 'वस्तु' को अभिव्यास करने की होती है। इससे ज्ञात होता है कि 'जल-कण' की उत्पत्ति विद्युत-विकुंचन की अभिव्यासि के अन्तर्गत ही होती है—यही विज्ञान है जो 'विज्ञान के व्याकरण' के अनुरूप है।

'साईंस' के ज्ञान के अनुसार यही वैज्ञानिक वास्तविकता है लेकिन साथ ही एक यक्ष-प्रश्न खड़ा हो जाता है कि विद्युत तो करेन्ट मारने वाली शक्ति है। तब तो जल-कण भी विद्युत-आवेशित होना चाहिए था, जब कि प्रकृति में ऐसा स्थिति नहीं होती। इसका उत्तर वैदिक-दर्शन देता है कि 'विद्युत-विकुंचन' मूलतः 'सौम्य' होती है (क्योंकि उसके दोनों 'आवेश' अन्तश्चरण करते होते हैं)। इस सौम्यता के कारण ही 'विद्युत-विकुंचन' को 'सोम' की संज्ञा दी गई है। बृहज्जावालोपनिषद् के ब्राह्मण २ के पहले श्लोक में कहा गया है—

सोम शक्त्यमृतमयः शक्तिकरी तनूः।

अमृतं यतप्रतिष्ठा सा तेजोविद्याकला स्वयम्।

स्थूलसूक्ष्मेषु भूतेषु स एव रसतेजसि।।१।।

सोम अमृतमयी शक्ति है (शक्त्यमृतमयः)। यहाँ स्पष्ट किया गया है कि 'सोम' शक्ति अर्थात् ऊर्जा (विकुंचन) है। यह भी बताया गया है कि 'वह ब्रह्म नहीं है' [क्योंकि 'ब्रह्म' परम है, वह नहीं], अस्तु उसे अमृतमय कहा गया है (अमृतमयः) कहा गया है। यह स्वभाव से शक्तिप्रदायी है (शक्तिकरी तनूः)। ग्रन्थों में देवताओं के लिए जिसे अमृत कहकर प्रतिष्ठा मिली है, वह 'सोम' ही है (अमृतं यतप्रतिष्ठा)। वही तेज, विद्या और काल रूप में व्यक्त होती है। वह स्थूल और सूक्ष्म सभी पदार्थों में (स्थूलसूक्ष्मेषु भूतेषु स) वह 'रस' और 'तेज' रूप से अन्तर्निहित है। यह तेज और रस आदि क्यों है, इसकी व्याख्या अगले श्लोक में मिलती है।

'रस' में दो अर्थ एक साथ अन्तर्निहित है—(१) मृदुलता (कल्याण) और (२) सम-साम्यता (सर्वत्र एक समान फैलना)। इस सम-सम्यकता में माधुर्य (कल्याण) की पर्याप्त मात्रा में समाहित रहना ही 'रस-गुण' है। [मिठाई बनाने के लिए शक्कर (चीनी) को पानी में मिलाया जाता है, परन्तु इतने से ही रस नहीं बन जाता। इस मिश्रण को मनोवांछित 'तार' देने के लिए खौलाया जाता है। यहाँ मिठास को इस स्थिति में लाया जाता है कि किसी भी हालत में जल और मिठास एक दूसरे से

अलग न हो पाएँ-अभिन्न हो जाए। मिठास को अलग न किया जा सके।] अर्थात, 'रस' वह आस्तित्व है जिसके सम-सम्यक विस्तार में उसकी 'मात्रा' के साथ-साथ 'कल्याणत्व' भी समानरूप से स्थित रहे। यही 'गुण' (कल्याण और सम-सम्यकता) 'सोम' में है, अतएव उसे 'अमृत' कहा गया है--(अमृतमयः)।

ध्यातव्य है कि श्रुतियों में ब्रह्म को भी 'रस' कहा गया है—रसो वै सः। विदित हो कि 'ब्रह्म' समय और स्थान से परे है, इसलिए वह विश्वव्यापी रूप से विस्तृत (सतत्) है। उसका विस्तार भी 'सम-सम्यक' है, अतएव उसे भी आपः (दिव्य-आपः) कहा जाता है। परन्तु, वह भी 'रस' है, अर्थात् उसके सम-सम्यक विस्तार का 'हर इकाई' कल्याणकारी भी है। 'ब्रह्म' वह परम (निरपेक्ष) है अर्थात् वह 'रस' रूप में भी 'परम' है, लेकिन 'सोम' परम नहीं है। अस्तु, उसे 'अमृत-तुल्य' (अमृतमयः) कहा गया है। पुनः, ब्रह्म का विस्तार (सातत्य) अनन्त है, जिसे 'आकाश' कहा जाता है। परन्तु, 'सोम' के सातत्य का विस्तार ब्रह्म-सातत्य के विस्तार से कम है (निरपेक्ष नहीं है), इसलिए उसके विस्तार को 'आन्तरिक्षा' कहते हैं—'सम्बभूवुर्या आन्तरिक्षा' (कर्मकांड)।

ध्यातव्य है कि 'ब्रह्म' में भी 'सम-सम्यकता तथा सम-साम्यता' है, इसलिए 'ब्रह्म' स्वयं आपः (दिव्य-आपः) है। इस श्लोक में स्पष्ट कहा गया है कि दिव्य-आपः (ब्रह्म) में अभिव्यास करने की क्षमता और प्रवृत्ति होती है और मूलतः **ब्रह्म** में ही 'सम-सम्यकता तथा

सम-साम्यता' की क्षमता है, उसकी अभिव्यासि में आने के कारण उस पर आधारित होने के कारण यह 'क्षमता' विद्युत-विकंचन (सोम) में भी आ गई है। इसी स्थिति को इस श्लोक में 'सम्बभूवुर्या' कह कर व्यक्त किया गया है। यही स्थिति 'भौतिक-जल' की है (जो पंचीकरण के अन्तर्गत आता है)। यहाँ भौतिक-जल की उत्पत्ति विद्युत-विकुंचन के अन्तर्गत होती है, इसलिए इसकी अभिव्यासि के अन्तर्गत आने के कारण भौतिक-जल में भी 'सम-सम्यकता तथा सम-सम्यकता' का गुण प्रकट है।

'सोम' की व्याख्या करते हुए बृहज्जावालोपनिषद् पुराण में स्पष्ट बताया गया है कि 'विद्युत' उसी 'विद्युत-ऊर्जा' का तेजस (रौद्र) स्वरूप है और 'सोम' उसका रस-गुणात्मक (सौम्य) स्वरूप है—

वैद्युदादिमयं तेजो मधुरादिमयो रसः।

(बृहज्जावालोपनिषद्, ब्राह्मण २)

'विकुंचन' के इस नये स्वरूप का बोध 'आकर्षण-शक्ति' (चुम्बकत्व) के रूप में होता है। इस विकुंचन को वात-महाभूत (वायु-महाभूत) कहा गया है। यह आकर्षण रूप में अपने स्पर्श अर्थात् विस्तार को प्रकट करता है।

यहाँ स्मरणीय है कि 'ब्रह्म' स्वयं एक विकुंचन है, परन्तु उसका पार्श्व-विस्तार 'अनन्त' है, इसलिए 'ब्रह्म' एक सातत्य भी है जिसे पूर्वोक्त श्लोक में दिव्य-आपः

कहा गया है-- ॐ या दिव्या आपः। इसी सातत्य में 'वात-विकुंचन' (चुम्बकत्व-विकुचन) की रचना हुई है।

अब इसे ऐसे समझते हैं कि 'विकुंचन' की वृत्ति है किसी वस्तु या सत्ता को अभिव्यास करना। 'ब्रह्म' स्वयं विकुंचन है, इसलिए वह भी सृष्ट-सत्ता वात-विकुंचन (चुम्बकत्व-विकुंचन) के अभिव्यास करता है। अर्थात् 'चुम्बकत्व-विकुंचन' की स्थिति 'ब्रह्म' के अन्तर्गत है। इसी तरह, पाँचों-महाभूत क्रम से अपने पूर्ववर्ती महाभूत के अन्तर्गत हैं। [यदि प्रश्न किया जाए कि किसी विकुंचन के भीतर कोई रचना कैसे हो सकती है तो धरती का उदाहरण उपस्थित है। हमारी धरती को 'आकर्षण-विकुंचन' ने अभिव्यास कर रखा है—इसे ही भ्वाकर्षण-शक्ति कहते हैं। इस धारती पर भी कई प्रकार की सृष्टि है।]

अब, 'वात-महाभूत' की अभिव्यासि के अन्तर्गत तीसरे महाभूत अर्थात् **'अग्नि-महाभूत'** की रचना होती है। यह 'ऊर्जा-विकुंचन' का वह स्वरूप है जो ऊर्जा का 'सापेक्ष-स्वरूप' है। तात्पर्य यह कि 'विकुंचन' का पार्श्व-विस्तार (स्थान-गुणक) और आवृत्ति-दर (समय-गुणक), दोनों ही सापेक्ष हो चुके हैं। इन अग्नि-विकुंचनों के दो स्वरूप होते हैं--'प्राण' और विद्युत। दोनों एक ही हैं, परन्तु स्थान और गुण भेद के कारण परस्पर भिन्न प्रतीत होते हैं। भौतिक-जगत में **जीव-केश** में जो 'प्राणात्मक-स्पन्दन' पाये जाते हैं, वही प्राणरूप 'अग्नि-महाभूत' है।

'साईंस' प्रमाणित कर चुका है कि 'जल' के **अणु** की संरचना विद्युत-विकुंचनों की केन्द्र-स्थानीय सत्ता के रूप में होती है। विदित हो कि 'जल' के विद्युत-विश्लेषण से 'विद्युत-ऊर्जा' के धनात्मक एवं ऋणात्मक **आवेशों** के मुक्त होने का प्रमाण मिलता है। यह विद्युत-विकुंचन (जिसकी अभिव्यासि के अन्तर्गत 'जल' की रचना होती है) 'अग्नि-महाभूत' का ही दूसरा स्वरूप है।

इन 'विद्युत-विकुंचनों' में सम-सम्यकता तथा सम-साम्यता के गुण के विकास को ही 'रस-तन्मात्रा कहा गया है। इस तन्मात्रा के कारण अब 'विद्युत-विकुंचनों' को ही **'सोम'** कहा जाता है। ध्यातव्य है कि 'विद्युत-विकंचन' इस विद्युत-ऊर्जा का सौम्य-रूप है, इसलिए इसे **'सोम'** कहा गया है। यह ऊर्जा जब विकुंचन-स्वरूप का त्याग करके आवेशों के रूप में विभक्त हो जाती है तो इस स्वरूप को उसका **रौद्र-रूप** या **अग्नि** कहते हैं। इस आधार पर श्रुतियों में कहा गया है—'अग्निषोमात्मकं जगत' (बृहज्जावालोपनिषद्)। अर्थात् यह दृश्य-जगत विद्युत शक्ति के सौम्य-स्वरूप **सोम** और विद्युतशक्ति के रौद्र-रूप **अग्नि** से बना है।

विदित हो कि **'सोम'** (विद्युत-शक्ति का विकुंचन-स्वरूप) ही 'जल-महाभूत' संज्ञक चतुर्थ- महाभूत है जिसकी प्रधान 'तन्मात्र' है--'रस'। सातत्य की दृष्टि से 'पहला सातत्य' **ब्रह्म** (निरपेक्ष-सत्ता) का है और क्रम से 'दूसरा सातत्य' **सोम** (विद्युत-विकुंचन) का है। ब्रह्म-सातत्य को **आकाश** और सोम-सातत्य को **आन्तरिक्ष**

कहते हैं-- ॐ या दिव्या आपः पयसा सम्बभूवुर्या आन्तरिक्षा यत पार्थिवीर्याः (कर्मकाण्ड)।

इस श्लोक में बताया गया है कि ब्रह्म-विकुंचन (वाक्) की अभिव्यासि के अन्तर्गत होने के कारण ही 'सोम' में आपः का गण है तथा सोम की अभिव्यासि में होने के कारण भौतिक-जल में आपः का गण है।

ध्यातव्य है कि आकाश-सातत्य (ब्रह्म-सातत्य) में ही 'सोम-सातत्य' (आन्तरिक्षा) की स्थिति है। इसी 'सोम-सातत्य' में 'ऊर्जा' पंचम-महाभूत (क्षिति) का स्वरूप धारण करती है जिसकी तन्मात्रा को **गंध** कहा गया है। किसी सत्ता को अपनी अभिव्यासि में रखना ही गन्ध-तन्मात्र है।

अब, पंचीकरण का आरम्भ वात-महाभूत (आकर्षण-ऊर्जा) में **गन्ध-तन्मात्रा** की जागृति से होता है।

हमारा ब्रह्मांड--संक्षिप्त विवरण

हमारी पृथ्वी, सूर्य, चन्द्र, नक्षत्र, और सूर्योद्भूत ग्रह, स्वर्ग और पाताल इत्यादि इसी **'ब्रह्मांड'** में स्थित हैं।

सात (इनमें सूर्य से सभी परिचित हैं। साईंस बताता है कि 'सूर्य' से एक संरचना बहिष्कृत हुई। इस सूर्योद्भूत-संरचना से ही पृथ्वी एवं अन्यान्य ग्रहों की संरचना बनी। साईंस के अनुसार चन्द्रमा की उत्पत्ति पृथ्वी से हुई है, इसलिए चन्द्रमा को उपग्रह कहा जाता है। इनके अतिरिक्त नक्षत्र के नाम से सत्ताईस तारें

का एक 'तारा-मंडल' है। इस नक्षत्र-मंडल का विवरण भारतीय-.... में मिलता है। हैं जो

विदित हो कि जिसका नाम ही **ब्रह्मांड** है वह निश्चित रूपसे आकृति में 'अंडाकार' है। इसका प्रमुख रहस्य यह है कि यह वात-महाभूत का ही अति-विराट संरचना है अर्थात् आकर्षण-ऊर्जा से निर्मित है। अस्तु, इसके भी दो ध्रुवीय सिरे हैं। उत्तरी-सिरे को **'शिशुमार-चक्र'** की संज्ञा मिली है। गिरगिट या गोधे के आकार का होने के कारण इसे 'शिशुमार' कहा गया है। इस आकृति का यह प्रसिद्ध तारामंडल है। दक्षिणी-सिरे 'ब्रह्मांड' का **शेष** है तथा यह ब्रह्मांड-स्वरूप वात-महाभूत (आकर्षण-विकुंचन) का भी **शेष** है, इसलिए इसे **'शेष'** कहते हैं। यह भी एक प्रकार का 'तारामंडल' है जिसकी आकृति 'असंख्य फणों वाले' नाग-सी है, इसलिए इसे **शेषनाग** कहते हैं। ऐसा प्रतीत है मानों अपने फणों से ही सम्पूर्ण ब्रह्मांड को उठा रखा है।

ब्रह्मांड का शीर्ष (शिशुमार) तथा उसका 'अंतिम-सिरा' दोनों ब्रह्मांडरूप 'आकर्षण-ऊर्जा' के ही दो ध्रुव हैं, अतः इन दोनों पर विराट आकर्षण-ऊर्जा की ध्रुवीय-शक्तियाँ प्रकट रहती हैं। ये दोनों ध्रुव तारामय-स्वरूप में हैं। इन दोनों ही तारामंडलों (शिशुमार तथा शेषनाग) को ईश्वर-स्वरूप माना गया है। ये दोनों ही भगवान विष्णु के ही दो स्वरूप हैं।

यहाँ वैदिक-अध्यात्म के प्रधान और प्रमुख रहस्य का अनावरण होता है। इस रहस्य का सीधा सम्बन्ध

319

विज्ञान से है। ध्यातव्य है कि **ऊर्जा** के ही निरपेक्ष-स्वरूप को **ब्रह्म** कहते हैं। वह 'निरपेक्ष' है, इसलिए अनुभूतियों से परे है, अतः उसे **निराकार-ब्रह्म'** कहा जाएगा। ऊर्जा का अगला स्वरूप अर्ध-निरपेक्ष है। **आकर्षण-ऊर्जा (वात)** ही 'अर्ध-निरपेक्ष **ऊर्जा**' है। इस स्वरूप को **साकार-ब्रह्म** कहा जाता है। 'क्षर-ब्रह्म' के सन्दर्भ में हम उल्लेख कर चुके हैं कि यह परिच्छिन्न होने के कारण स्थान गुणक के अन्तर्गत आ जाता है जिस कारण इसे **'अर्ध-निरपेक्ष'** कहा गया है। यही **आकर्षण-ऊर्जा** का स्वरूप है जो वैदिक-इतिहास में **क्षर-ब्रह्म** के रूप में प्रकट हुआ है। परिच्छिन्न होने के कारण इसे **पुरुष** भी कहा जाता है। शतपथ ब्राह्मण में स्पष्ट किया गया है—**पुरुषो वै प्रजापतेर्नेदिष्ठम्** । यही भावना ऋग्वेद (१०/१३०) में व्यक्त की गई है। यहाँ **पर-ब्रह्म** (निराकार-ब्रह्म) को ही 'प्रजापति' कहा गया है और **साकार-ब्रह्म** (आकर्षण-ऊर्जा) को ही **पुरुष** अर्थात **विष्णु** कहा गया है।

शिशुमार-चक्र

हम जिस 'ब्रह्मांड' में रहते हैं, उसके उत्तरी-ध्रुव (सिरे) को 'शीर्ष' कहा गया है। यह प्रकट में एक प्रकार का 'तारामंडल' है 'तारों की संख्या' गिनने की प्राविधि वैदिक-ऋषियों के पास भी नहीं थी, इसलिए केवल तारामंडल की आकृति का विवरण दिया गया है। इस तारामंडल की 'आकृति' 'गिरगिट' या 'गोधे' की तरह है। अस्तु, इसे 'शिशुमार-चक्र' कहा गया है। इस तारामंडल

के पुच्छ-स्थानीय 'तारे' को ही **'ध्रुव'** के नाम से हम सभी जानते-मानते है। इसे रात्रि में नग्न-आँखों से भी देखा जा सकता है।

विष्णुपुराण के दूसरे अंश के नवम् अध्याय में बताया गया है-

तारामयं भगवानः शिशुमाराकृति प्रभोः।

दिवि रूपं हरेर्यन्तु तस्य पुच्छे स्थितो ध्रुवः।।

(विष्णुपुराण, २/९/१)।

यहाँ बताया गया है कि भगवान विष्णु का ही तारामय स्वरूप (तारामयं भगवानः) तारमंडल रूप में जो शिशुमाराकृति का है (शिशुमाराकृति), जो दिखाई देता है (दिवि रूपं)। वह श्री हरि का ही स्वरूप है (हरेर्यन्तु)। ध्रुव इसी का पुच्छ-स्थानीय तारा है (तस्य पुच्छे स्थितो ध्रुवः)।

[यहाँ यह जोड़ना आवश्यक है कि यह विवरण नंगी आँखों से भी देखा जा सकता है, दूरबीन से तो स्पष्ट दिखाई देता है, फिर अनेकानेक अज्ञानी और दुराग्रही हैं जो इन पौराणिक विवरणों को 'मिथक' की संज्ञा देते हैं और स्वयं को साईंस के ज्ञाता समझते हैं।] आधुनिक ज्ञाता और साईंसविद इन तारामंडलों तथा ध्रुव तारा को निष्क्रिय मानते हैं और बताते हैं कि इनका चुम्बकीय प्रभाव धरती तक नहीं पहुँचता। यह भी उनका अज्ञान है।

ध्यातव्य है कि हमने विवरणों में बताया है कि सम्पूर्ण ब्रह्मांड स्वयं ही विराट आकर्षण-विकुंचन है। साईंस का ज्ञान भी स्पष्ट करता है कि ऐसे 'आकर्षण-विकुंचन' के ध्रुवीय सिरों पर ही चुम्बकत्व-शक्ति का प्रभाव रहता है, बीच भाग पर चुम्बकीय-शक्ति न्यूट्रल होती जाती है। ऐसे न्यूट्रल-विस्तार में ही भौतिक प्राणियों एवं सत्ताओं की स्थितियाँ प्रकट होती हैं। न्यूट्रल स्थानों के दोनों दिशाओं में जैसे-जैसे आगे बढ़ते हैं, आकर्षण-शक्ति का प्रभाव बढ़ता जाता है। इन स्थानों पर जो जीवन-व्यवस्था है वह पार्थिव जीवन-व्यवस्था से भिन्न है, इसलिए यहाँ के प्राणी और उनके शरीर की अवस्था में भौतिकता कमतर होती जाती है और दिव्यता बढ़ती जाती है। इसलिए, इन्हें मानवेतर प्राणियों के रूप में जाना जाता है। इन्हीं में से देवता-असुर एवं अन्यान्य का उल्लेख मिलता है।

ब्रह्मांड के सम्बन्ध विवरण को बढ़ाते हुए आगे कहा गया है--

सैष भ्रमति भ्रामयति चन्द्रादित्यादिकान् ग्रहान्।

भ्रामन्तमनु   तं यान्ति नक्षत्राणि   च चक्रवत्।।(विष्णुपुराण, २/९/२)

इस श्लोक में संकेत दिया गया है कि सम्पूर्ण शिशुमार-चक्र संज्ञक यह 'तारामंडल' स्वयं पूर्णतः स्थिर है, केवल इसका पुच्छ-स्थानीय तारा अर्थात् 'ध्रुव' अकेला ऐसा तारा है जो स्वयं अपने ही स्थान पर चक्र की भाँति

घूमता रहता है (सैष भ्रमति) और सूर्य-चन्द्रमा आदि ग्रहों को घुमाता रहता है (भ्रामयति चन्द्रादित्यादिकान् ग्रहान्)। [विदित हो कि भारतीय खगोल-विद्या में सूर्य एवं अन्य सूर्योद्भूत पिण्डों को ग्रह का संज्ञा दी गई है। तारा एवं तारामंडलों की भी चर्चा है। 'शिशुमार-चक्र' तथा 'शेषनाग' भी तारमंडल ही हैं। इसी प्रकार, ससऋषि-मंडल भी तारामंडल हैं और सत्ताईस तारों के मंडल को भी नक्षत्र-मंडल कहा गया है।] इसी श्लोक में आगे बताया गया है कि इन २७ नक्षत्रों को भी यही ध्रुव अपने आकर्षण-बल से घुमाता रहता है (भ्रामन्तमनु तं यान्ति नक्षत्राणि च चक्रवत्)। अर्थात्, यही ध्रुव २७ नक्षत्र-स्वरूप तारा मंडल को भी अपने आकर्षण-शक्ति के बल से घुमाता रहता है। [ध्रुव की परिक्रमा करने वाले सात तारों वाला तारामंडल, ससर्षि के परिक्रमा का कारण भी ध्रुव की आकर्षण-शक्ति ही है।] इस तथ्य का विशेष विवरण अगले ही श्लोक में किया गया है--

सूर्याचन्द्रमसौ तारा नक्षत्राणि ग्रहैः सह।

वातानीकमयैर्बन्धैर्ध्रुवे बद्धानि तानि वै।।

(विष्णुपुराण, २/९/३)

इस श्लोक की व्याख्या के पूर्व यह स्मरण करा दें कि बारम्बार विवरण दिया गया है कि आकर्षण-ऊर्जा को ही वात-महाभूत कहा गया है। अस्तु, इस श्लोक में आकर्षण-शक्ति के लिए **वात** शब्द का ही उपयोग किया गया है। इस श्लोक में कहा गया है कि सूर्य चन्द्रमा

आदि सभी तारा, नक्षत्र (तारामंडल) तथा ग्रह आदि (सूर्याचन्द्रमसौ तारा नक्षत्राणि ग्रहैः सह) आदि सभी **ध्रुव** की वात-शक्ति (आकर्षण-शक्ति) से बंधे हुए हैं (वातानीकमयैर्बन्धैर्ध्रुवे बद्धानि तानि वै)।

इन विवरणों से स्पष्ट हो जाता है कि 'ब्रह्म' स्वयं प्रथम महाभूत अर्थात् **वाक्-महाभूत** (आकाश) है। 'ब्रह्म' की पराशक्ति (माया) के कारण उसका ही एक 'परिमाण' **(क्षर-ब्रह्म)** पर-ब्रह्म से ही चतुर्विध घिर **अक्षर-ब्रह्म** (पर-ब्रह्म) से घिर जाता है और **क्षर-ब्रह्म** कहलाता है। ध्यातव्य है कि **क्षर-ब्रह्म** में ही सम्पूर्ण सृष्टि समाहित है। इसके अन्तर्गत अनेकानेक ब्रह्मांडों की रचना होती है और हर ब्रह्मांड उसी **क्षर-ब्रह्म** की 'छोटी-छोटी' समरूप-प्रतियाँ हैं।

इसका तात्पर्य है कि ईश्वरीय-सत्ताएँ पहले अपने स्वरूप-सत्ताओं को उत्पन्न करती हैं, यही वैदिक-दर्शन का कथ्य भी है। इस तरह, **क्षर-ब्रह्म** के अन्तर्गत उसके ही समरूप सत्ताएँ 'ब्रह्मांडों' के अन्तर्गत उत्पन्न होती हैं। इनमें से प्रत्येक को **'पुरुष'** कहा जाता है, क्योंकि वे चतुर्विक 'माया' (ब्रह्म के घेराव-बल) [**पराशक्ति**] से घिरे होते हैं। विदित हो कि 'पुरुष' को ही **विष्णु** कहा गया है। अब, इन 'ब्रह्मांडों' में से हरेक के गर्भ (बीचों-बीच केन्द्र-स्थान पर) जो 'तारा' बनता है, उसे ही 'सूर्य' (आदित्य) कहा जाता है। इससे ही अन्यान्य ग्रहों का निर्माण होता है।

इस प्रकार, 'वाक्-ऊर्जा' (ध्वनि) ही **ब्रह्म** है, क्योंकि यह निरपेक्ष है, 'वात-ऊर्जा' (आकर्षण-शक्ति) **पुरुष** अर्थात् **विष्णु** है, क्योंकि वह अर्ध-निरपेक्ष है।

वैदिक-परम्परा और मिथकवाद का दंश

ध्यातव्य है कि आधुनिक-युग के वैज्ञानिक-परम्परा वाली पाश्चात्य-सभ्यता के यूरोप में विज्ञान का अविर्भाव १५वीं-१६वीं सदी में हुआ था जबकि में ३००० BC पूर्व भी भारतवर्ष विज्ञान सम्पन्न देश था। ध्यातव्य है कि भारत की 'सैंधव-सभ्यता' (सिन्धु-घाटी सभ्यता) भी एक प्रमाणित सभ्यता है जिसका काल आज से पाँच हजार वर्ष पुराना प्रमाणित हो चुका है। उस सभ्यता में '१६' के अंक की विशेष महत्व था। 'सोलह' आने का एक रुपया होता था। चार 'पैसे' का एक 'आना', चार 'आने' की एक 'चवन्नी' और चार 'चवन्नी' का एक रुपया होता था। ध्यातव्य है कि 'चार' और 'सोलह' समान गुणकों के अन्तर्गत आते हैं। इसी प्रकार चालीस 'सेर' का एक 'मन' होता था। यह नाप-तौल और रकम की यह गणना-पद्धति भारतवर्ष में १९५४-५८ ईस्वी तक लागू थी। यह पाँच हजार वर्ष पुरानी नाप-तौल एवं रकम की गणना-प्रणाली थी जो लगातार जारी थी।

तनिक विचार करें कि 'नाप-तौल एवं रकम की गणना-प्रणाली' कहाँ से आई और इसका आधार क्या था! ऐतिहासिक प्रमाण है कि यह प्रणाली 'सैन्धव-सभ्यता' से परम्परागत रूप से आई थी। इसके आधार

भगवान श्रीकृष्ण से जुड़ता है। वे भगवान विष्णु के अंशावतार थे और उन्हें 'सोलहों' कला से पूर्ण माना जाता है। विदित हो कि श्रीकृष्ण चन्द्रवंशी-कुल के थे। चन्द्रमा की भी १६ कलाएँ मानी जाती हैं। इसकारण, १६ के 'अंक' को प्रधानता मिली थी। माप-तौल एवं सिक्का में इसी अंक की प्रधानता थी। सैन्धव-सभ्यता का काल भी पाँच हजार वर्ष पुराना है और भगवान श्रीकृष्ण का काल भी उतना ही पुराना है। इसलिए, शेष भारतीयों की तरह सैन्धव-सभ्यता के लोग भी इसका ही अनुसरण करते थे। भगवान श्रीकृष्ण ने 'द्वारका पुरी' को अपनी राजधानी बनाकर नगरी-सभ्यता का विस्तार किया था। इसलिए, उन्हें 'गिरधर-नागर' भी कहा जाता है। ध्यातव्य है कि सैन्धव-सभ्यता भी नगरी-सभ्यता थी। इसलिए, इस सभ्यता का कोई न कोई सम्बन्ध अवश्य ही जुड़ता है। अस्तु, भारतीय ज्ञान-विज्ञान और परम्पराओं का इतिहास पुराना है जो सिक्कों की पाँच हजार वर्ष पुरानी परम्पराओं से भी प्रत्यक्ष होता है।

भगवद्गीता से ज्ञात होता कि 'विज्ञान' एक प्राचीन विषय है। फिर भी, कुछ पाश्चात्यवादी इतिहासकार यह थोपना चाहते हैं कि वैदिक-संस्कृति मूलतः ग्रामीण-संस्कृति थी। विदित हो कि भारतीय संस्कृति आज भी 'कृषि' और 'पशु-पालन' पर आधारित है। यह व्यवस्था 'शीत-घाम-वर्ष' जैसे परस्पर विरोधी मौसम से जूझने को प्रवृत करती है। परिणाम यह है कि ग्रामीण परिवेश के ही अधिकांश लोग 'सेना' तथा 'पुलिस' विभाग में

अधिक जाते हैं। पहले भी राजधानियाँ होती थीं और आज भी होती हैं। इतिहास को पलटें तो पता चलेगा कि 'सिद्ध-सन्यासियों' की कर्म-स्थलियाँ नगर-व्यवस्था से सदैव बहुत दूर रहा करते थे। इसी कारण शिक्षण-व्यवस्था भी कभी नगर-आधारित न होकर ग्रामीणों और वनवासियों द्वारा संचालित हुआ करती थीं। इसका स्पष्ट कारण यह है कि शिक्षा, साधना और सिद्धियों के लिए उचित वातावरण, शान्ति, निश्छल जीवन-पद्धति ग्रामों और वनों के अतिरिक्त और कहाँ मिल सकती है?

जब हम श्रीकृष्ण की भगवद्गीता का अध्ययन करते हैं तो पाते हैं कि श्रीकृष्ण के काल विज्ञान का विषय प्रमुखता के साथ प्रचलित था। उनका काल आज से लगभग 23 हजार वर्ष प्राचीन माना गया है। उनकी राजधानी 'द्वारका' आज भी स्थित है और निकट ही समुद्र में इस राजधानी का शेष भाग भी प्रमाणित रूप से पाया गया है। अंग्रेजों के शासन-काल में ही प्राचीन सिन्धुघाटी-सभ्यता के पुरातात्विक प्रमाण 'मोहल-जो-दड़ों' में मिले हैं। यह लगभग पाँच हजार वर्ष पुराना है। 'मोहल-जो-दड़ों' की नगर-व्यवस्था, मूर्ति-निर्माण आदि में वैज्ञानिकता का प्रत्यक्ष प्रमाण मिलता है। आप सहज सोच सकते हैं कि तत्कालीन वैज्ञानिक-कृतियों का निर्माण में 'गणित' और 'तंत्र-संयंत्र' का उपयोग किया होगा न कि मंत्र-शक्ति से नगरों की उत्पत्ति की गई होगी। इनकी जीवन-शैली, साज-सज्जा आदि सबकुछ में वैज्ञानित-ज्ञान का प्रभाव मिलता है। बाद के कालों में

अशोक-स्तंभ और मौर्य-कालीन राजमहलों के अवशेष भी मिले हैं जिनका निर्माण वैज्ञानिक-जानकारी के अभाव में असम्भव है। भारतीय 'अंकगणित' कालगणना की पद्धति आदि सभी वैज्ञानिकता के प्राचीन ज्ञान का प्रमाण देते हैं। इसी वैज्ञानिकता का प्रभाव यह था कि अंग्रेजी में जिसे 'ज्योग्राफी' कहते हैं उसे भारतीय भाषाओं में 'भूगोल' कहा जाता है। स्पष्ट है कि पृथ्वी की आकृति का वैज्ञानिक ज्ञान भारतीय जनमानस में हजारों वर्ष पूर्व से रहा था।

इन सबके बावजूद, भारतीय ज्ञान-परम्परा की आलोचना करते हुए पाश्चात्यवादी विद्वान बताते हैं कि भारतीय 'विज्ञान' अन्तःनिरीक्षणात्मक है, इसलिए 'निष्कर्ष' को केवल प्रयोगकर्ता ही जानता है। उसने 'सच' कहा यह 'झूठ', इसका न तो कोई गवाह होता है और न कोई प्रमाण ही। इसके ठीक विपरीत, आधुनिक विज्ञान 'वाह्य-निरीक्षणात्मक' है, इसलिए इसके प्रयोगों में जो कुछ हो रहा है, उसे प्रयोगकर्ता के अतिरिक्त दूसरे भी देख पाते हैं। ऐसा इसलिए सम्भव है कि सारी प्रक्रिया कृत्रिम यंत्र-संयंत्र और उपकरणों के अन्तर्गत होती है।

भारतीय वैज्ञानिकता को अन्तःनिरीक्षणात्मक बताने के उनके कथन की मीमांसा करें। सभी जानते हैं कि 'योग' और 'मन्त्र' वास्तव में अन्तःनिरीक्षणात्मक हैं। प्रश्न यह है कि भारतीय ऋषियों का वैज्ञानिक प्रयोग और अनुसन्धान सिर्फ 'योग' और 'मन्त्र' तक

ही सीमित था? विदित हो कि भारतीय पद्धति में 'तंत्र' और 'यंत्र' का भी समावेश था। उपकरण और संयंत्र जैसे शब्द पूर्वकाल से प्रसिद्ध हैं। 'यज्ञ' की प्रक्रियाओं में इनका समावेश पहले भी होता था और आज भी होता है। निश्चय ही 'यज्ञ' का प्रतिफल दर्शकों को भी प्रत्यक्ष होता था।

निश्चय ही, बड़े-बड़े मन्दिरों, भवनों, राजमहलों, स्तूपों और स्तम्भ की रचना मंत्र शक्ति से नहीं, बल्कि तकनिक और संयंत्रों किया होगा। वैसे, श्रीकृष्ण की राजधानी द्वारका के अवशेष आज की द्वारका के निकट समुद्रतल में भी मिले हैं। अस्तु, भारत में न केवल 'विज्ञान' की शिक्षा प्रचलित थी, अपितु वैज्ञानिक-ज्ञान के आधार पर तंत्र-यंत्र और संयंत्र का भी उपयोग करते थे।

अपने अध्ययनों में हमने देखा कि 'संस्कृत' भारतवर्ष की नहीं विश्व की प्राचीनतम भाषा है। यह वेदों, उपनिषदों, पुराण आदि 'दार्शनिक-ग्रन्थ' की मौलिक-भाषा है अर्थात् इन ग्रन्थों की रचना ही संस्कृत भाषा में हुई है। यह भाषा की लिपि है--'देवनागरी', जो इसकी मौलिक लिपि है। यही कारण है कि संस्कृत के 'व्याकरण' में ध्वनि-रूप 'वाच्य' और उसकी 'आकृति' (लिपि) की वैज्ञानिकता समाहित है। अस्तु, यह 'व्याकरण' अपने-आप में स्वयं ही उच्च-कोटि का विज्ञान (साईंस) है। इस 'व्याकरण' में केवल 'अक्षरों-वाक्यों' के ही नियम नहीं है, बल्कि अंकों-राशियों के भी

नियम समाहित हैं। अंकों-राशियों के व्याकरण-स्वरूप ('वाच्य' और 'आकृति') को अलग करने से इसका जो स्वरूप बनता है, उसे 'अंकगणित' कहा जाता है। इस अंकगणित का विवरणात्मक निरूपण ऊपर दिया जा चुका है।

इसी भाषा में भूगोल और ऐतिहासिक-तथ्यों की वैज्ञानिक विवेचना की गई है। संस्कृत भाषा में ही लिखा गया है। इतिहास लेखन एक 'विद्या' है और जहाँ विद्या है वहाँ वास्तविकता (सत्य) को खोजने और प्रमाणित करने की तकनिक भी होती है। इसी विद्या को पुराण-विद्या कहा गया है—रोमहर्षणनामानं महाबुद्धिं महामुनिः। सूतं जग्राह शिष्यं स इतिहासपुराणयोः।।(विष्णुपुराण,३/४/१०)।। इस श्लोक में बताया गया है कि 'वेदव्यास' ने इतिहास की विद्या 'पुराण' का प्रधान अपने महा बुद्धिमान और महामुनि रोमहर्षण सूत नामक अपने शिष्य को बनाया। इस प्रकार, 'सूजती' (रोमहर्षण) को इतिहास-विभाग का प्रधान बनाया। इतिहास के इन ग्रन्थों को ही 'पुराण' कहा जाता है।

'संस्कृत' भाषा में भारत का इतिहास वर्णित है जो यह प्रमाणित करता है कि संस्कृति यहाँ की प्राचीनतम भाषा है। यह राज काज की भाषा है और शिक्षा की भी तथा जनभाषा के रूप में भी प्रचलित रही।

संस्कृत नामक यह भाषा का सम्बन्ध भारतीय परम्परा, संस्कृति, इतिहास आदि का सम्बन्ध वैज्ञानिकता और ज्ञान-विज्ञान से रहा है। इस 'ज्ञान-

विज्ञान' को वैदिक-विज्ञान के नाम से सम्पोषित किया जा सकता है, क्योंकि इसके सारे सिद्धान्त 'वेदों' के अनुरूप और अनुकूल हैं। ध्यातव्य है कि 'संस्कार' (उच्च-आदर्श) से संस्कृत और संस्कृति शब्दों की रचना हुई है। भारतवर्ष में उच्च-आदर्श (संस्कार), संस्कृति, संस्कृत (भाषा) का आधार 'विज्ञान' (परीक्षणात्मक प्रमाणिकता) रहा है।

'भारतीय-विज्ञान' को वैदिक-विज्ञान भी कहते हैं। इसकी वैज्ञानिकता प्रमाण इसकी भाषा 'संस्कृत' स्वयं है। संस्कृत देवनागरी-लिपि में लिखी जाती है। इस लिपि में अक्षरों और अंकों की जो लिपि है, वह स्वयं में 'विज्ञान' है। इस भाषा का 'व्याकरण' विज्ञान पर आधारित है, इसकारण उसके नियम 'शाश्वत' हैं। जिस प्रकार अक्षरों के लिए वैज्ञानिक-नियम हैं, जिसे व्याकरण कहा जाता है। इसी प्रकार 'गणित' के लिए वैज्ञानिक-नियम हैं, जिसे 'अंकगणित' कहते हैं। यह अंकगणित ही गणित का व्याकरण है जिसके नियमों की अवहेलना नहीं की जा सकती। इसी प्रकार, विज्ञान का भी 'व्याकरण' है, जो वेदों में उल्लेखित है। विज्ञान के इस 'व्याकरण' को भगवान श्रीकृष्ण ने 'गीता' के रूप में उपदेशित किया है। आधुनिक-विज्ञान (साईंस) दो प्रकार की सत्ताओं का विवरण देता है—पदार्थ और ऊर्जा। पदार्थ (परमाणु) और ऊर्जा (विकुंचन) की स्थिति शून्य में ही होती है। 'पदार्थ' (परमाणु) विभाज्य है, इसलिए वह शून्य में स्थान छेकता है तथा उसमें भार

(मात्रा) होती है। जबकि, 'ऊर्जा' (विकंचन) अविभाज्य है, इसलिए वह 'स्थान' नहीं छेकती है और न उसमें 'मात्रा' होती है।

वैदिक-विज्ञान बताता है कि जिस 'शून्य' में इन दोनों की 'स्थिति' है, वह 'शून्य' कोई स्वयं ही सम्पूर्ण विश्व की नियामक-सत्ता है जिसमें असीम-शक्ति है। उसी की पहली शक्ति है—स्थिति-शक्ति है। इस 'शून्य' के ठीक केन्द्र पर उसकी जो केन्द्र शक्ति है, वह सृष्ट-सत्ताओं को शून्य-सातत्य में स्थिति प्रदान करती है, पकड़ कर स्थिर टिकाती है जिसे स्थिति-शक्ति कहते हैं। वैदिक-विज्ञान में इसी शून्य का विवरण निरपेक्ष (अतुल्य) सत्ता—परम-सत्ता के रूप में दिया गया है और इसके 'परीक्षणात्मक प्रमाणिक जानकारी' को ही **ज्ञान** की संज्ञा दी गई है। यह भी बताया गया है कि वह अतुल्य (अतुलनीय) है अर्थात् उसके जैसे कोई दूसरा नहीं है- -'एकोऽहं द्वितीयो नास्ति।'   अर्थात्, यह 'शून्य' ही परम-सत्ता (निरपेक्ष-सत्ता) है। इसे ही 'भारतीय-दर्शन' में मूल-तत्त्व और ब्रह्म के नाम से जाना जाता है। यह 'शून्य' परम (निरपेक्ष) है, इसलिए हमारी अनुभूतियों से परे हैं, क्योंकि यह 'अतुलनीय' है जबकि 'दर्शक' की अनुभूतियाँ 'तुलनात्मक' हैं। परन्तु, 'वेद' में बताते है कि यह 'ब्रह्म' (शून्य) स्वयं को रचनाओं (सृष्टि) के समक्ष प्रकट करने की इच्छा रखता है। उसी शून्य (ब्रह्म) की अनुभूति हमें 'स्थान' और 'समय' के रूप में होती है। विदित हो ये दोनों पृथक्-पृथक् स्वतंत्र सत्ता नहीं हैं,

बल्कि एक ही परम-सत्ता (शून्य) की सापेक्ष-अनुभूतियाँ मात्र हैं, इसलिए इन दोनों का परस्पर अन्योन्याश्रय सम्बन्ध है। तात्पर्य यह है कि इन्हें एक-दूसरे की तुलना में ही समझा जा सकता है। 'समय' को 'आधार' बनाकर स्थान को समझा जा सकता है और 'स्थान' को 'आधार' बनाकर 'समय' को समझा जा सकता है। इस कारण, इन दोनों को प्रपञ्च कहा गया है। इस प्रपञ्च के परीक्षणात्मक जानकारी (वैज्ञानिक-ज्ञान) को **'विज्ञान'** कहा जाता है और प्रपञ्च स्वयं जिस परम-सत्ता की सापेक्ष-अनुभूतियाँ मात्र हैं, उस परम-सत्ता (शून्य) की परीक्षणात्मक जानकारी के **'ज्ञान'** कही जीती है। तात्पर्य यह है कि वैदिक-विज्ञान में सापेक्ष-सत्ताओं की जानकरी (विज्ञान) समेत निरपेक्ष-सत्ता (शून्य) की भी जानकारी दी जाती है। ध्यातव्य है कि 'विज्ञान' समेत 'ज्ञान' की जानकारी को ही 'दर्शन' कहा जाता है—

ज्ञानं तेऽहं सविज्ञानमिदं वक्ष्याम्यशेषतः।

यज्ज्ञात्वा नेह भूयोऽन्यज्ज्ञातव्यमवशिष्यते।।
(अध्याय ७/२)।।

यहाँ भगवान श्रीकृष्ण अर्जुन को स्पष्ट बताते हैं कि मैं तुझे विज्ञान (सापेक्ष-सत्ता की जानकारी) समेत ज्ञान (निरपेक्ष-सत्ता) की जानकारी भी दूँगा। इन दोनों की समन्वित जानकारी को ही 'दर्शन' (ज्ञान और विज्ञान का समुच्चय) कहते है जिसे प्रदान करने की बात श्रीकृष्ण कर रहे हैं।

भारतीय-संस्कृति में 'आधुनिक-युग' को 'कलियुग' कहा जाता है जिसका प्रारम्भ भगवान श्रीकृष्ण के स्व-लोक (वैकुंठ-धाम) गमन (मृत्यु) के दिन से आरम्भ होता है—यदैव भगवान्विष्णोरंशो यातो दिवं द्विज। वसुदेवकुलोद्भूतस्तदेवात्रागतः कलिः।।(वि.पु. ४/२४/१०८))।। अर्थात्, वसुदेव-देवकी के पुत्र श्रीकृष्ण भगवान विष्णु के अंशावतार थे जिनके भय से 'कलिः' प्रवेश नहीं कर सकता था। उनके स्वलोकगमन के दिन ही उसने प्रवेश किया।

जिस दिन भगवान विष्णु ने देहत्याग किया वह भारतीय इतिहास की विशिष्ट तिथि थी। उसी दिन (१) द्वारका का बड़ा सा भूभाग समुद्र में समा गया, (२) उसी दिन अर्जुन के प्रपौत्र परीक्षित का राज्याभिषेक हुआ तथा इसी दिन कलियुग का आरम्भ हुआ।

ध्यातव्य है कि ठीक इसके १,०५० वर्ष बाद घनानन्द का राज्याभिषेक हुआ था। इस प्रकार आधुनिक युगीन इतिहास जो विदेशियों के मतानुसार लिखा गया है, वह पौराणिक काल से जुड़ता है। यह आज से लगभग पाँच हजार वर्ष पूर्व के आसपास का काल है।

भगवान श्रीकृष्ण द्वारा उपदेशित भगवद्गीता की रचना इसी काल में हुई। यह संस्कृत भाषा में लिखी गई वैदिक-विज्ञान की अप्रतिम ग्रन्थ है जिसमें 'ज्ञान-विज्ञान' की विस्तृत व्याख्या है। ध्यातव्य है कि इसमें निरपेक्ष-सत्ता (जो तुलनात्मकता से परे है) अर्थात् **ब्रह्म** की वैज्ञानिक जानकारी को ही ज्ञान कहा गया है।

भारतीय-दर्शन के अनुसार इसकी ही 'सापेक्ष अनुभूति' **समय** तथा **स्थान** के रूप में होती है। कथितार्थ यह है कि समय और स्थान भिन्न-भिन्न स्वतंत्र सत्ता नहीं हैं—ये दोनों एक दूसरे के सापेक्ष हैं और ये ब्रह्म (निरपेक्ष-सत्ता) की सापेक्ष-अनुभूतियाँ मात्र हैं, इसलिए इन्हें **प्रपञ्च** कहते हैं।

अस्तु, ज्ञान-विज्ञान (सम्पूर्ण वैज्ञानिक ज्ञान) की पुस्तकों की रचना भी संस्कृत भाषा में ही हुई है।

भारतीय वाङ्मय की विशेषता है कि इसमें हर घटना, वस्तु, गणना की धारणा एवं शब्द उपलब्ध है जो प्रकृति में घटित हो सकती है। सम्बन्ध की ही बात करें **'पिता'** के माता-पिता (दादा-दादी), भाई-बहन (चाचा-बुआ); **माता** के माता-पिता (नाना-नानी), भाई-बहन (मामा-मौसी); **पति या पत्नी** के माता-पिता (सास-ससुर), भाई-बहन (साला-साली) आदि के पृथक-पृथक एवं उपयुक्त **शब्द** (संज्ञा) उपलब्ध हैं। विदित हो कि अन्यान्य विदेशी भाषाओं में इसकी कमी स्पष्ट दीखती है। इसी तरह प्रकृति के सभी वस्तुओं के नाम आकाश-धरती-वायु, आकाश-अन्तरिक्ष-ब्रह्मांड आदि के लिए **शब्द**, उसकी **धारणा** और **व्याख्या** भारतीय वाङ्मय में मिल जाएगी।

पाश्चात्य-भाषा और विज्ञान

संस्कृत भाषा और उसके साहित्य की महत्ता उसमें निहित वैज्ञानिकता के कारण सर्वोपरि हो जाती है।

इसमें अध्यात्म स्वयं एक विज्ञान है जो अभौतिक-सत्ताओं का विज्ञान प्रकट करता है। उस वैज्ञानिकता को स्वीकार नहीं करना व्यक्तिगत या सामूहिक जिद हो सकती है। आज वैदिक-विज्ञान को जिस पाश्चात्यवादी जिद का सामना करना पड़ रहा है, उसी जिद का सामना 'साईंस' को भी करना पड़ा था।

संस्कृत के ग्रन्थ कहे जाने वाले साहित्य में विश्व और भारत का इतिहास लिखा मिलता है और इसमें ही हमारी धरती और इसके चतुर्दिक फैले अन्तरिक्ष तथा सूर्योद्भूत नाभकीय पिण्डों का ज्ञान मिलता है जो विज्ञान का विषय है।

परन्तु, यह भी कहा जा सकता है वैदिक-विज्ञान ही एक मात्र विज्ञान (साईंस) नहीं है। पाश्चात्य-जगत में भी 'साईंस' संज्ञक विज्ञान का उद्भव हुआ था, जिस आधुनिक-विज्ञान कहा जाता है। यही साईंस आज इस 'धरती से सभी राष्ट्रों में' मान्य और प्रचलित है। यहाँ तक कि भारत में भी मान्य है। दोनों ही 'वास्तविक सत्य' की व्याख्या करने का दावा करते हैं। यहाँ हम 'साईंस' के उद्भव की सामाजिक स्थिति-परिस्थिति मीमांसा करेंगे।

पाश्चात्य संस्कृति की कारण भूत भाषा 'लैटिन' है। इससे ही वहाँ की अन्यान्य भाषाएँ निकली हैं। यहाँ यह उल्लेख करना आवश्यक है कि इस भाषा में भी संस्कृति भाषा के अनेकानेक शब्दों का उपयोग स्थानीय जिह्वा वृत्ति के अनुरूप की गई है। क्रिश्चियन-धर्म की स्थापना

से पहले यहाँ ग्रीक और रोमन सभ्यता अपनी उन्नत अवस्था में थी। उस समय के साहित्य में कई प्रकार की ऐतिहासिक घटनाएँ एवं किंवदंतियों का विवरण मिलता है। क्रिश्चियन (ईसाई) धर्म के उदय के बाद उन प्राचीन सभ्यताएँ क्रमशः धूमिल होती गईं।

इतिहास प्रमाणित करता है कि १३वीं-१४वीं तक पाश्चात्य देशों में विज्ञान की धारणा का भी अभाव था और क्रस्चियन-माइथोलॉजी को ही 'सत्य' मान लिया जाता था। इसके विरुद्ध सोचने बोलने वालों पर हिंसक आक्रमण तक हो जाते थे। उस समय की पाश्चात्य-सांस्कृतिक पूरी तरह भौतिकवाद, अधिकार वाद और भोग-वाद पर आधारित थी। कैथोलिक-धर्म का वर्चस्व था। यूरोप के इतिहास में इस काल को 'अन्धकार-युग' का नाम दिया जाता है।

इस स्थिति में परिवर्तन की बयार तब उठ खड़ी हुई, जब १४५३ ई० में 'उस्मानी तुर्कों' ने पूर्वी रोमन साम्राज्य की राजधानी कुस्तुनतुनिया पर अधिकार कर लिया। इसे मंगोलों-अरबों का आक्रमण भी कहा जाता है।

इसके कारण कुस्तुनतुनिया में निवास कर रहे साहित्यकार, विचारक एवं ज्ञानी जनों में जबरदस्त भगदड़ मची। वे सभी यूरोप के अन्यान्य क्षेत्रों की ओर पलायन करने लगे। इससे यूरोप में नई जागृति आई और उत्थान की भावना का जागरण हुआ। इन आक्रमणकारियों ने चीन से छापा-खाना के ज्ञान तथा

भारत से शून्य-आधारित अंकगणित के ज्ञान को यूरोप में पहुँचाया। इससे दर्शन-साहित्य के नये-पुराने विचार छपे हुए स्वरूप में प्रसारित होने लगीं। इससे तीव्रता से विचारों का फैलाव होने लगा।

इस नव-जागरण पर गणित का भी विशेष प्रभाव पड़ा। भारतीय अंकगणित (शून्य-आधारित अंकगणित) के आगमन के पूर्व तक वहाँ गणना की पद्धति 'रोमन-गणित' पर आधारित थी। विदित हो कि रोमन-गणित में गणना जोड़-घटाव की प्रक्रिया तक ही सीमित थी तथा गुणा और भाग की प्रक्रिया के ज्ञान का अभाव था। साथ ही, इस गणना-पद्धति में 'अक्षर-लिपि' से स्वतंत्र कोई अंक-लिपि नहीं थी। सहज अनुमान से समझा जा सकता है कि गणना की प्रक्रिया में गति और वैज्ञानिक-दिशा का नितान्त अभाव था। इसके ठीक विपरीत भारतीय अंकगणित वैज्ञानिकता से आलोड़ित थी। यहाँ पर शून्य-आधारित अंकगणित का परिचय आवश्यक हो जाता है।

(ख) भारतीय अंकगणित का यूरोप पर प्रभाव

इस शून्य-आधारित अंकगणित की **उपलब्धि** से यूरोप में वैज्ञानिक समझ का उद्भव हुआ। जिस तरह आग उत्पन्न करने के ज्ञान से मनुष्यों में सिद्ध करने की तकनिक का विकास हुआ--खाने की बौद्धिक का जागरण हुआ, वैसे ही 'शून्य-आधारित अंकगणित' से विज्ञान की बौद्धिकता का जागरण **यूरोप** में भी हुआ। 'माप और गणना' में शुद्धता के कारण वैज्ञानिक उपयोग

के उपकरणों का निर्माण संभव हुआ तथा प्रयोग की सामग्रियों की उचित मात्रा का निर्धारण संभव हुआ। साथ ही, परिणामों की उचित गणना प्राप्त होने लगी। की आवश्यकता होती है और यही आवश्यकता परिणाम के निर्धारण के लिए भी होती है। अस्तु, इस अंकगणित से प्रयोगों की शुद्धता और गतिशीलता की अभिवृद्धि हुई। परिणाम हुआ कि अध्ययन, प्रयोग और प्रयोगों के परिणामों को समझने की चेतना का अभ्युदय हुआ। यह एक नयी बौद्धिक-चेतना थी।

१५वीं-१६वीं सदी के मध्य उनमें विज्ञान की अवधारणा पल्लवित हो चुकी थी। 'प्रयोग करो- प्रयोग करो' की धुन बलवती हो चली थी।

अस्तु, इस नई विद्या (विज्ञान) के नामकरण की समस्या थी। इसके लिए भी उन्होंने भारत का ही अनुसरण किया। भारत में शुद्धता और महत्ता के लिए संस्कृत के शब्दों का उपयोग किया जाता है। 'उन्होंने' पाश्चात्य क्षेत्र की प्राचीन भाषा 'लैटिन' का उपयोग करना आरम्भ किया। 'लैटिन' से Scientia ('सिंजिया') शब्द की चयन किया। इसका अर्थ है जानकारी (Knowledge)। इसी से Science (साईंस) शब्द की रचना हुई। [विदित हो कि विज्ञान के लिए महत्वपूर्ण नामों का चयन आज भी लैटिन भाषा के शब्दों से ही किया जाता है।]

उल्लेखनीय है कि भारतीय परम्परा में वास्तविक-सत्य, विज्ञान और उत्कृष्ट ज्ञान के लिए संस्कृत के शब्दों का प्रयोग किया जाता है। ईश्वर, शून्य, ज्ञान, विज्ञान

आदि संस्कृत के शब्द हैं, इनका प्रायः हिन्दी-करण नहीं किया जाता। ज्यों का त्यों प्रयोग किया जाता है, क्योंकि इन शब्दों के अर्थ पर व्याकरण में प्रकाश डाला गया है। यूरोपियन ने भी उसी प्रकार 'विज्ञान' के लिए प्राचीन भाषा 'लैटिन' शब्द 'सिंजिया' का प्रयोग किया। परन्तु, इस शब्द का अर्थ 'विज्ञान' तो कदापि नहीं है। इसका अर्थ है जानकारी (knowledge) जिसके लिए इंगलिश भाषा का शब्द 'नौलेज' स्वयं मौजूद है। अतः, 'सिंजिया' शब्द में तनिक परिवर्तन करके 'साईंस' शब्द की रचना की गई और इसे 'विज्ञान' का प्रतीक मान लिया गया।

इसके ठीक विपरीत, हिन्दी में 'विज्ञान' शब्द ज्यों-का-त्यों (मूल रूप में) ले लिया गया है। यहाँ 'वि' शब्द का अर्थ है—'विशेष।' यह 'विशेष' क्या है? यह 'विशेष' है सापेक्षता अर्थात् प्रपञ्च। संत ज्ञानेश्वर विज्ञान को परिभाषित करते हुए कहते हैं--प्रपञ्चोऽन्यत्तु विज्ञानमज्ञानं तत्र सत्यधीः (ज्ञानेश्वरी गीता)। अर्थात्, 'प्रपञ्च' की जानकारी ही 'विज्ञान' है। दूसरे शब्दों में 'विज्ञान की सीमा सापेक्षता की जानकारी तक सीमित है'। इससे ऊपर यानि अर्थात् 'निरपेक्षता की वैज्ञानिक (परीक्षणात्मक)- जानकारी को 'ज्ञान' कहा जाता है (भगवद्गीता)।

अस्तु, भारतीय भाषाओं में संस्कृत के शब्दों का प्रयोग बिल्कुल भिन्न है। और, वस्तुस्थिति यह है कि 'साईंस' शब्द विज्ञान की व्याख्या नहीं कर पाता। यह

मान लिया गया है कि यह भारतीय 'विज्ञान' शब्द का अंग्रेजी स्वरूप है।

(ग) वैज्ञानिक-प्रयोग और **अनुभूति का द्वन्द्व**

यहाँ पुनः स्मरण दिलाना आवश्यक है कि विचार-शक्ति में जागृति के साथ भारतीय अंकगणित के ज्ञान ने उनकी वैज्ञानिकता को जाग्रत किया था। माप-गणना में शुद्धता के कारण उन्होंने वैज्ञानिक उपकरणों का निर्माण आरम्भ किया जिस वस्तु पर प्रयोग करना था उसकी उचित मात्रा का निकाल कर प्रयोग करने की क्षमता विकसित हुई। गणना की शुद्धता ने उन्हें शीघ्र ही परिणाम पर पहुँचने की क्षमता जागृति कर दी। इन वैज्ञानिक प्रयोगों एवं परिणाम से उनकी वैज्ञानिक जानकारी विकसित हुई।

परिणाम यह हुआ कि कई धार्मिक माइथोलॅजी के सिद्धान्त अवैज्ञानिक सिद्ध होने लगे। इससे प्राचीन पंथियों में विज्ञान के प्रति विरोध की भावना जागृति होने लगी, क्योंकि ये वैज्ञानिक धार्मिक सिद्धान्तों को अवैज्ञानिक और मनगढ़न्त साबित करने लगे थे। परिणामस्वरूप वैज्ञानिकों के प्रति प्राचीन-पंथियों के मन में जबरदस्त विरोध की भावना जागृति हो गई। स्थिति यह हुई कि यूरोप के आरम्भिक वैज्ञानिकों को अपने वैज्ञानिक खोजों के कारण वहाँ के समाज और धर्मगुरुओं से घातक संघर्ष का सामना करना पड़ा था।

इस संघर्ष का मुख्य विषय अनुभूति और प्रयोग-धार्मिकता थी। मनुष्य की अनुभूतियाँ कुछ और बताती हैं, प्रयोग-आधारित निष्कर्ष कुछ और बता रहे थे। यहाँ पर मुख्य विषय था कि (१) इन्द्रिय-जनित अनुभूतियाँ बताती हैं कि 'धरती चौड़ी और सपाट दीखती है' लेकिन प्रयोग-आधारित साईंस बताता है कि यह 'धरती नारंगी की तरह गोल है'। (२) इन्द्रिय-जनित अनुभूतियाँ 'सूरज धरती के चारों ओर प्रतिक्रमा करता है' जबकि प्रयोग-आधारित 'साईंस' बताता है कि सूरज अपने स्थान पर स्थिर है और यह धरती अपने अक्ष पर चक्र की भाँति घूर्णन कर रही है।

स्थिति यह थी कि इन्द्रिय-जनित अनुभूतियाँ सबको एक समान दीखती थीं और (आज भी यही स्थिति है) चाहे वह वैज्ञानिक हो या गंवार, राजा हो या रंक या कोई शिष्य या उसका धार्मिक गुरु। यही बात तो वहाँ के धार्मिक-पुस्तकों में भी लिखी थीं। अतएव, तत्कालीन प्राचीन पंथियों को यह लगा कि वैज्ञानिक उनके 'धर्म' का अपमान करने के लिए यह सिद्धान्त प्रतिपादित कर रहे हैं। इस कारण प्राचीन-पंथियों का क्रोध आसमान छूने लगा। परिणाम हुआ कि ये लोग वैज्ञानिकों का अपमान करने लगे और कुछ की तो हत्या तक कर दी गई।

इसका परिणाम यह हुआ कि वैज्ञानवादी विचारक अनुभूतियों के ही विरोधी हो गये। यह बताया जाने

लगा कि अनुभूतियाँ व्यक्तिगत होती हैं और उनका कोई वैज्ञानिकता-महत्व नहीं है। फलतः, आज भी यही स्थिति है कि 'साईंसविद' उसी तथ्य को सत्य मानते हैं जिसे प्रयोगशालाओं में साबित किया जा सके।

अनुभूति की दृष्टि से देखा जाए तो इन धर्म-गुरुओं की सूरज और धरती से सम्बन्धित जो यह उपदेशात्मक व्याख्याएँ थीं, उन्हें असत्य का प्रतिपादन नहीं कहा जा सकता। उन्होंने जो देखा उसी की व्याख्या की। ऐसी बात भी नहीं थी कि उनकी जो अनुभूतियाँ थीं, वे दूसरे लोगों से भिन्न थीं। ये अनुभूतियाँ तो सबको एक ही समान होती हैं। आज के वैज्ञानिक युग में भी ये अनुभूतियाँ भिन्न नहीं हुई हैं। आज भी हम सभी को यही अनुभूति होती है कि 'धरती चौड़ी और सपाट दीखती है' और 'सूरज धरती के चारों ओर परिक्रमा करता है'।

प्रश्न तो कई उठते हैं जिनपर कभी इन साईंसविदों ने कभी विचार नहीं किया। विचार नहीं करने का निश्चित कारण यह है कि वे अभी भी भौतिकवाद से ही अनुप्रेरित हैं जो पाश्चात्य-संस्कृति का मौलिक स्वरूप है। ध्यातव्य है कि यह भौतिकवाद ही मनुष्य को भोग वादी और अधिकार वादी बना डालता है।

यदि 'विज्ञान' के वास्तविक व्याकरण को समझना है तो कुछ मूलभूत प्रश्नों के उत्तर तलाशने होंगे। विदित हो कि वैदिक-विज्ञान के अन्तर्गत इन प्रश्नों को सम्मुख

रखा भी गया है और इनके उत्तर भी वैज्ञानिक ढंग से दिये गये हैं।

सर्वप्रथम हमें अंध-विश्वास और अनुभूति-जनित भ्रम भेद (अन्तर) समझना होगा। वह मनमानी कल्पना जिसका न तो कोई अनुभूति-जनित प्रमाण हो और न कोई वैज्ञानिक प्रमाण हो, अंध-विश्वास कहते हैं। अक्सर कई प्रभावशाली व्यक्ति कुछ ऐसा बोल जाते हैं जिसका कोई प्रमाणिक आधार नहीं होता, लेकिन उनके अनुगामी (followers) बिना किसी हील-हुज्जत के स्वीकार कर लेते हैं और सत्य मान लेते हैं, वह 'अंधविश्वास' है। इस तरह के कई धार्मिक-अन्धविश्वास भी हैं जिन्हें केवल इसलिए सच मान लिया जाता है कि उनके धर्म ग्रन्थों में अंकित हैं।

कई अनुभूति-जन्य 'भ्रम' होते हैं जिन्हें अज्ञान की श्रेणी में रखा जाता है। अनुभूति-जन्य भ्रम वे हैं जिसकी अनुभूति सबको तो एक समान होती है, लेकिन वास्तविकता उससे कुछ भिन्न होती है, जैसे धरती का चौरस और सपाट दीखना। वैदिक-दर्शन में इसे 'प्रपञ्च' के नाम से जान गया है। प्रपञ्च का अर्थ है धोखा या भ्रम। इस भ्रम का प्रमुख कारण है अनुभूति की तुलनात्मकता (सापेक्षता)। एक मनुष्य की अपेक्षा में अत्यधिक धरती विराट रूपसे बड़ी है और हमारी दृष्टि का क्षेत्र अत्यन्त लघु। उसके कारण ही धरती 'सपाट और चौरस' दिखाई पड़ती है। यह प्रकृति-विशेष जिसे 'सापेक्षता' (तुलनात्मकता) कहा

जाना चाहिए, यही प्रपञ्च का कारण है। यह अनुभूति की विशेष-प्रवृत्ति है। यही कारण है कि वैदिक-विज्ञान के दार्शनिक 'सापेक्षता की परीक्षणात्मक-जानकारी को ही **विज्ञान** बताते हैं--प्रपञ्चोऽन्यत्तु विज्ञानमज्ञानं तत्र सत्यधीः (ज्ञानेश्वरी गीता)। इस प्रपञ्च को और ठीक से समझने के लिए यह जानना अनिवार्य है कि हम सभी जिसे स्थान और समय कहते हैं, वह स्वयं 'प्रपञ्च' है। प्रपञ्च इसलिए कि 'समय और स्थान' पृथक्-पृथक स्वतंत्र सत्ता नहीं हैं, बल्कि शून्य (ब्रह्म) की सापेक्ष-अनुभूतियाँ मात्र हैं।

(घ)पदार्थ शून्य में स्थान छेकता है

हमने देखा कि १५वीं के मध्य तक जो यूरोप अन्धकार-युग में था, वहाँ की स्थिति में बदलने लगी। इस जागृति के दो प्रमुख कारक थे—(१) छापा-खाना का ज्ञान तथा (२) शून्य-आधारित भारतीय गणित का ज्ञान। इस अंक-गणित ने यूरोपियन विद्वानों में वैज्ञानिकता के भाव का जागरण किया। हम बता चुके हैं कि इस अंकगणित में बताया गया है कि 'अंक' शून्य में स्थान ग्रहण करते हैं।

इस शून्य-आधारित अंकगणित का सिद्धान्त है कि अंक इकाई स्थान छेकते हैं, इसलिए इकाई-अंक कहे जाते हैं। किसी भी अंक से उस अंक को घटाने पर जो बचता है, वह 'शून्य' है—७-७=० (शून्य)। इसका अर्थ यह हुआ कि 'अंक' शून्य में स्थान छेकते हैं और उस

स्थान से अंक को हटा लिया जाए तो शून्य बचा रह जाएगा।

साईंस के प्रयोगात्मक परीक्षणों से ज्ञात हुआ कि इस भौतिक जगत में दो प्रकार की 'सत्ताएँ' हैं—पदार्थ (परमाणु) और ऊर्जा (विकुंचन)। प्रश्न यह है कि इन दोनों की स्थिति कहाँ होती है? साईंस बताता है कि इन दोनों की 'स्थिति' 'शून्य' में होती है। विदित हो कि साईंस के प्रयोगात्मक परीक्षणों में शून्य या ब्रह्म (निरपेक्ष-सत्ता) की खोज आज तक नहीं हो पाई है। फिर, यह शून्य की धारणा कहाँ से आई? निश्चय ही, यह धारणा शून्य-आधारित अंकगणित (भारतीय अंकगणित) से आई है जिसमें बताया गया है कि 'अंक' शून्य में स्थान छेकते हैं और उस स्थान से अंक को हटा लिया जाए तो शून्य बचा रह जाएगा।

इस अंकगणित की वैज्ञानिक अनिवार्यता और उपयोगिता के आधार पर साईंस ने स्वीकार किया कि पदार्थ (परमाणु) और ऊर्जा (विकुंचन) की स्थिति शून्य में ही होती है। 'पदार्थ' (परमाणु) विभाज्य है, इसलिए वह शून्य में स्थान छेकता है तथा उसमें भार (मात्रा) होती है। जबकि, 'ऊर्जा' (विकंचन) अविभाज्य है, इसलिए वह 'स्थान' नहीं छेकती है और न उसमें 'मात्रा' होती है। अब भारतीय अंकगणित में अन्तर्निहित वैज्ञानिकता को आप समझ पा सकते हैं।

अस्तु, प्रमाणित होता है कि विज्ञान की चेतना इसी भारतीय अंकगणित (शून्य-आधारित अंकगणित) से साईंस को प्राप्त हुई है।

रमाशंकर जमैयार,

औरिक सिटी होम्स

जयसिंहपुरा

जयपुर, राजस्थान